20세기 동북아시아의 정신문화와 평화 사상

이 저서는 2017년도 정부(교육부)의 재원으로 한국연구재단의 지원을 받아 수행된 연구임.
(NRF-2017S1A6A3A02079082)

NORTHEAST ASIA DIMENSION

동·북·아·다·이·멘·션
연구총서

5

20세기 동북아시아의 정신문화와 평화 사상

원광대학교 한중관계연구원
동북아시아인문사회연구소 편

경인문화사

　동북아시아의 사상사에 있어 근대는 유례를 찾기 힘든 격변과 위기의 시기였다. 서구의 충격과 기존 체제의 해체와 재편, 폭압적인 제국주의 세계질서에의 편입이 이어지면서 동북아시아의 전통적 삶의 방식과 사유구조는 근본으로부터 흔들렸다. 그러나 다른 한편으로 위기는 문화적 창조의 계기를 제공하기도 했다. 서구의 사상은 일방적인 유입이 아니라 중국, 일본, 한국 등 동북아시아에서 변용과 재편을 거치며 기존의 사상문화적 환경 속에 자리를 잡았다. 유교, 불교 등 전통적인 정신문화와 새롭게 출현한 신종교들은 변화하는 사상문화적 지형 속에서 새로운 방식으로 전개되고 실천을 모색하였다. 그리고 변화하는 세계질서 속에서 일어난 폭력과 갈등 상황은 새로운 시대를 위한 공존과 평화의 사유를 자극하였다.

　이 책은 원광대학교 한중관계연구원 HK+동북아시아인문사회연구소에서 수행하고 있는 "동북아 공동번영을 위한 동북아시아다이멘션(NEAD) 토대 구축" 사업의 연구 성과를 담은 다섯 번째 연구총서다. 이번 총서에는 "20세기 동북아시아의 정신문화와 평화 사상"이라는 제목으로 연구소의 교수님들뿐만 아니라 콜로키움 등을 통해 함께 연구 아젠다를 공유하고 참여해 준 교수님들의 글을 모았다. 근대의 격변과 문화적 위기라는 동북아시아 공통의 경험으로부터 서구 사상이 어떻게 유입되고 변용되며 정신문화로 재편되었는지, 이로부터 동북아 각국에서 어떻게 문화 정체성이 재구조화되었는지, 그리고 더 나아가 동북아시아의 평화 공존뿐만 아니라 인류 미래를 위한 평화 사상이 어떻게 구축되었는지 등의 문제를 다루며, 동북아 정신문화의 지형도知形圖에 대한 하나의 지적 통찰과 대안을 모색하고자 했다.

제1부 〈근대 서구 사상의 수용과 재편〉에서는 서구의 사상적 충격에 대한 근대 동북아시아의 반응을 다각도로 다루었다. 이광래의 「문화변용론으로서 동아시아의 '근대적 지형도知形圖' 해독」은 중국, 일본, 한국을 중심으로 서양의 근대적 지知와 문화의 침입이 기존의 전통에 대해 어떤 인식론적 파열을 일으켰는지를 논의한다. 특히 서구의 사상 문화와의 이종교배 혹은 혼종화를 추구하는 중체서용론中体西用論, 화혼 양재론和魂洋才論, 동도서기론東道西器論 등을 둘러싼 논생을 분석함으로써 동북아시아 각국의 서로 다른 맥락에서 이루어진 근대적 자아인식과 자아형성의 지형도知形圖를 추적한다.

김정현의 「니체, 톨스토이, 그리고 20세기 초 동북아시아의 정신사」는 19세기 말 20세기 초 동북아시아에서 니체주의와 톨스토이주의의 수용 과정과 영향을 다룬다. 이 글은 각기 다른 역사적 입지에 처해 있었던 동북아시아 각국에서 이들 사상이 사회진화론, 근대화, 국가주의, 전통의 해체, 시대와 문화의 위기, 사회개혁, 개인의 자각, 평화주의 등 새로운 지성사적 문맥을 형성하는 과정을 살피고 있다.

김현주의 「근대 동아시아에서의 서구 사상 수용에 있어서 유가 사상의 역할 고찰」은 "동양의 루소"라 불린 나카에 쵸민中江兆民과 "중국의 루소"라 평가되는 량치차오梁啓超 등이 루소의 『사회계약론』을 어떤 방식으로 이해하고 수용하였는지를 분석한다. 이 글은 전근대 유교적 지식인의 마지막 세대이자 서구 사상의 전파자였던 두 사상가가 유가 사상, 특히 양명학의 개념들을 바탕으로 사회계약론을 해석함으로써 20세기 초 동서사상의 월경越境과 융합의 현장을 보여 주고 있다.

제2부 〈종교 문화의 근대적 변동〉에서는 근대 상황에서 신화, 종교 운동, 전통종교들에 대한 인식이 어떤 방식으로 변모했는지를 검토한다. 김성환의 「홍익인간 연대기의 고찰」은 고대로부터 근대에 이르는 통시적인 관점으로 단군신화와 홍익인간 이념의 변모를 고찰하고, 특히 조소앙趙素昂과 전병훈全秉薰의 사상을 중점적으로 분석한다. 이 논의에서 신화는 고정된 서사가 아니라 여러 시대의 정치가와 역사가에게 영향을 미치고, 민속과 종교의 중요한 요소가 되며, 현대 교육의 기본이념을 제시하는 '살아 있는 이야기'로 제시된다.

김정배의 「일제강점기 원불교의 문화 운동」은 초기 원불교의 언론인이자 문화활동가인 전음광全飮光의 사례를 다룬다. 그는 원불교의 교리 해설가였으나 종교적 맥락만이 아니라 대중계몽적 성격의 문화 활동 또한 전개하였다. 그의 집필과 출판 활동은 식민지 상황에서 종교인이 실천할 수 있었던 문화운동이라는 측면에서도 평가되어야 한다는 주장이다.

한자경의 「동양의 정신문화와 오리엔탈리즘」은 서양중심적 지배담론인 오리엔탈리즘이 동양의 정신문화인 유교와 불교에 대한 우리의 시선을 어떻게 왜곡시키고 있는지에 대한 비평이다. 오리엔탈리즘적 인식에 따르면, 공자, 맹자, 부처의 교설 중 종교적, 형이상학적 측면을 더욱 강조한 성리학이나 대승불교는 원시유학이나 초기불교의 왜곡이나 변형으로 간주된다. 이에 대해 이 글은 대승의 여래장, 일심 사상을 초기불교 무아 사상의 완성이며, 성리학이 밝히는 본연지성을 원시유학이 논한 인간 본성론의 종교적, 형이상학적 심화라고 해석한다.

제3부 〈동북아 평화 사상의 구축〉은 근대 이후 동북아시아의 제국주의적 지배와 갈등 상황에서 출현한 평화 사상의 단초들을 추적한다. 박맹수의 「전봉준의 평화 사상」은 「무장포고문茂長布告文」, 「사대명의四大名義 및 12개조기율十二個条規律」, 「폐정개혁안弊政改革案 27개조」, 『전봉준공초全琫準供草』 등의 자료를 통해 전봉준의 평화 사상을 고찰한다. 이를 통해 보국안민, 불살생, 정도政道의 일신 등이 가진 평화사상적 측면에 주목하는 한편, 전봉준이 만국공법에 근거한 국제평화의 실현을 추구한 인물이었음을 밝혔다.

문준일의 「톨스토이의 평화론과 노자 사상」은 톨스토이의 평화론에 미친 노자 사상의 영향을 밝힌다. 톨스토이 사상의 기반이 된 비폭력주의, 평화주의에는 러시아정교의 교의만이 아니라 불교, 유교, 도교의 사상이 모두 포괄되어 있었다. 톨스토이는 노자의 도道 사상에서 인류의 영원하고 근본적인 삶의 법칙, 그리고 기독교적 자유의 사상과의 유사성을 발견하였다. 20세기 초 동북아시아 각국에서 대안적 사상으로서 톨스토이의 아나키즘과 평화론이 영향을 미쳤으나, 바로 그 톨스토이는 자신의 이상을 정립하기 위해 동양의 사상을 자신의 관점에서 수용하고 있었던 것이다.

최종길의 「동아시아의 역사 화해와 평화를 위한 인식」은 한·중·일 동아시아 3국의 관계를 미래지향적으로 설계하고 인류 보편적 가치에 기초하여 화해와 공존의 가능성을 넓히기 위해서는 19세기 이후 3국의 과거사를 재논의하고 정리할 필요가 있다고 주장한다. 그리고 일본이 행한 한국과 중국에 대한 식민지 지배에 대한 책임 문제를 3국의 공통 이슈로 다루기 위해 기존의 전쟁책임론 논의를 식민지 지배책임론으로 변경할 것을 제안한다. 그것은 제국주의 국가들이 행한 식민지 지배가 인류 보편적 가치에 반하는 것임을 선언하는 작업이기도 하다.

이 책은 철학, 문화, 문학, 종교, 역사 등 다양한 관점에서 동북아시아의 안과 밖의 접촉, 그리고 내부의 횡단이 가져온 창조적인 사상문화적 변용들을 보여주고 있다. 동북아시아의 19세기와 20세기 접경과 월경의 지대에는 동양과 서양, 전통 사상과 서구 사상, 제국주의와 저항적 시민의식, 전쟁의 폭력과 평화주의, 역사의 재난과 생명 사상 등 다양한 사상과 문화가 갈등하고 충돌하고 변용을 일으키며 새로운 미래를 만드는 거대한 노마드적 힘들이 움직이고 있었다. 그것은 단순한 전파와 수용, 영향 관계만이 아닌 이질적인 문화 사이의 융합이 낳는 창조의 경험들이다. 이 공동의 경험과 사상 혹은 문화 자원은 그 형태와 내용은 달라졌지만, 오늘날 동북아시아에도 지속적으로 영향을 미치고 있으며 미래를 여는 실험적 통찰을 제공해 주고 있다. 이 책이 동북아시아의 정신문화의 한 부분을 이해하고 인류의 미래 문화에 기여할 수 있는 평화 사상을 살피는 작은 학문적 마중물로서의 역할을 할 수 있었으면 좋겠다.

2021년 3월
김정현
원광대학교 한중관계연구원장
HK+동북아시아인문사회연구소장

차
례

2부 ─────────────────────── 종교 문화의 근대적 변동

홍익인간 연대기의 고찰

일제강점기 원불교의 문화 운동

동양의 정신문화와 오리엔탈리즘

1부

근대 서구 사상의 수용과 재편

문화변용론으로서 동아시아의
'근대적 지형도知形圖' 해독

이광래

강원대학교 명예교수

1

인간이 자아 형성과 자아 인식을 위해서는 나(테제) 이외의 타자(안티테제)와 대립을 전제해야 한다. 자아로서 테제定立가 존재하기 위해서는 타자로서 안티테제反定立가 있어야 하기 때문이다.

인간에게 최초의 안티테제는 언어습득 이전에 거울에 비친 자아의 이미지이다. 자크 라깡J. Lacan은 이것을 자아 인식에 있어서 '거울상 단계'[1]라고 부른다. 그것은 거울을 보면서 비로소 자신의 이미지를 깨닫기 시작하는 나르시시즘(자아도취나 자기애)의 단계를 말한다.

이처럼 나에 대한 경험은 거울 속에 비친 이미지, 즉 자기타자를 통해서 획득된다. 하지만 거울 속의 자아는 본질적으로 타자이므로 불안不安을 내포한다. 이때 자아는 자신에 대한 인식의 균열과 불안으로 공격성을 드러낸다. 다자적 구조, 즉 법과 규칙이 존재하는 현실이 기다리고 있기 때문에 더욱 그렇다. 인간은 언어를 습득하여 법이나 규칙과 같은 '언설言說의 체계' 속에 들어서면서 주체 의식이 형성되고

---

1) 라깡에 의하면 자아의 형성과 인식은 상상계(거울상 단계)→상징계(언어습득, 즉 사회화 단계)→실재(현실)계의 과정을 거치게 된다.

사회생활이 시작되는 것이다.

이때부터 주체는 타자에 의해 이름 불리게 된다. 타인의 인정에 의해 비로소 주체로서 자리매김하게 되고, 타자의 욕망을 소유하거나 '타자의 욕망을 욕망하도록' 요구받는다. 그 때문에 자아는 타자가 욕망하는 대상을 욕망하고, 타자가 욕망하는 방식으로 욕망하는 것이다.

또한 이때부터 자아는 사회 구성원으로서 금지해야 할 것들도 요구받는다. 개인이나 사회뿐만 아니라 국가 간의 관계에서도 마찬가지이다. 비유하자면 근대적 자아로서 중국도 타자(서양)에 의해 1840년의 아편 전쟁과 같이 어찌할 수 없는 충격적 경험, 트라우마Trauma(정신적 외상)와 조우하게 되지만 새로운 국제 사회의 질서 속에서 자신의 욕망을 향유하면서 살아가는 법도 깨닫게 되었다. 자아는 비자발적이지만 타자와 나름대로의 방식으로 융합하는 이른바 '욕망의 논리'를 터득하게 된 것이다.

이와 같은 자아 형성과 인식의 과정은 동아시아에서 근대 국가가 탄생하기 이전, 즉 근대화 이전의 집단적 자아 형성과 인식의 과정에서도 크게 다르지 않았다. 근대 이후 타자로서의 서구 사회나 국가를 안티테제로 할 경우, 자아 인식의 주체(테제)로서 동아시아의 국가와 사회는 더욱 그렇다. 근대 이전까지 불교와 유교를 교집합으로 하는 동아시아의 지知와 문화文化의 관계 속에서 자기타자화의 단계, 즉 한·중·일 삼국 간의 집단적 상상계에서 상징계에 이르는 과정에서의 습합, 역습합, 반습합 등과 같은 문화변용acculturation의 양태는 고작해야 내內-문화적이고 내재적인 지형 변화였기 때문이다. 넓은 의미에서 그것들은 내부의 의견 충돌이나 변용變容에 불과했다. 그러므로 거기서는 자아정체성에 대한 불안감 때문에 공격이 이루어진다 하더라도 확연한 균열이나 분리로 이어지지는 않았다.

실제로 동아시아 삼국이 경험한 자아 인식에 있어서 자아와 자기

타자 간의 분리는 대내적(거울상이나 가족과의) 관계에서 일어난 것이 아니라 대외적(타자와의) 관계에서 일어났다. 동아시아 삼국의 경우 그와 같은 분리와 균열은 타자西洋에 의해 자국의 이름이 불리고, 타자의 인정에 의해서 비로소 자국이 주체로서 자리매김되며, 타자의 욕망(서양의 과학 기술이나 정치 제도와 같은)을 욕망하도록 요구받는 상징계와 실재계의 경계에서 이루어졌기 때문이다.

동아시아 삼국은 이처럼 예상하지 못한 외부(서양)의 충격에 의해 현실적인 다자 관계나 새로운 사회 질서가 이뤄지는 시점에서 근대 앞에 불려 나와야 했다. 다시 말해 동아시아 삼국은 불청객으로 다가온 근대에 의해 급기야 주체로서의 자아정체성을 확립해야 했고, 욕망하며 향유하는 주체로서 살아가는 법을 깨달아야 했다. 근대에 의해 감염되지 않은 처녀인구집단virgin population내에 서양의 근대적 지知와 문화文化가 침입함으로서 삼국은 저마다의 전통에 대한 '인식론적 파열epistemological rupture'을 체험해야 했던 것이다.

2

그러면 동아시아에서 근대의 시발점은 언제였을까? 그리고 그 핵심은 무엇이었을까? 또한 동아시아 삼국의 지知와 문화文化는 서양의 그것들과 언제, 어떻게 조우했을까? 그리고 삼국의 지와 문화는 거기에 어떻게 대처했을까?

1) 중국의 중체서용론中体西用論

서양의 근대적 지知와 문화文化, 즉 과학 기술을 중심으로 한 서양

문화 전반이 중국에 본격적으로 전달된 것은 청나라 말이었다. 1840년의 제1차 아편 전쟁을 계기로 1860년 이후의 양무洋務운동과 1898년 무술변법戊戌變法을 거쳐 1912년 청이 멸망하기까지 격동하는 중국의 배후에는 서구 열강의 패권주의와 근대 일본의 제국주의 욕망이 동력인으로 작동하고 있었다.2)

하지만 이미 영국에 의해 아편 전쟁으로까지 이어지는 교역의 강요는 18세기말 부터 시작되었다. 중국은 1793년 건륭乾隆황제의 82회 생일 축하 사절로 베이징에 처음 오게 된 서인도 제도의 총독 매카트니G.Macartney 백작의 요구에 의해 처음으로 광저우를 개방하게 된 것이다. 매카트니는 무역 증대와 공사公使의 상주를 요구하였으나 거절당했고, 9월에는 도리어 황제에 의해 강제로 출국마저 요구당했다. 이때부터 양국 관계는 악화되어 결국 아편 전쟁으로 이어지기까지 했다.

제1차 아편 전쟁(1840~1842)의 대가는 결국 홍콩을 99년간 영국에 넘겨야 했고, 상하이를 비롯한 5개의 항구도 서구 열강에게 강제로 개방하게 되었다. 하지만 새로운 바이러스(병원균)의 감염에서 병적 징후를 거쳐 자체 면역 효과가 나타나기까지 유린당하는 주체와 주권에 대한 반사적 반응이 구체적으로 나타나는 데는 그렇게 오랜 시간이 걸리지 않았다. 1860년 제2차 아편 전쟁3)이 끝나면서 증국번曾國藩, 이홍장李鴻章 등에 의한 양무운동이 전개되었기 때문이다.

---

2) 중국의 경우 근대의 시발점에 대한 논의는 연구자마다 다를 수 있다. 1894년 청일전쟁을 근대의 전환점으로 간주하는 연구자가 있는가 하면, 1919년 5.4운동기를 근대의 기점으로 취하는 연구자도 있다. 예컨대 오노가와 히데미小野川秀實는 『淸末政治思想硏究』(みすず書房, 1978)에서 양무운동기의 중체서용中体西用의 논리가 5.4운동기는 물론이고 그 이후까지도 지속되었다고 주장한다.

3) 영국, 프랑스의 연합군과 벌인 제2차 아편 전쟁(1856~1860)의 결과 중국은 아편 무역의 합법화는 물론이고, 영국·프랑스·러시아·미국 외교관의 베이징 상주권 보장, 기독교의 공인, 10개 항구의 개방 등을 약속했다.

(1) 화이華夷에서 양무로

자아는 타자의 욕망에 의해 주체로서 자리매김되거나 타자의 인정에 의해 주체로서 자아의 이름이 불린다. 주체는 타자에 의해 비로소 실재계, 즉 사회적 욕망의 체계 속에 편입되는 것이다. 이렇듯 주체로서 중국(淸)이 서구 열강의 패권 경쟁 체제 속에서 치러야 했던 외환으로서 두 차례의 '파르마콘pharmakon(약이자 독) 전쟁'은 중국인에게 의식의 변화를 불가피하게 초래했다. 중국의 지식인들에게 타자의 지知와 문화로서 서학西學은 도통론道統論에 대한 변증법적 안티테제로 부각되면서 화이적 질서관에 대한 자기방어적 인식을 가능하게 한 반사경이 되었기 때문이다.

하지만 팬데믹을 가져온 COVID-19와 같이 미처 경험해 보지 못한 유행성 바이러스의 감염이 자체 면역에 이르기까지는 심한 병적 고통의 과정을 거쳐야 한다. 이렇듯 '화이에서 양무로' 이어지는 의식의 전환과정에서도 그와 같은 진통은 마찬가지로 겪어야 했다. 왜냐하면 화이의 완고한 지적知的 질서가 양무에 이르는 데는 무엇보다도 지와 문화의 유전인자이자 지적 하드웨어로서 견고하게 자리 잡은 도통론이 양무의식에 대한 '인식론적 장애물epistemological obstacle'로서 작용하고 있었기 때문이다.

예컨대 서양의 기예技藝는 단지 문화의 말단에 불과할 뿐 유교적 강상윤기綱常倫紀만이 중국 문화의 핵심道이고 근본本이라는 생각이 그것이다. 그 때문에 아편 전쟁에서의 패배를 치유하고 극복할 수 있는 계기를 마련하기 위해 서양의 다양한 정보원으로서 『해국도지海國圖志』를 편찬한 첨단의 지식인이자 '패러다임의 전환자'인 위원魏源 조차도 한편으로는 이이제이以夷制夷, 또는 사이장기이제이師夷長技以制夷(오랑캐의 장기長技를 배워 오랑캐를 누른다)를 주장하면서도 천주교를 소개하는 부분에서는 떠도는 낭설을 그대로 믿고 기술할 정도였다.4)

그러나 정치적으로 독毒이 되었던 아편 전쟁의 충격이 일부 지식인들에게는 오히려 '화이에서 양무로' 의식 변화의 전기를 마련하는 약藥으로 작용하기도 했다. 드디어 (라깡의 주장대로) 타자에 의해 현실적 자아인식이 이루어지는, 즉 '타자의 욕망을 욕망하는' 실재계에서의 자아형성 과정처럼 제2차 아편 전쟁으로 인한 정신적 외상이 지식인들에게 서양의 기예에 대한 인식의 괴리를 깨닫게 해 준 것이다.

당시 그와 같은 지식인들의 의식 전환과 인식론적 파열은 위기감에서 비롯된 것이다. 반성적 자각에서 등장한 양무파 지식인들은 도통론에 빠져 온 나르시시즘에 대해 의문을 제기하는 동시에 적어도 기예에서만은 서양이 중국보다 우월하고 우세하다는 사실을 시인하고 서양을 태서泰西라고까지 불렀다. '태서'는 이른바 '문화적 우세종'에 대한 경칭이나 다름없었다. "군기軍器나 기계의 정교함이 우리의 것을 백배나 앞선다(『李文忠公奏稿』卷24 「復奏海防事宜疎」)"는 이홍장의 말처럼 그들은 이제 '이무夷務가 아니라 양무이어야 한다'는 인식의 일대 전환을 주장하게 된 것이다.

(2) 습합적 절충태로서 중체서용中体西用

양무파가 전개하는 근대적 지知와 문화 운동의 양상은 습합적이고 절충적이다. 그것은 서학西學을 배워서 중학中學과의 기능적 통합을 시도했다는 점에서 습합적習合的이고, 서로 다른 두 문화를 적절하게 조합하여 하나의 새로운 범주로 만들려 했다는 점에서 절충적이다. 하지만 그것은 '타자의 욕망을 욕망하는' 주체화 과정에서 생겨난 포괄적 개념이기도 하다. 왜냐하면 중체서용의 경우 타자의 욕망을 욕망하는 주체들의 습합적 절충 방식이 저마다 달랐기 때문이다.

---

4) 李光來, 『東亞近代知形論』, 遼寧大出版社, 2010, 18. 또한 일원기국日原利國은 『中國思想史』下 (358)에서 위원을 가리켜 '패러다임의 전환자'라고 불렀다.

근대화의 사명을 띤 양무운동의 핵심은 1860년 무렵 양무파 지식인들에 의해 제기된 뒤 강유위康有爲 등의 변법 사상과 보수/선진을 쟁론하다 결국 1898년 장지동張之洞의 『권학편勸學篇』을 계기로 대중화된 중체서용中体西用5)의 문화변용론이다. 실제로 중체와 서용은 이미 1860년대에 중서中西의 두 지평, 즉 내內-지평Innenhorizont과 외外-지평Außenhorizont의 문화양태에 대한 이해와 해석을 위한 지평융합6)이나 이종공유 interface의 논리로 등장해 있었다. "중국의 강상윤기綱常倫紀와 명교기절名敎氣節을 원본으로 삼고 그것을 서양 여러 나라의 부국강병 기술로 보완해야 한다"7)고 하여 이러한 지평융합의 모형을 처음 제시한 학자는 풍계분馮桂芬이었다.

하지만 중국의 전통적인 강상윤기가 중심本体이 되고, 서양의 과학기술은 어디까지나 명교질서의 기능적 (보조) 역할로 삼아야 한다고 주장하기 위해 그가 제시한 개념은 체体와 용用이 아니라 본本과 보輔였다. 그런데 이와 같은 문화체용론을 이론적으로 체계화하면서도 논리적으로 더욱 발전시킨 사람은 양무파인 정관응鄭觀應이었다. 그는 체

---

5) 중체서용中体西用은 '서학위용 중학위체西學爲用 中學爲体'의 약어로서 통용되었다. 장지동은 자신의 책에서 그 약어적 개념을 사용한 적이 없다. 그는 오히려 중학中學을 구학舊學으로, 서학西學을 신학新學으로 사용했다. 하지만 장지동張之洞의 중체서용론은 본래 강유위康有爲 등이 제시한 변법론變法論의 급진성을 비판하기 위한 것이었다.

6) 후설Husserl과 하이데거Heidegger의 현상학적 전통에서 자신의 해석학을 완성한 가다머Gadamer는 해석의 방법으로서 '지평융합Horizontverschmelzung'을 제시한다. 가다머에게 지평은 하나의 관점에서 볼 수 있는 것들을 모두 포괄하는 개념이다. 따라서 '지평地平을 지닌다는 것'은 단지 가장 가까운 것으로만 제한되지 않는다. 그것은 해석자가 지평 내부의 모든 사물의 의미를 바르게 평가하는 기술을 이미 알고 있기 때문이다. 특히 해석학적 상황에서는 과거의 전통적 해석의 지평(內)과 해석자가 수행하는 기투企投의 지평(外)이 융합한다. Gadamer, *Warhheit und Methode*, 286-289.

7) 馮桂芬, 『校邠廬抗議』, 中州古籍出版社, 1999, 210-211. 中國之倫常名敎爲原本, 輔以諸國富强之術.

용体用과 도기道器의 개념을 번갈아 사용할 뿐만 아니라 서양문화에도 체体와 용用이 겸비되어 있다고 하여 풍계분의 체용론本輔論보다 적극적이고 진화된 양무의 논리를 제시하였다.

그에 의하면 "서양의 국가 운영의 근본을 보면 체体와 용用이 겸비되어 있다. 그들은 서원書院에서 인재를 기르고, 의원議院에서 정치를 논하며, 군민君民이 일체가 되고, 상하上下가 한마음이 되어 있다. 그것이 체体이다. 군사 훈련, 기계 제작, 철도·전선 등을 부설하는 일, 그것이 용用이다"[8] 이처럼 그가 필요로 하는 것은 서양 문화의 일부분이 아니라 서양의 도道(기독교)를 제외−'대도를 알지 못하고 한쪽에 치우쳐 있다(西人不知大道, 囿于一偏)'는 이유에서−한 전부였다.

그는 서학西學의 범위를 재조정하여 태서泰西의 과학 기술뿐만 아니라 정교형법政教刑法, 즉 인학人學까지도 중국이 폭넓게 수용하여 근대화 = 서구화해야 한다는 입장이었다. 한마디로 말해 정관응의 태서수용론泰西受容論은 양무파의 단순한 중체서용론을 넘어선 것이었다. 그것은 강유위와 양계초의 변법자강론이나 '구망救亡의 도道가 여기에 있고, 자강의 모謀도 여기에 있다'고 주장하는 엄복嚴復의 우체마용론牛体馬用論 등에 접근하고 있는 양상이었다.

한편 1980년대 이후 유물론자 이택후李澤厚는 『서체중용간석西体中用簡釋』(1986), 『만설서체중용漫說西体中用』(1987), 『재설서체중용再說西体中用』(1998) 등에서 '전환적 창조'의 논거로서 중체서용을 역전시킨 서체중용西体中用을 주장한다. 그는 강상윤기를 체体로 하여 서양의 기술만 도입한 중체서용을 '형식적 근대화'라고 하여 실패로 간주한다. 그 대신 그가 강조하는 것은 현대적 생산 방식과 생활 방식을 체体로 하는 문화 창조이다. 그는 서구의 자본주의뿐만 아니라 맑스주의에 근거한 현대적 의식주행衣食住行을 체体로 보기 때문이다. 중국은 그것(西体)을 수

8) 『鄭觀應集』上, 上海人民出版社, 1982, 967.

용해야 할 뿐만 아니라 그것을 중국식으로 침전(中用)시킴으로써 새로운 문화를 창조해야 한다는 것이다.

2) 일본의 화혼양재론和魂洋才論

근대 일본의 입장에서 지知나 문화文化의 본체는 혼魂과 재才의 겸비에 있다. 혼(道 또는 体)이 없는 문화는 공허하고 재才(器 또는 用)가 없는 지知는 맹목적이기 때문이다. 하지만 지知나 문화文化에 있어서 처녀 인구집단은 존재하지 않는다. 다시 말해 지知와 문화文化에는 순종이 있을 수 없다. 그것은 중간 숙주로서 부단히 이동하려는 인간의 욕망 때문이다. 본래 타자의 욕망을 욕망하며 이동하려는 주체로서 인간은 지와 문화에 있어서 결코 종결 숙주일 수 없다. 지와 문화에는 성체成体가 없으므로 종결 숙주도 존재할 수 없다. 그것들은 중간 숙주에서 발육이나 변태가 성장기에도 지속되면서 변형을 멈추지 않기 때문이다.

(1) 『해국도지 海國圖志』의 감염 효과

근대 동아시아의 지형도知形圖에서도 전염병의 바이러스와 같은 인식소나 문화소는 서양의 또 다른 인식소나 문화소들과 상호작용하면서 각국마다 지와 문화의 변형metamorphosis을 가져왔다. 예컨대 근대 일본과 한국의 지와 문화도 서세동점西勢東漸과 같은 타자의 욕망을 욕망한 상징물인 위원의 『해국도지』9)를 중간 숙주로 하여 변형의 계기

---

9) 위원魏源은 아편전쟁이 끝난 직후(1842) 14권으로 된『성무기聖武記』를 출간한 데 이어 1844년 12월 50권의 방대한 분량으로『해국도지海國圖志』를 출간했다. 이 책은 기본적으로 만국 지리서이지만 세계 각국의 지리뿐만 아니라 각국의 역사, 정치, 경제, 종교, 교육 제도 등 당시의 세계 사정을 종합적으로 알리는 일종의 인문 지리서이다. 그는 1847년 60권으로 증보된 개정판을, 그리고 1852년에는 정본定本 100권으로 완간했다.

를 맞이했다.

일본에 이 책이 처음 들어온 것은 초판이 출간된 지 7년이나 지난 1851년이었다. 1845년 3월 조선에 들어간 것에 비해 어소문고용御所文庫用으로나마 다소 늦게 도입된 것은 도쿠가와 막부德川幕府가 이 책의 내용 가운데 기독교에 관한 것, 이른바 '어금제지문구御禁制之文句'가 들어 있다는 이유로 반입을 허가하지 않았기 때문이다.

이 책의 도입이 정식으로 허락된 것은 미국의 페리 제독이 동인도함대의 흑선黑船을 이끌고 우라하浦賀에 입항한 이듬해에 일미강화조약이 체결(1854년 9월)된 뒤의 일이었다. 이때 반입된 15질 가운데 7질은 막부용이었고 나머지는 경매되어 처음으로 일반인의 손에 들어갈 수 있었다.

그러나 막부용도 오사카봉행소大阪奉行所의 감정봉행勘定奉行의 지위에 있었던 카와지 토시아키라川路聖謨가 사재를 들여 스기하라 이하치須原屋伊八에게 번역·출판시킴으로써 한문 해독이 어려운 일반인에게도 그 내용이 공개되었다. 그 이후 메이지 원년(1868) 이전까지 번역된 『해국도지』가 무려 23종에 이를 정도로 이 책은 널리 보급되었다.

그것은 후쿠자와 유키치福澤諭吉의 『서양사정西洋事情』(1870)이 간행되기 이전까지 서양에 대하여 종합적인 이해와 인식을 구할 수 있는 텍스트로는 『해국도지』가 대표적인 자료였기 때문이다. 이 책의 도입을 적극적으로 주장한 당시 일본 변법파의 지식인인 하시모토 사나이橋本左內는 이것을 가리켜 '단지 사물의 교역만이 아니라 지혜의 교역'[10]이라고까지 강조한 바 있다. 사쿠마 쇼잔佐久間象山을 중심으로 한 막부 말기의 일본식 양무파, 즉 화혼양재론자들이 『해국도지』의 수용에 활발했던 까닭도 마찬가지이다.

---

10) 源了圓, 「幕末日本における中國を通しての「西洋學習」—『海國圖志』の受容を中心として」, 『日中文化交流史叢書 3』, 思想 大修館書店, 1995, 324-344.

(2) 화혼한재和魂漢才로부터 양혼양재洋魂洋才까지

일찍이 헤이안平安 시대의 문인이었던 스기와라 미치자네菅原道眞(845~903)는 한문을 읽고 쓰면서 전래의 중국 학문을 배우고 익힐지라도 일본 고유의 정신인 야하라카和나 화국혼和國魂, 또는 '야마토 다마시이大和魂를 잃지 말라'고 화혼한재를 주문한 바 있다. 그것은 일본의 근대적 지와 문화에 있어서 중국의 체용설이나 도기설道器說과 유사한 습합양태인 혼재설魂才說의 모형이라고 말할 수 있다.

이처럼 일본은 서세동점으로 인해 동서양 간 지와 문화의 불가피한 인터페이스와 지평융합의 상황에서도 중고, 중세에 이어 근세(특히 文化 13년 이전), 그리고 막말의 화심和心, 화혼和魂의 발흥 등, 계속된 화혼한재 사상—아마테라스 오오카미天照大神 개벽의 대도를 근간으로 하여 유교와 불교를 채용하면서 그것들의 장점을 '일원융합一圓融合'시켜야 한다11)는— 의 영향과 계보로 인해 중국이나 한국보다 습합적 절충태에 대한 선이해가 용이했던 것이다.

그런데 이번에는 일원융합을 위한 습합적 절충의 대상이 중국에서 서양으로 바뀐 것이다. 이이제이以夷制夷의 논리대로 동점을 양무로 대처하기 위해서였다. 그리고 이를 누구보다도 먼저 주창한 사람은 사쿠마 쇼잔佐久間象山이었다. 그는 중학中學이 아닌 서학西學과의 습합적 절충태로서 화혼양재를 주장하고 나선 것이다.

쇼잔은 중국이 일본을 이적夷狄이라고 불렀듯이 일본이 서양을 이적으로 간주한다면 일본도 중국의 과오를 답습하는 것이나 다름없다고 생각했다. 그 때문에 그는 서양으로부터 선진 기술의 도입을 통감하고 〈동양 도덕·서양 예술〉이라는 이종공유異種共有의 구호를 제창했다.

예컨대 군자의 다섯 가지 즐거움五樂 가운데 '동양의 도덕과 서양의

---

11) 加藤仁平, 『和魂漢才說』, 汲古書院, 1974, 438.

예술을 남김없이 찾아내어 세상의 이치를 깨달아 국운에 보답하는 것'
이 제 다섯 가지 즐거움 이라는 주장과 같이 '아시아와 유럽이 합쳐서
지구를 이루는 것처럼 하나라도 부족한 점이 있으면 원형을 이룰 수
없다. 그와 같이 도덕과 예술 가운데 어느 하나만 부족하더라도 완전
한 것이 될 수 없다'[12])는 주장이 그것이다.

이처럼 그는 국가의 존립 위기를 느끼던 막말에 화국혼, 즉 도덕이
나 사회정치 체제는 일본의 전통을 지키면서 '기교의 지智'라고 하여
멸시했던 서양의 예술-과학 기술을 의미함-을 적극적으로 받아들
여야 한다고 역설했다. 더구나 그는 이 구호를 나중에 '화혼양재和魂洋
才'의 의미로 전화하였을 뿐만 아니라 메이지 초년에는 '양혼양재洋魂洋
才'까지도 강조하기에 이르렀다.[13])

메이지 초기는 양혼양재의 시기였다고 해도 과언이 아니다. 예컨대
도쿄대 의학부 출신으로 독일에서 유학했던 자연과학도로서 모리 오
우가이森鷗外는 「양학의 성쇠를 논함洋學の盛衰を論ず」(1903년 고쿠라小倉
에서 행한 강연)에서 메이지 초년부터 10년대 말까지를 '구화주의歐化
主義'의 시기라고 하여 양혼양재洋魂洋才의 절정기로 간주한 경우가 그
러하다.

이러한 구화주의 = 양혼양재의 논리적 귀결은 일본어를 폐지하고
서양언어를 채택하며, 유교, 불교, 신도神道를 폐하고 기독교를 채용하
는 정책을 펼쳐야 한다는 것[14])이었다. 그는 독일의 프리드리히 대왕

---

12) 『象山全集』 卷四, 242.
13) 平川祐弘, 『和魂洋才の系譜』, 河出書房新社, 1972, 23. 그러나 고사카 시로高坂史
   朗는 사쿠마 쇼잔佐久間象山의 화혼양재의 도식의 실질적 의미는 화혼和魂에 있
   는 것이 아니라 양재洋才에 있을 뿐이라고 주장한다. 쇼잔象山은 당시 양이론자
   들의 비난을 비켜가기 위해 화혼을 양재 앞에 내세워 위장하려 한 양재론자洋
   才論者였다는 것이다. 고사카 시로, 『근대라는 아포리아』, 이광래 옮김, 이학사,
   2007, 27(高坂史朗, 『近代という躓き』, ナカニシヤ出版, 1997).
14) 平川祐弘, 『和混洋才の系譜』, 24. 모리 오우가이森鷗外는 양학洋學의 성쇠 과정

이 모국어를 경시하고 프랑스어와 프랑스 문화를 추종했던 예를 들어 그와 같은 양혼양재를 주장할 정도의 '문화조절망상delusion of being controlled'에 빠진 구화주의자였다.

그러나 시간이 지날수록 모리 오우가이森鷗外조차도 서구 문화 중심의 구화주의 주장에서 점차 멀어졌다. 오히려 '동양 도덕, 서양 예술'이라는 쇼잔의 화혼양재론마저도 제대로 지켜지지 않았다. 가토 히로유키加藤弘之를 비롯하여 후쿠자와 유키치福澤諭吉, 모리 아리노리森有礼 니시 아마네西周, 츠다 마미치津田眞道 등 주도한 메이지 초기의 지적 분위기는 형이하적이고 물질적인 서양 예술(과학 기술)에만 경도되기보다 서양 도덕에 더 관심을 기울여야 한다고 생각한 젊은 양학파들이 주류를 이루었기 때문이다. 유신의 중추 세력이 (메이지 6년에) 결성한 결사체인 명육사明六社의 활동에서 보듯이 실제로 여러 분야에서 그들의 적극적인 활동으로 인해 서양의 철학(고대 그리스철학), 법학, 사회진화론 등 인문사회과학을 중심으로 하는 서구화가 광범위하게 진행되었다.

3) 한국의 동도서기론東道西器論

18세기의 동아시아 삼국은 저마다 실학實學이라는 지적知的 벨트를 형성했듯이 19세기에도 이 지역의 지知와 문화에는 서학西學과 양학洋學이라는 유전인자형génotype을 공유한 표현형들phénotypes이 하나의 교집합을 이루고 있었다.

예컨대 중학위체中學爲体, 서학위용西學爲用의 중체서용, 동양 도덕東洋

을 세 시기로 나눈다. 제1기는 18세기 후반의 난학 시대부터 메이지 초년까지이고, 제2기는 메이지초년明治初年부터 10년대 말까지의 구화주의 시대이며, 제3기는 구화주의의 반동기이다. 그는 제1기와 제3기를 '타산석주의시대他山石主義時代'라고 평評한다.

道德, 서양 예술西洋藝術의 화혼양재, 동서절충東西折衷, 동서회통東西會通의 동도서기의 변용된 지형들이 그것이다.[15] 하지만 그것은 서양의 문화 기생체가 동아시아에 침입하여 나름대로 지적, 문화적 생명력을 가진 유기체들을 변화시킨 삼국마다의 문화적 '면역 체계 현상'이라고 해도 과언이 아니다.

(1) 동도우월론에서 동도서기론으로

생명체의 면역 체계에 대한 미국의 심리요법 연구자 아노 카렌Arno Karlen의 견해에 따르면 방어 능력이 전혀 없는 생명체에 침입한 세균은 마침내 상호 관용mutual tolerance과 상리 공생commensalism(적과 더불어 같은 식탁에서 식사한다는 의미)에 이르기까지는 유행성epidemic → 풍토성endemic(토착화) → 공생symbiotic의 과정을 거친다.[16]

그것은 17세기 초부터 중국을 통해 조선에 간접적으로 유입되기 시작한 서양 문화(기생체)가 19세기 서구 열강의 무력 침입[17]에 이어서 동아시아에 어떻게 대유행의 징후pandemic symptom로 나타나는지, 그리고 시간이 지나면서 어떻게 토착화하는지, 결국 그 기생체의 중간 숙주가 조선의 실학東道과 어떻게 공생共生하게 되는지를 효과적으로 설명할 수 있는 문화적 면역체계론이기도 하다.

예를 들어 척사양이斥邪攘夷, 서세거척西勢拒斥을 주장해 온 지배 권력의 이념적 수구와는 달리 문화의 최전선에 있는 지식인들의 의식에는 적과 동침도 할 수 있는 상리공생의 변화가 소리 없이 진행되고 있었

---

15) 이광래, 『일본사상사 연구』, 경인문화사, 2005, 481.

16) Arno Karlen, *Man and Microbes*, Simon & Schuster, 1995, 17-18.

17) 1831년 가톨릭의 조선 교구가 북경 교구에서 분리된 뒤 1845년 김대건金大建 신부가 처형되자 이를 빌미로 1866년 10월 7일 프랑스 함대가 강화도에 상륙하는 병인양요가 일어났다. 강화도는 결국 강제로 파열된 조선의 처녀막이었고, 서양의 권력욕에 의해 무너진 조선 문화의 처녀성이었다.

다. 조선의 관학인 주자학만으로도 사회적 통합을 유지할 수 있다는 유교적 낙관주의가 수정주의 내지 절충주의로 문화적 변형과 변용을 시작했기 때문이다. 이른바 동도우월론으로서 동도서기론이 그것이다. 더구나 동서절충론을 거쳐 동서통합론에 이르면 최선의 기생적 존재방식인 상리공생이 19세기 조선의 지적, 문화적 면역 체계를 대변하고만 것이다.[18)

① 이항로의 동도우월론

화서華西 이항로(1792~1868)는 조선의 지식인 가운데 누구보다도 도道의 우월적 정통성을 강조한 도기 비교론자였다. 그의 도기설에 따르면 "도道가 아니면 기器를 기를 수 없고 기器가 없으면 도道를 실을 수 없다. 도道는 천지만물의 지극히 존귀함이요, 기器는 천지만물의 지극히 보물이다"[19)

그러나 도道와 기器가 이처럼 상호불가결의 것일지라도 그것들의 존재론적 위격마저 동등한 것은 아니다. 그의 도기론道器論은 본래 기器를 논리적으로 부인하거나 전적으로 배제한다기보다 존재론적 질서의 차별성을 강조하는 도우월적 도통론이었다. 다시 말해 도道는 천하天下의 공물公物이므로 지극히 크고 중대한 반면 기器는 자기 한 몸의 사물私物이므로 지극히 작고 가볍다[20)는 것이다. 하지만 그는 기器와 서학西學의 기능을 부인하지 않으면서도 아래의 「우탄憂嘆」이라는 제목의 시문에서도 보듯이 그것에 대해 비탄하며 적극적으로 배척했다.

> 검은 물결 사납고 거칠기만 한데黑水波瀾闊
> 서양도깨비는 깊숙이 도사리누나西洋鬼魅幽

---

18) 李光來, 『韓國の西洋思想受容史』, 柳生眞 譯, 高坂史朗, 御茶の水書房, 2010, 99.
19) 『華西集』 卷二十五, 六, 「道器」.
20) 『華西集』 卷三, 三, 「擬疏」.

동쪽 바다 아직 얕아지지 않았거니東溟猶未淺
우리 道가 어찌 오래토록 잠잠하리오吾道詎長休

그것은 무엇보다도 도통의 우월성을 신앙하며 고수하려는 그의 폐쇄적 강박증 때문이었다. 즉 그는 서학西學의 위세에 대한 위기감과 그것이 가져올 재앙, 즉 양화洋禍를 극도로 경계했던 것이다.

② 최한기의 절충주의

최한기崔漢綺(1803~1877)의 시대 인식은 문화적 폐역화를 강조하는 화서학파와는 대조적으로 밖으로 열려 있었다. 1836년 같은 해에 이항로李恒老가 「우탄」이라는 시문을 통해 시대를 한탄하고 있을 때 최한기는 서학西學과 중학中學을 절충적으로 수용한 책 『기측체의氣測体義』(9권)를 세상에 내놓았다. '중국中國과 서법西法은 기화氣化를 통해 절충하면 세계의 학자가 똑같은 바탕 위에서 연구할 수 있다'21)는 절충주의적 일기론一氣論이 그것이다.

그에 의하면 기氣는 하나이다. 그러나 경우에 따라 그것은 이름을 달리할 뿐이다. 그 전체를 가리킬 때는 천天이라고 하고, 그 주재를 가리킬 때는 제帝라고 한다. 또한 그 유행을 가리킬 때는 도道라고 하고, 사람과 사물에 부여된 것을 가리킬 때는 성性이라고 하며, 몸을 주재하는 것을 가리킬 때는 심心이라고 한다. 기氣가 퍼지면 신神이 되고, 굽어지면 귀鬼가 되며, 창달하면 양陽이 되고, 거두어지면 음陰이 되며, 가면 동動이 되고 오면 정靜이 된다22)는 것이다.

이처럼 그는 일기론一氣論을 바탕으로 하여 아리스토텔레스의 4원인설을 비롯한 서양의 천문학과 우주론, 나아가 271가지의 인체 해부

---

21) 崔漢綺, 『推測錄』 卷六, 「東西取捨」.
22) 崔漢綺, 『推測錄』 卷二, 「一氣異稱」.

도를 망라한 서양 의학과의 수용에 적극적이었다. 실제로 19세기의 조선에는 최한기만큼 서학의 수용과 습합, 그리고 그 비판적 절충을 통한 기론의 전화와 변용에 심혈을 기울인 학자도 흔하지 않았다.

③ 박규수의 동도서기론

박규수朴珪壽(1807~1876)는 서세동점의 위기를 쇄국으로 대응하거나 서학西學의 쇄도에 대해 동도우월 의식의 강화로만 대처한 척사거양斥邪拒洋의 세력과는 달리 조선의 자기 반성을 우선하는 시대 인식의 소유자였다. 1853년 미국의 페리 제독이 이끄는 함대가 일본의 우라하에 입항했을 때처럼 1866년 8월 미국의 상선 제너럴 셔먼호가 평양에 들어왔을 때도 평양 감사였던 그가 반미의 적대감만으로 대응하기보다 오히려 쇄국을 반성하며 통한의 편지를 동생에게 보낸 적이 있다.

1871년 신미양요辛未洋擾의 참패를 경험하고 1872년 북경에 다녀온 그는 유길준, 김옥균, 박영효, 김윤식 등 젊은 개화파의 양성을 위해 사이설師夷說의 선구가 된『해국도지』의 탐독을 적극적으로 권장했다. 서세동점의 변란을 여러 차례 몸소 체험했음에도 그는 척사양이의 관념적 이데올로기(동도우월론)보다 서학과의 역동적 습합을 강조한 진보적, 개방적 동도서기론자였다.

(2) 습염주의習染主義로서 동서통합론

습합보다 공생을 위한 더욱 적극적인 관계 방식은 외적 요소를 배우고 익혀서 내면성을 규제하는 습숙習熟이자 습염習染[23]이다. 그것은 일종의 보호색으로 물들여서 위장하는 일체화 방식이기 때문이다. 1876년 강제된 개항 이후 조선의 일부 지식인들이 공생을 위해 제시

---

23) 이광래,『일본사상사 연구』, 299-300.

한 현실적 대안이 바로 그것이었다. 조선의 생존 조건은 도기道器의 공유와 공존에만 머물지 않고 현실적 방법으로서 동서東西의 문화적文化的 조화와 통합을 모색하는 길뿐이라는 것이다.

박규수의 제자인 김윤식金允植(1835~1922)의 생각과 제안이 바로 그것이었다. "저들의 기器는 이로우니 진실로 이용후생할 수 있다면 무엇을 꺼리겠습니까"라고 조정에 제안할 만큼 그는 도기병행론에서 더 나아가 도기통합론을 수단화한 개방론자였다. 그의 변용론은 습합보다 습숙과 습염의 이데올로기(허위 의식)로 위기 극복을 모색하자는 것이었다. "도道는 형상이 없이 기氣 속에 포함되어 있으므로 도道를 구하려는 자가 기器를 버린다면 장차 어떻게 도道를 구할 수 있겠는가"[24] 라고 하여 그가 기器와 도道를 함께 익혀 체용, 도기의 구분을 떠나 상호 통합해야 한다고 주장한 까닭도 마찬가지이다.

실제로 김윤식은 1881년 11월부터 이듬해 3월까지 중국에서 이홍장을 7차례나 만나 당시의 국제 정세에 대하여 폭넓은 의견을 나누었던 조선의 양무파였다. 특히 12월 1일의 회담에서는 이홍장으로부터 서양 언어의 습득은 물론 서양인들과도 교분을 가지도록 권유받기도 했다.

이상에서 보면 19세기 조선의 지知와 문화文化는 차별적 우월성을 강조하기 위한 사유의 개방 공간으로 이끌려 나왔지만 그것은 불가피한 도전에 대한 자기방어적 응전이었다. 그러므로 우월적 비교의 시작도 독단의 출구가 아닌 입구일 수밖에 없었고, 편견으로부터의 탈출이 아닌 강화이어야 했다.

이런 점에서 19세기 조선의 동도서기론이 '유아론唯我論에서 상호비교론으로'라는 개방적 사유로의 전환임에도 불구하고 (그 의도가 우월의 강조에 있다 하더라도) 그것은 시작부터 유아론적 낙관주의의

---

24) 金允植, 『續陰晴史』 卷五, 「汚陽行遣日記」.

포기를 의미하는 절반의 실패였다. 그것은 이미 적자생존 법칙만 존재하는 당시 서양의 진화론적 논리 구조 속으로 자발적으로 들어간 것이나 다름없다. 특히 도기道器의 통합을 강조하는 역설의 근저에서는 문화적 광장공포증Agoraphobia이 작용하고 있다기보다 백색(서구)공포증Caucasianphobia이 작용하고 있었기 때문이라고도 볼 수 있다.

3

근대는 서양의 근대다. 근대는 서양이 동아시아에 대한 타자적 인식의 단계를 넘어 타자 속의 자기화를 실현시키던 17세기 이후 서양인의 역사 의식이 만든 시간적 결절結節에 불과하다. 그러므로 '근대'라는 역사(경제사)적 시대 구분 자체가 그러하듯 '근대적近代的 지知'도 서구 중심의 역사 의식과 인식틀에 지나지 않는다.

동아시아 삼국에는 근대 대신 명청의 중국이 있고, 조선이 있는가 하면, 에도江戶와 메이지明治의 일본이 있을 뿐이다. 그럼에도 불구하고 이 시기 동아시아의 문화文化와 지知는 왜 유사한 근대적 자아인식과 자아 형성의 지형도知形圖를 그리는가? 근대적 지知와 문화文化에 있어서 동아시아 삼국은 왜 저마다 서양과의 인터페이스interface(이종공유)나 이종교배crossbreeding를 마다하지 않는 혼종화hybridization를 서둘렀을까?

첫째, 그것은 서교西教와 서학西學에 의해 '내內-문화intra-culture'가 '간間-문화inter-culture'로의 전환이 불가피해졌기 때문이다. 서세동점의 질풍노도 속에서 동아시아는 17세기 이후 지知의 체계 변화를 피할 수 없었다. 서구의 근대라는 강력한 '내부환경 조절계introfective system'에 의해 동아시아 삼국의 지형도가 바뀐 것이다. 동아시아적 지知의 체계는 내부순환적 변화를 하지 않을 수 없었다. 왜냐하면 외부 환경(서양)의 영향에 의한 내부 순환과 내부 환경의 상호 작용에 의한 내부 순환이 이루어졌기 때문이다.

둘째, 2개의 서구적 패권주의, 즉 기독교와 근대적 과학 기술이 결합된 모더니티의 감염 현상으로 인해 동아시아 삼국도 새로운 절충주의의 지형도를 만들지 않을 수 없었다. 실제로 일본의 우라하 '흑선黑船 쇼크'(1853. 7.)에 이어 프랑스 함대의 침입에 의한 '강화도 쇼크'(1866. 10.의 병인양요)인 '양요洋擾들'에서도 보듯이 문화적 경계인식장애로 인한 경계형성부전境界形成不全인 동서 간의 문화적 충돌과 충격의 현장이었던 동아시아에서 근대적 '문화변용文化變容'이 폭넓게 일어난 것도 그 때문이었다.

셋째, 근대는 인류의 역사가 경험해 보지 못한 일종의 문화 용광로였다. 19세기 후반 동아시아 삼국의 문화文化와 지知는 한 세기 뒤의 근대성의 해체와 탈근대 운동이 일어나기 전까지 만해도 적자생존을 위해 서구와의 계면이 불가피했다. 그것(인터페이스)만이 적자생존의 조건[25]이었기 때문이다. 심지어 삼국의 지와 문화(이념적 상부구조)는 근대라는 서구의 용광로(실용적 하부구조) 속에서 재주조再鑄造되기까지 했다.

넷째, 일찍이 서아시아(이슬람)를 기점으로 시작된 문명과 문화의 대이동은 근대의 문화적 '접경 지대'가 된 19세기의 동아시아를 지구적 '문화global culture'의 상전이 지대transitional zone로 변용을 불가피하게 했다. 다시 말해 한 세기 이전 동아시아의 지식인들은 오늘날의 디지털 세상과 같은 '동시편재적이고 지구적인 문명Ubiquitous&global civilization'의 '토탈 상전이total transition', 이른바 딥 체인지로 인한 뉴 노멀의 일부라도 선행 학습해야 했던 셈이다.

25) 이광래, 『미술과 무용, 그리고 몸철학: 문예의 인터페이시즘』, 민음사, 2020, 18.

참고문헌

金允植, 『續陰晴史』
『象山全集』 卷四
『鄭觀應集』上, 上海人民出版社, 1982
崔漢綺, 『推測錄』
『華西集』

고사카 시로, 『근대라는 아포리아』, 이광래 옮김, 이학사, 2007(高坂史朗, 『近
　　代という躓き』, ナカニシヤ出版, 1997)
이광래, 『일본사상사 연구』, 경인문화사, 2005
이광래, 『미술과 무용, 그리고 몸철학: 문예의 인터페이시즘』, 민음사, 2020

加藤仁平, 『和魂漢才說』, 汲古書院, 1974
李光來, 『東亞近代知形論』, 遼寧大出版社, 2010
李光來, 『韓國の西洋思想受容史』, 高坂史朗, 柳生眞 譯, 御茶の水書房, 2010
平川祐弘, 『和魂洋才の系譜』, 河出書房新社, 1972
馮桂芬, 『校邠盧抗議』, 中州古籍出版社, 1999
源了圓, 「幕末日本における中國を通しての「西洋學習」－『海國圖志』の受容を
　　中心として」, 『日中文化交流史叢書 3』, 思想 大修館書店, 1995

Arno Karlen, *Man and Microbes*, Simon & Schuster, 1995
Gadamer, *Warhheit und Methode*

니체, 톨스토이,
그리고 20세기 초 동북아시아의 정신사*

김정현
원광대학교 한중관계연구원장
HK+동북아시아인문사회연구소장

1. 들어가는 말: 니체, 유럽에서 러시아를 거쳐
동북아시아로 건너가다

니체Friedrich Nietzsche(1844~1900)는 어떻게 유럽에서 러시아를 거쳐 동북아시아로 들어오게 된 것일까? 니체가 러시아에 소개되면서 왜 톨스토이Lev N. Tolstoi(1828~1910)와 하나의 담론 속에 들어간 것일까? 니체와 톨스토이는 서로를 어떻게 이해하고 있는가? 그들의 사상적 차이나 공통점은 무엇일까? 그들은 어떻게 러시아에서 논의되고 평가된 것일까? 동북아시아에서 니체와 톨스토이는 왜 그리고 어떻게 러시아로부터 일본으로 처음 수용되고 영향력을 발휘하게 된 것일까? 19세기 서양 사상의 흐름과 동북아시아의 정신사는 어떻게 접맥되며 연관성을 갖는 것일까? 동북아시아에서 니체와 톨스토이 사상은 과연 제대로 이해된 것일까? 이 양자의 사상은 그 이후 중국이나 대한제국에는 어떻게 수용되며 어떤 영향을 미친 것일까? 왜 19세기 말과 20세

---

* 이 글은 〈김정현, 「니체, 톨스토이, 그리고 20세기 초 동북아시아의 정신사」, 『니체연구』 제37집, 한국니체학회, 2020〉에 수록된 내용을 수정·보완한 것임.

기 초에 동북아시아에서는 니체주의와 톨스토이주의라는 사상적 담론이 하나의 개념 짝으로 형성되어 다루어진 것일까? 이 담론이 일본, 중국, 대한제국의 당시 정치적 상황이나 사회에는 어떤 영향을 미쳤으며 그 정신사적 의미는 무엇인가?[1] 니체와 톨스토이가 동북아시아에 미친 영향은 지대한 것임에도 불구하고, 그것이 어떻게 유럽에서 출발해 러시아를 거치며 동북아시아로 건너오게 되었는지는 아직 제대로 밝혀지지 않은 채 남겨져 있다.

19세기는 다윈의 생물학적 진화론이 스펜서Herbert Spencer와 헉슬리 Thomas Huxley를 거치며 소위 속류 사회진화론Social darwinism으로 확장되고, 적자생존, 경쟁, 우승열패라는 어휘로 서양이 아프리카나 인도뿐만 아니라 동아시아 전체로 식민지를 개척하고 정복하는 역사적 폭력의 시기에 해당한다. 이 시기에 한편으로 서양에서는 계몽과 역사 발전, 문명의 진화라는 이상이 추동되지만 그와 동시에 타 국가나 문화를 침탈하는 약육강식의 국가적 폭력이 세계 식민지를 개척해 나갔고, 다른 한편 동북아시아에서는 서양 문명의 전이와 침탈에 대응하는 각국의 내재적 반응이, 즉 전통문화의 유지, 개혁, 해체와 근대화에 대한 시도가 있었다. 일본은 서양 문명의 틀 안에서 산업화, 근대화의 프로그램을 추진했던 메이지 유신明治維新(1868~1912)을 시도하고 국가의 정체성 및 부국강병의 동력을 마련하고자 했다. 중국에서는 청나라와 영국 사이에서 아편 전쟁(1840~1842)이 일어나고, 조선을 장악하기 위해 청과 일본 사이에 청일 전쟁(1894~1895)이 일어났으며, 입헌 군주제로의 정치적 변혁을 추진했던 무술신정(1898)이 시도되었으나 곧 실패했다. 조선에서도 갑신정변(1874)이 일어나고 민중의 자각적 개혁

---

1) 일본과 중국, 대한제국 등 동북아시아에서 니체 수용의 초기 역사와 사상사적 맥락에 대해서는 Jyunghyun Kim, "Nietzsche und die koreanische Geistesgeschichte am Anfang des 20. Jahrhunderts", *Nietzscheforschung* Bd. 23, 2016, 225-244 참조할 것.

운동으로 동학농민운동(1894)이 봉기했으며, 반봉건적 제도를 폐지하고 정치·사회·경제적 제도에 대한 근대적 개혁을 추진한 갑오개혁(1894~1896) 등이 일어났다. 19세기 말 사회진화론이라는 이데올로기를 내걸고 서구열강이 아시아에 제국주의적으로 접근하며 영토분할 경쟁을 벌인 것이나 이에 대해 개혁, 근대화, 자강, 경쟁 등의 어휘로 아시아 각국이 서양에 대해 대응했던 모습은 혼란스러운 서양 문명과 동아시아 문명의 충돌과 갈등, 격변의 역사를 보여 준다.

일본이나 중국, 조선은 그 역사적 상황이나 조건이 달랐기에 격변의 시대 속에서 서양 문명에 대응하는 방식도 각기 달랐으며, 서양 사상을 수용하고 비판하거나 극복하는 문제의식도 각기 달랐다. 서양 문명과 동양 문명의 충돌, 민족주의의 형성과 제국주의의 팽창, 자본주의의 성장과 사회적 모순을 개혁하려는 사회주의 혹은 아나키즘의 등장, 국가주의와 개인주의의 대립, 민족국가의 형성과 개인의 자유의 자각, 애기주의愛己主義, egoticism와 애타주의愛他主義, altruism의 갈등, 근대화와 물질주의적 역사 발전의 새로운 신화 등장 등 19세기 후반의 문명 격변의 동인들은 동북아시아에서도 재현되었지만, 그 정치적 사회 변화의 양상과 사상적 운동은 각국이 다른 형태를 띠고 있었다. 이에 동북아시아에서 가장 중요한 시대적 담론으로 다루어진 니체주의와 톨스토이주의를 수용하고 논의하는 방식이나 문제의식도 서로 다르게 나타났다.

이 글은 니체가 유럽에서 러시아를 거치면서 어떻게 그리고 왜 톨스토이와 손을 잡고 동북아시아로 건너오게 되는지를 살펴볼 것이다. 일본, 중국, 대한제국에서 니체와 톨스토이가 수용되는 초기 과정이나 그 철학적 의미에 대해서는 이미 다른 논문에서 밝힌 바가 있기에, 이 글에서는 주로 니체 사상이 유럽에서 러시아를 거치면서 톨스토이와 하나의 담론 속에서 일본으로 건너오게 되는 과정을 상세히 언급할 것이다. 먼저 2장에서는 니체가 톨스토이를, 그리고 톨스토이가 니체를 어떻게 평가하고 있는지를 다룰 것이다. 이를 통해 니체와 톨스토이의 사상적 공통 지반이 밝혀질 것이며, 또한 양자의 상호 오해도 극명하게 기술되고 사상적 차이도 부각될 것이다. 3장에서는 19세기 말 러시아에서 니체가 소개되는 정신사적 배경을 다루며, 그롯Nikolai Grot(1852~1899)이 니체를 톨스토이와 더불어 다룬 내용을 살펴볼 것이다. 4장에서는 러시아에서 유학했던 고니시 마스타로小西增太郎(1862~1940)가 그롯의 니체 해석, 즉 톨스토이주의와 니체주의를 일본에 소개하는 과정과 내용을 추적해 볼 것이다. 이러한 논의를 바탕으로 니체주의와 톨스토이주의 담론이 러시아에서 일본으로 전해진 정신사적 배경과 그 영향, 그리고 이후 이 담론이 중국과 한국에 전해지며 어떻게 서로 다른 문제의식 속에서 다루어지는지, 그 문제의식이나 해석의 정신사적 의미가 무엇인지를 살펴볼 것이다.

2. 니체와 톨스토이의 상호 이해와 비판적 평가

1) 니체의 톨스토이 비판

서로 대립적인 사상을 지니고 있었음에도 불구하고 동북아시아에 함께 손잡고 들어온 니체와 톨스토이는 같은 시대에 살고 있었고 서로의 존재를 잘 알고 있었다. 니체보다 16세 많았던 톨스토이는 니체의 독일어 저작을 지인들을 통해 의도적으로 구해 읽었고, 니체는 프랑스어로 번역된 톨스토이의 책들을 읽으며 시대적 이슈와 문명의 성격과 연관해 그의 사상을 비판했다. 이들은 시대를 비판하는 공통의 기반이 있었음에도 불구하고 세계를 보고 문제의 대안을 찾는 방식이 달랐기에 서로의 사상을 이해하는 시각이나 오해의 폭도 그만큼 컸다.

니체가 톨스토이를 언급하는 것은 주로 종교, 동정Mitleid, 도덕, 염세주의, 허무주의 등으로 그가 읽고 있는 러시아 및 유럽의 시대정신과 연관된 맥락에서였다. 그는 『도덕의 계보』(*Zur Genealogie der Moral*) 제3논문 「금욕주의 이상이란 무엇을 의미하는가?」의 26번째 글에서 현대의 역사기술의 허무주의적 성격을 다루며 톨스토이를 언급한다. "여기에는 눈雪이 있고, 여기에는 생명이 침묵하고 있다. 여기에서 시끄럽게 울고 있는 최후의 까마귀들은 '무엇 때문에?', '부질없다!', '허무!'라고 말한다. 여기에는 아무것도 성장하거나 자라나지 않는다. 기껏해야 페테르부르크의 초정치론이나 톨스토이식의 '동정'이 있을 뿐이다."2) 니체는 그리스도교적 신앙, 형이상학적 신앙의 옷을 입고 역사를 객관적으로 기술하려는 시도에는 금욕주의적이며 고도의 허무주의적 요소가 내재해 있으며, 이러한 허무의 지반에는 신에 대한 신앙, 금욕적 피로, 톨스토이의 그리스도교적 동정 같은 것이 연관되어 있다고 본 것이다. 니체는 『안티크리스트』(*Antichrist*) 제7장에서도 톨스토이를 언급하며 현대성의 문제와 동정의 종교로서의 그리스도교를 함께 다룬다. "페테르부르크에서 파리까지, 바그너에서 톨스토이까지 묘사하자면, [...] 우리의 건강하지 못한 현대성 가운데 동정의 도덕보다 건강하지 못한 것은 없다."3) 니체가 출간한 저작 가운데 톨스토이를 언급하는 것은 이 두 문장으로, 이는 톨스토이를 현대성의 문제와 그의 종교 정신, 그리스도교적 동정도덕과 연관해 다룬 것이다.4)

---

2) 프리드리히 니체, 『도덕의 계보』, 김정현 옮김, 책세상, 2015, 533.
3) AC 7, KSA 174(인용은 다음 니체 전집을 사용하며 관례에 따라 Antichrist는 AC로, 전집은 KSA로 약기함: Nietzsche Friedrich, *Sämtliche Werke Kritische Studienausgabe in 15 Bänden*, G. Colli·M. Montirari(Hrsg.), Berlin·New York: Walter de Gruyter, 1980)
4) 유고에 나오는 톨스토이에 대한 여섯 곳의 언급은 다음과 같다. "러시아적 페시미

니체는 러시아 모스크바에서 검열에 걸려 압수당한 톨스토이의 책 『나의 신앙』(1884)을 읽은 것으로 보인다. 이 책은 그 다음 해인 1885년에 『나의 종교』(*Ma religion*)라는 제목으로 프랑스 번역본이 나왔는데 그 당시 폭넓게 대중에게 읽혔으며 니체의 『안티크리스트』에도 크게 영향을 미쳤다.[5) 톨스토이의 이 책을 읽던 시기에 니체는 도스토예프스키Fyodor Mikhailovich Dostoevsky의 『악령』(*Dämonen*)을 동시에 읽었고, 도스토예프스키와 톨스토이는 니체에게 유사한 맥락에서 언급되고 있다. 원시그리스도교에 대한 해석, 그리스도교의 타락의 역사, 복음과 나쁜 소식Dysangelium으로의 위조, 기적과 구원신앙에 대한 합리적 비판, 인간이자 유형으로서의 예수상, 그리스도교와 민주주의의 연합, 교회 비판, 그리스도교적 평화와 순수무죄의 입장을 나타내는 "저항하지 말 것"이라는 말 등 『안티크리스트』에서 다루고 있는 이 모든 것이 톨스토이의 『나의 종교』를 영향에서 나온 것이었다.[6)

니체에게 "악에 맞서지 말라"는 톨스토이의 무저항주의는 원한감정 ressentiment에 의해 조정되는 "무리도덕"의 표현일 뿐이며, 톨스토이를 연상시키는 데카당스한 동정은 니힐리즘과 동일시될 수 있는 것이었다.[7) 니체는 니힐리즘을 그리스도교와 동일시하고,[8) 아나키즘과 그리

즘. 톨스토이 도스토예프스키"(N 9[126], KSA 12, 409); "톨스토이, 나의 종교ma religion. 모스크바Moskau 1884년 1월 22일"(N 11[274], KSA 13, 103); "커다란 동정에 대하여. 톨스토이, 도스토예프스키, 파르지팔"(N 11[159], KSA 13, 75); "동정의 염세주의(톨스토이와 알프레드 드 비니의 것 같이)? — 이 모든 것은 마찬가지로 퇴락현상이자 질병현상이 아닌가?"(N 11[228], KSA 13, 90); "톨스토이, 243 ..."(N 11[277], KSA 13, 104); "대략 도스토에스키와 톨스토이가 자신의 소작농을 위해 주장했던 것 같은 판단: 이것은 실제로 훨씬 철학적이며 필요한 것을 해결하는 보다 용기 있는 방법이다..."(N 14[129], KSA 13, 312)

5) Ilja Karenovics, "Friedrich Nietzsche", in: *academia.edu/11455460/Tolstoj_und_Nietzsche*, 2-3, 5; Walter Kaufmann, *Nietzsche*, übers. von J. Salaquarda, Darmstadt: Wissenschaftliche Buchhandlung, 1988, 398.

6) Ilja Karenovics, "Friedrich Nietzsche", 5.

스도교를 하나의 기원에서 나오는 것으로 보고 있는데,[9] 이는 톨스토이에 대한 감추어진 풍자로 읽혀질 수 있다.[10] 니체의『안티크리스트』에는 그리스도교에 대한 톨스토이의 견해와 그에 대한 비판적 논의, 즉 종교정신, 동정도덕, 무리도덕, 현대성, 염세주의 혹은 허무주의 등의 철학적 논의가 담겨 있다. 니체는 허무주의, 아나키즘, 사회주의 등이 퍼져 나가고 있던 19세기 러시아의 사회적·역사적 현실 속에서 그리스도교적 동정도덕이나 무리도덕, 무저항주의의 형태로 시대적 현대성에 저항하고 이를 극복하려는 톨스토이의 방식을 비판한 것이다.

2) 톨스토이의 니체 평가

니체가 러시아에서 영향을 미치기 시작한 것은 그가 정신병에 들기 시작한 1890년경이었다. 영어, 프랑스어, 독일어, 폴란드어, 체코어, 세르비아어, 고대 그리스어, 고대 교회 슬라브어, 라틴어, 우크라이나어, 타타르어 등 수많은 언어를 자유롭게 할 수 있었던 톨스토이는 니체의『차라투스트라는 이렇게 말했다』(*Also sprach Zarathustra*, 1899년 11판)를 독일어로 읽었고, 또한『안티크리스트』,『우상의 황혼』(*Götzen-Dämmerung*) 등의 저서들도 읽었다.[11] 그는 이미 니체의 여동생 엘리자베트 푀르스터-니체Elisabeth Förster-Nietzsche가《미래》(*Zukunft*, Berlin 1897)라는 잡지에 쓴 글 "어떻게 '차라투스트라'가 생겨났는가"를 읽으며, 자신의 일기에 니체에 대해 다음과 같이 평가하며 적어놓았다.

---

7) "동정은 니힐리즘의 실천이다" AC 7, KSA 6, 173.
8) "니힐리스트와 그리스도교인: 이는 조화가 될 뿐만이 아니다..." N 11[281], KSA 13, 107 이하.
9) "아나키스트와 그리스도교는 하나의 기원에서 나온다." AC 57, KSA 6, 244.
10) Ilja Karenovics, "Friedrich Nietzsche", 6.
11) Ilja Karenovics, "Friedrich Nietzsche", 7, 11.

나는 니체의 "차라투스트라"와 그의 여동생이 그가 쓴 방식에 대해 기록해 놓은 것을 읽었으며, 나는 그가 글을 쓰고 있었을 때 완전히 미쳤다고 전적으로 확신했다. 비유적 의미로가 아니라 직접적으로 그리고 정확히 말해서 미쳤다는 것이다: 연관성 없음, 한 생각이 다른 생각으로 비약하는 것, 서로 비교되는 것을 증거도 없이 비교하는 것, 시작하자 끝없이 이어지는 생각들, 비교와 조화라는 모순 속에서 한 사상이 다른 사상으로 도약하는 것, 이 모든 것이 그의 광기의 배경 앞에 있다. ... 이러한 광기어린 사람이, 게다가 악의적인 광기 어린 사람이 스승으로 인정받게 된다면 도대체 그것이 어떤 사회란 말인가?[12]

톨스토이는 니체 철학 안에 위험한 도덕적 혼동이 있다고 보았는데, 그에 따르면, 니체는 러시아 지성인들이 전통적으로 악으로 해석해 온 것, 즉 자기중심주의(자애주의)egotism, 심미주의aestheticism, 관능성sensuality 등을 대표하고 있다는 것이다.[13] 니체에게는 이타주의와 사회적 연민, 공동체에 대한 전통적 그리스도교적 사상과 규범을 파괴하는 위험하고 광기어린 요소가 있다는 것이다. 일상에서 활동하고 있는 사람 안에 신성이 있기에 겸손, 절제, 이웃사랑을 표현해야 한다는 그리스도교적 사랑의 주창자이자 악에 저항하지 말라는 무저항주의자인 톨스토이에게 니체는 받아들일 수 없는 유럽의 이교도적인 위험한 작가였다. 니체에 대한 톨스토이의 부정적 평가는 그가 1907년 3월 2일에 작가이자 문예사가인 오이겐 라이헬Eugen Reichel에게 독일어로 쓴 편지에서도 그대로 드러난다. "나는 일반적인 이성 수준이 예술뿐만 아니라 다른 정신적 영역들, 즉 학문, 정치, 특히 철학에서 점점 더 크게 하락하고 있다고 예견합니다. (칸트는 벌써 아무도 모르지만, 니체는 알고 있습니다.) 문명의 일반적인 소란 소리가 다가오고 있습니다."[14] 또 다른

---

12) Lev N. Tolstoi, *Polnoe Sobranie Sočinenij v 90 tomach*, Moskva/Leningrad: Chudožestvernaja literatura, 54권, 1929-1958(이하 PSS로 약기), 77: Ilja Karenovics, "Friedrich Nietzsche", 7에서 재인용.

13) Edith W. Clowes, *The Revolution of Moral Consciousness: Nietasche in Russian Literature, 1890-1914*, DeKalb: Northern Illinois University Press, 1988, 68.

일기에서 톨스토이는 니체를 헤겔, 다윈과 같은 계열에서 악을 정당화하는 위험한 사람으로 적고 있다. "세 명의 유행하는 철학이 내 정신 속에 남아 있다: 헤겔, 다윈 그리고 이제 니체가 그들이다. 첫 번째 사람은 존재하는 모든 것을 정당화했다. 두 번째 사람은 인간을 동물 옆에 세우며 투쟁을, 즉 인간 안에 있는 악을 정당화했다. 세 번째 사람은 인간의 본성 안에 있는 악에 저항하는 것은 잘못된 교육이며 잘못이라는 것을 증명한다. 나는 이것이 어디로 이끌려가야 하는 것인지를 알지 못한다."15) 톨스토이에게 그들은 동물적 생존 투쟁과 악을 정당화하는 사회진화론의 궤도 위에 있는 철학자로 보인 것이다.

톨스토이는 1904년 독일-오스트리아의 저널리스트인 후고 간츠 Hugo Markus Ganz(1862-1922)와 인터뷰를 하는 동안 그에게 모스크바 신문 《러시아 소식》(Russkie Vedomosti)에 전해오는 니체에 대한 다음과 같은 의견을 메모지에 적어 보여 주었다. "나는 왜 오늘날 독일인들이 이 두 작가(칸트와 리히텐베르크Lichtenberg: 필자 첨부)를 소홀히 하고 니체처럼 단정치 못한 문필가에 열광하는지 이해하지 못하겠습니다. 결국 니체는 전혀 철학자가 아닙니다. 그는 한 번도 진리를 찾거나 이야기하고자 노력한 적이 없습니다. 나는 쇼펜하우어를 훨씬 위대한 문체가로 여깁니다. 만약 사람들이 니체의 빛나는 문필 능력을 인정할 수 있다고 할지라도, 이것은 더 이상 문필가의 재능이 아니며, 이 재능이 그를 일련의 위대한 사상가나 인류의 스승으로 세우는 것은 아닙니다."16)

톨스토이에게 니체는 논리적 비약과 두서없이 글을 쓰는 사람, 문명의 소란거리를 전하는 수다꾼, 인간의 본성에 있는 악에 저항하는

---

14) PSS 77권, 49: Ilja Karenovics, "Friedrich Nietzsche", 9에서 재인용.

15) PSS 54권 126 이하: Ilja Karenovics, "Friedrich Nietzsche", 9에서 재인용.

16) *Russkie Vedomosti*, (1904. 8. 13) Nr.224; Ilja Karenovics, "Friedrich Nietzsche", 11 재인용.

것이 잘못이라고 가르치는 잘못된 학자로 보인 것이다. 니체는 톨스토이에게 문필가적 재능이 있다고 하더라도 철학자나 위대한 사상가로 인정할 수 없는 사람이었다. 니체에게 톨스토이가 무저항주의, 아나키즘, 허무주의를 주창하는 러시아적 작가였다면, 톨스토이에게 니체는 문필가도 아니고 철학자나 사상가도 아니라 길을 잃어버린 수다스러운 독일 지성인 정도였다. 세계 최고의 지성인 니체와 톨스토이는 서로의 책을 몇 권 구해 읽는 노력을 했으나 근본적으로 당시의 세계와 현대성을 바라보는 관점이 달랐고 그에 대한 극복의 대안도 달랐기에 서로 대극의 지점에 서서 서로를 오해의 시선으로 바라보았다. 그들에게는 그리스도교에 대한 합리주의적 비판, 어느 정도(니체는 물론 상대적이지만) 불교에 대한 공감, 도발의 경향, 현대성에 대한 저항 등의 사상적 공통점을 지니고 있었다. 즉 니체와 마찬가지로 톨스토이도 "자신의 시대에 대한 투쟁자"였던 것이다.[17] 이러한 공통점이 있었지만 그들의 세계를 바라보고 처방하는 방식은 근본적으로 대극에 서 있었기에, 오히려 그러한 점으로 인해 그들은 하나의 짝이 되어 러시아에 등장할 수 있었다.

두 사람 사이에는 현대성과 인간을 바라보는 시선이나 문제의식의 대립, 이해와 오해가 있었다. 하지만 톨스토이의 니체관은 그대로 러시아 철학자 그롯을 거쳐 일본인 고니시 마스타로에게로 전해지고 이것이 또 중국이나 대한제국 등으로 전해지면서 20세기 초 동북아시아의 정신사에 큰 영향을 미치게 된다. 우리는 여기에서 19세기 말 러시아의 정신사적 배경을 살펴보면서 그롯이 니체를 톨스토이와 비교하며 논의하는 자취를 추적해 볼 것이다.

17) Ilja Karenovics, "Friedrich Nietzsche", 14.

3. 러시아에서의 니체 수용

1) 19세기 말과 20세기 초 러시아에서 니체와 톨스토이 담론

19세기 들어가면서 러시아에도 산업화와 근대화의 바람이 거칠게 불어왔다. 산업화가 급속히 일어나면서 값싼 노동력(낮은 임금) 문제로 노동자의 환경은 열악해져 갔고 농민 반란이 지속적으로 일어났다. 1861년에는 농노해방령이 제정되었으나, 이는 사실 농노에서 노동자로 전환된 민중을 이전 농노로 간주하며 자본가의 이익을 옹호하는 반半봉건적 기존질서, 즉 전제정 체제를 그대로 유지하는 것이었다. 1883년 러시아 밖에서 최초의 마르크스주의자 조직인 '노동자 해방 그룹'이 나타난 이후 러시아에 노동 운동이 본격화되며 마르크스 운동이 확산될 수 있는 사회적 배경이 형성된 것이다. 1891년 여름과 1892년에 러시아에서 대기근이 발생하고 수백만 명의 농민들이 굶주림과 질병에 시달리는 사건이 일어났지만, 무능한 정부가 아무런 구제책을 마련하지 않자 지식인들은 격분했고 농촌 구제운동과 차리즘traism의 타도를 외치기 시작했다. 러시아는 19세기에 근대화 및 산업화와 노동자 환경의 악화, 전제군주제의 유지와 노동자와 농민의 혁명 의지의 분출, 러시아의 개혁 및 발전에 대한 요구와 지식인들의 사회적·도덕적 책임감의 증대, 서구주의와 슬라브주의의 갈등 등 수많은 문제를 안고 있었다. 톨스토이가 활동하던 시대도 이 시대였고, 1890년대 니체의 사상과 저서가 러시아로 유입되던 때도 이러한 역사적 사회적 갈등과 문제를 표출하던 격변의 시대였다.

데퍼만Maria Deppermann에 따르면 1890년경 러시아에서 니체의 철학은 헤겔주의, 유물론, 실증주의의 호황을 떨어 내고 쇼펜하우어의 페시미즘과 대비되며 들어왔고, 러시아의 대중 영합주의가 파산한 이후

놀람과 충격, 거부를 불러일으키며 1890년대 초 이데올로기 공백을 파고 들었는데, 니체의 영향은 처음부터 마르크스주의와 경쟁하는 것이었다.[18] 톨스토이는 이러한 러시아의 현실, 즉 노동자의 열악한 환경이 격화되고 농민이 고통을 당하는 현장에 서서 마르크스주의적 노동운동이 조직화되고 각종 사회주의 운동이 등장하며 아나키즘과 사회적 폭력이 나타나는 것을 보고 있었다. 이러한 시대적 경향에 대해 그는 위선에 찬 귀족 사회와 민중의 고통을 외면하는 러시아 정교회를 비판하고 국가의 폭력을 폭로하면서 모든 농민과 사회 구성원이 평등하고 평화롭게 공생하는 "협동노동체계, 토지 공동 소유에 바탕한 공동체 조직"[19], 비폭력 무저항의 아나키즘적 평화주의와 원시 그리스도교적 사랑의 실천 등을 강조했다. 니체는 산업화, 자본주의, 민주주의, 아나키즘, 사회주의 등 유럽에서 일어난 다양한 사회 문화적 제도의 변화와 그 이념의 실험, 그리고 물질주의의 팽창과 인간의 (자기)소외라는 근대화의 부작용을 체험하며 서양 현대성의 이념을 비판했는데, 니체철학이 유입된 러시아는 서유럽과는 다른 형태의 현대성의 문제를 겪고 있었다.

니체의 작품은 상트페테르부르크를 방문한 브란데스Georg Brandes나 살로메Lou Andreas-Salomé와 같은 외국인의 도움으로 검열에 통과하며 러시아에 들어갔다. 1888년 10월 6일에 브란데스가 니체에게 보낸 편지에 따르면 니체의 저서 『인간적인 너무나 인간적인』(*Menschliches Allzumenschliches*)을 포함해 모든 저서가 러시아에서 판매 금지되었으며, 니체 역시 이 사실을 알고 있었다.[20] 1888년에 니체를 세계 최초로 소개하며 코펜하겐 대학에서 강의했던 브란데스는 이에 앞서 폴란드의

---

18) M. Deppermann, "Nietzsche in Rußland", *Nietzsche Studien* 21, 1992, 216.
19) 레프 톨스토이, 『국가는 폭력이다』, 조윤정 옮김, 달팽이, 2008, 263-264.
20) 기오 브란데스, 『니체: 귀족적 급진주의』, 김성균 옮김, 까만양, 2014, 198.

바르샤바에서 2년 동안 강의했고, 1887년에는 프랑스를 비롯해 러시아의 상트페테르부르크와 모스크바에서 강의하는 등 자유롭게 러시아를 왕래하고 있었다. 살로메 역시 1895~1896년 겨울을 상트페테르부르크에서 보내며 그녀의 저서 『작품에 나타난 프리드리히 니체』(*Friedrich Nietzsche in seinen Werken*)의 각 장의 부분을 지속적으로 출간한 상징주의자 저널 《북부 메신저》(*Severnyi vestnik*)의 편집자 구레비치Liubov Gurevich와 볼른스키Akim Volynsky를 만났고,[21] 1899년과 1900년에는 두 차례 러시아를 방문해 릴케와 함께 톨스토이와 만나기도 했다. 니체의 청혼을 받았던 살로메나 니체와 편지 교류를 하며 그의 사상을 북유럽에 소개하는 데 노력을 기울였던 브란데스 등은 러시아에 왕래하며 니체의 저서와 사상, 체계와 문체 등을 소개했던 것이다. 그러나 다른 한편 셰스토프Lev Šestov, 메레즈코브스키Dmitrij Sergejevič Merežkovskij 등 당시의 러시아 지성은 유럽에 있었을 때 이미 니체를 읽고 있었다.[22] 1901년에는 러시아에 브란데스의 글 『귀족적 급진주의』(*Eine Abhandlung über aristokratischen Radikalismus*)가 번역되었고, 앙리 리탕베르제Henri Lichtenberger(1864~1941)의 『니체의 철학』(*La Philosophie de Nietzsche*, 1898; 러시아 번역 1901), 짐멜Georg Simmel(1858~1918)의 니체에 관한 글, 니체 여동생 엘리자베트 푀르스터-니체Elisabeth Förster- Nietzsche의 글, 오랜 시간 니체와 우정을 나눈 음악가 페터 가스트Peter Gast, 본명은 Heinrich Köselitz(1854~1918), 헝가리-스위스 철학자이자 사회학자 슈타인Ludwig Stein(1859~1930), 비판가 베르크Leo Berg(1862~1908)의 글들이 번역·출판되었다. 즉, 1900년 전후 러시아 지성계에는 니체에 관한 유럽 연구서들이 넘쳐흐르는 상황이었다.[23]

---

21) Edith W. Clowes, *The Revolution of Moral Consciousness: Nietasche in Russian Literature*, 47.

22) Edith W. Clowes, *The Revolution of Moral Consciousness: Nietasche in Russian Literature*, 47.

니체를 톨스토이와 비교하는 논의는 그룻에 의해 러시아에서 처음 시작되었으며, 독일과 러시아에서 슈타이너R. Steiner와 셰스토프, 메레츠코브스키를 비롯해 뢰제너K. Rösener, 바드코프스키M. Wadkowsky 등 1910년에 이르기까지 많은 학자들이 시대를 진단하는 하나의 담론으로 이끌어가고 있었다.24) 니체주의와 톨스토이주의는 그룻을 거쳐 19세기 말과 20세기 초 일본과 중국, 대한제국 등 동북아시아로 순식간에 확산되며 사회진화론과 자강론, 국가주의와 미적 자아실현, 개인주의와 공동체주의, 자애주의(자아중심주의)와 애타주의 등의 담론을 형성하는데 기여하게 된다. 1900년 전후 러시아에서 일어난 최초의 니체와 톨스토이 담론은 그룻, 셰스토프, 메레츠코프스키 등에 의해 서로 다른 관점에서 이끌리게 된다.

톨스토이를 비롯해 당시 러시아의 주요 지성인들이 참여한 러시아 심리학회를 이끌며 잡지 《철학과 심리학의 문제들》(*Questions in Philo-*

23) Edith W. Clowes, *The Revolution of Moral Consciousness: Nietasche in Russian Literature*, 62; Menaham Brinker, "Nietzsche's influence on Hebrew wrigters of the Russian Empire", Pernice Glatzer Resenthal(ed.), *Nietzsche and soviet culture*, Cambridge: Cambridge University Press, 1994, 396: 1900년 전후 유럽에서 출간된 글이나 저서들은 다음과 같다: Henri Lichtenberger, *La Philosophie de Nietzsche*, Paris: Alcan, 1898; Georg Simmel, "Friedrich Nietzsche − Eine moral-philosophische Silhuouette", *Zeitschrift für Philosophie und philosophische Kritik*, Neue Folge, 107. Bd. Heft 2, 1896, 202-215; Elisabeth Förster−Nietzsche & Peter Gast(Hrsg.), *Friedrich Nietzsches Gesammelte Breife*, Leipzig: Insel−Verlag, 1902; Ludwig Stein, *Friedrich Nietzsche's Weltanschauung und ihre Gefahren*, Berlin: Verlag von Georg Reimer, 1893; Leo Berg, *Der Übermensch in der modernen Literatur, Paris·Leipzig*: Albert Langen, 1897.

24) R. Steiner, *Friedrich Nietzsche. Ein Kämpfer gegen seine Zeit*, Weimar: Emil Felber, 1895; K. Rösener, *Moderne Propheten, Bd.1: Hartmann, Tolstoi, Nietzsche*, München: C.H. Beckische Verlagsbuchhandlung, 1907; M. Wadkowsky, *Tolstoi und Nietzsche über den Wert der Kultur. Ein Beitrag zur Kulturphilosophie*, Jena: Anton Kämpfe, 1910(Diss. d. Univ. Jena).

sophy and Psychology)를 발간했던 그롯은 톨스토이와 매우 가까운 관계를 유지했고 이후 일본에서 온 고니시 마스타로를 톨스토이에게 소개해 그와 더불어 노자의 도덕경을 러시아어로 번역하는 데 도움을 준 인물이다. 즉, 톨스토이와 매우 가까웠던 그롯은 니체를 유럽을 대표하는 상징(서구주의)으로, 톨스토이를 동유럽을 대표하는 상징(슬라브주의)으로 이해하며 톨스토이의 입장에서 니체에 접근하며 부정적 관점을 드러낸다.

현대 러시아의 실존철학자이자 러시아 혁명 이후 프랑스 소르본대학에서 활동했던 셰스토프는 톨스토이나 그롯과는 다른 관점에서 니체에 접근한다. 그는 자신의 저서 『톨스토이와 니체. 그들의 학설에서 선의 이념』(*Dobro w utschenii gr. Tolstowo i Fr. Nitsche*, 1900)에서 톨스토이와 니체 사이에 놓여 있는 다리를 대담하게 부수며, 이 두 대척자의 내적 유사성을 발견하고자 했다. 니체의 "신이 죽었다"는 선언과 톨스토이의 "신은 선이다"는 주장은 "우리 시대의 종교 의식"을 반영하는 동일한 가치를 가진 것으로 두 사람은 실상 같은 출발점에 서 있다는 것이다.25) 그는 시대적 종교와 선과 악의 문제, 도덕과 신의 문제, 동정과 구원의 문제를 다루며, '귀족주의Aristokratismus'와 '도덕적 완전성'은 동일한 의미를 지니고 있는 것으로 보며,26) "귀족주의와 '선'은 삶을 아름답게 만드는 수단일 뿐"27)이라고 말한다. 그에게 니체는 선의 배타적 요구에 대해 열린 마음으로 저항하기 시작한 최초의 철학자였다.28) 니체가 제시한 것은 선이나 형제애가 신이 아니며 연민이나 선보다 더 높은 것, 즉 신을 찾아야 한다는 것이었다.29)

25) Leo Schestow, *Tolstoi und Nietzsche, Die Idee des Guten in ihren Lehren*, München: Matthes & Seitz, 1994, 126.

26) Leo Schestow, *Tolstoi und Nietzsche, Die Idee des Guten in ihren Lehren*, 251.

27) Leo Schestow, *Tolstoi und Nietzsche, Die Idee des Guten in ihren Lehren*, 253.

28) Leo Schestow, *Tolstoi und Nietzsche, Die Idee des Guten in ihren Lehren*, 257.

종교사상가이자 시인으로 러시아 상징주의 문학운동의 정초자이기도 한 메레츠코브스키는 자신의 저서 『톨스토이와 도스토예브스키. 영원한 행성』(*Tolstoij i Dostoevskij. Večnye sputniki,* 1900~1902)에서 톨스토이와 니체를 윤리와 미학에서 극단으로 대립해 있는 대척의 사상가로 보았다. 톨스토이의 "악에 저항하지 말라"는 도덕적 산상교훈의 정언명법에 대해 니체는 오직 미학적 현상으로서만 세계 속의 현존은 정당화된다는 풍자적 근본원칙을 자명하게 내세웠다는 것이다.[30] 그릇이나 메레츠코브스키처럼 니체와 톨스토이를 서로 화해하기 어려운 대척의 사상가로 보기도 하고, 셰스토프처럼 이 양자가 표면적 대립에도 불구하고 궁극적 지점에서 만난다고 본 철학자도 있었다. 1900년 전후에 러시아에서는 다양하고 풍부한 니체와 톨스토이의 담론이 나오게 되는데, 그 첫 지점에는 톨스토이와 같은 정신적 궤도에 러시아의 지성 니콜라이 그릇이 서 있었다. 우리는 이제 러시아에서 니체주의와 톨스토이주의의 담론을 처음 이끌었던 그릇의 논의를 살펴볼 것이다.

2) 니콜라이 그릇의 『니체와 톨스토이』

러시아에서 니체를 톨스토이와 함께 논의하기 시작한 것은 독일계 러시아아인인 니콜라이 그릇이었다. 그는 모스크바 심리학회의 리더로 철학과 심리학의 다양한 문제들을 다루는 잡지 《철학과 심리학의 문제들》을 발간하며 러시아 지성계를 이끌어가는 중심 역할을 했다. 그가 이끌어갔던 이 학회는 당시 141명의 회원이 있었는데, 그 가운데는 톨스토이, 황태자 투르베츠코이Sergei Trubetskoi, 철학자 솔로비요프Vla-

---

29) Leo Schestow, *Tolstoi und Nietzsche, Die Idee des Guten in ihren Lehren,* 257-258.

30) Ilja Karenovics, "Friedrich Nietzsche", 13.

dimir Solov'ev 등도 있었다.[31] 그롯은 1893년에 자신의 작은 책 『우리 시대의 윤리적 이상, 프리드리히 니체와 네프 톨스토이』(*Die sittlichen Ideale unserer Zeit. Friedich Nietzsche und Lev Tolstoij*)를 출간함으로써 니체주의와 톨스토이주의의 담론을 열어 놓으며, 이후 동아시아 정신사에 지대한 영향을 미친다. 24쪽 분량의 소책자 형식의 이 글은 같은 해 12월과 1894년 1월에 일본에서 연속으로 번역되어 소개되는데, 독일에서는 이 글이 나온 지 4년이 지난 1897년에 《미래》(*Zukunft*)라는 잡지에 「니체와 톨스토이Nietzsche und Tolsoi」라는 제목으로 독일어 번역본이 게재되었고, 그 다음해 같은 제목의 소책자로 출판되었다.[32] 러시아와 일본에서의 논의가 독일보다 훨씬 빨리 진행된 것이다. 브란데스가 그의 글 「니체의 특징들」에서 니체와 톨스토이를 비교하며 니체는 개인의 자주권을 추구하는 귀족도덕과 개인주의 도덕을 대표하고, 톨스토이는 자기희생의 필요성을 강조하는 민중도덕과 기독교적 도덕을 대표한다고 주장한 것이 1900년 8월인데, 이보다도 7년이나 빨리 논의된 것이다.[33]

그롯이 문제시한 것은 "개별적 인간이나 민족뿐만 아니라 전체 문화인을 함께 느끼는 영혼의 드라마"로서 그가 살았던 "시대"의 모습이었다.[34] 그가 바라본 시대의 모습에는 외형적으로 기술의 발전과

31) Sho Konishi, *Anarchist Modernity - Cooperation and Japanese-Russian Intellectual Relations in Modern Japan*, Cambridge and London: Harvard University Asia Center, 2013, 107.
32) Nikolaus Grot, "Nietzsche und Tolstoi", *Zukunft*, Bd.21, 1897, 414-424; 톨스토이는 이 《미래》라는 잡지에 실린 니체 여동생 엘리자베트 푀르스터-니체의 글 "어떻게 '차라투스트라'가 생겨났는가"를 읽었는데, 이 잡지에 동시에 실렸으며 자신과 니체를 비교하며 쓴 그롯의 글을 알고 있었고 읽었으리라 추정된다.
33) 기오 브란데스, 『니체: 귀족적 급진주의』, 219.
34) Nikolaus Grot, *Nietzsche und Tolstoi*, übers. von Alexi Markow, Berlin: H. Steinitz, 1898, 3.

성과가 있으나 인간 삶의 맥박이 가속화되고 회의주의에 병들어 있고, 인간의 내면세계에 무언가 정상적이지 않다는 느낌이 있었다. 또한 과학 지식과 기술 발전이 문명의 기반을 변화시키며 우리의 행위의 기반이 되는 도덕적 삶의 토대의 변화를 요구하고 있었다. 그는 이 변화의 과정에 대한 대응을 다음과 같은 세 가지 입장으로 정리한다. 첫째는 긍정적·진보적 학문의, 즉 신앙심 없는 세계관의 공간에서 기독교적인 종교적-윤리적 세계관의 극단적 투쟁이 있고, 둘째는 그리스도교의 공간에서 진보적·학문적, 즉 신앙심 없는 세계관의 극단적 투쟁이 있으며, 셋째는 새로운 토대에서 이 두 가지 입장의 화해이다.35) 첫 번째와 두 번째 입장을 대변하는 것이 톨스토이와 니체이다. 그러나 이 양자의 사상가는 (1) 현대의 윤리적 세계관과 문화인의 내적 삶의 질서에 대해 열정적으로 저항하며, (2) 기독교 사회의 낡은 외적 조직을 향해서 그들이 살고 있는 세기에 대해 결렬하게 저항하고, (3) 인간의 삶에서 이성과 냉정한 분석이 이기게 되며, 개체성이 윤리와 전통적 관념의 압력에서 해방되고, 자기감정이나 자기의식이 점차 커지며, 그 윤리적 삶이 변화하면서 새로운 토대를 요구한다는 견해를 가지고 있었다는 점에서 공통점이 있다.36) 전통에 대한 비판과 사회 개혁의 요구, 개체성의 자각과 자기의식에 대한 갈구, 기존의 가치에 대한 가치전도 및 새로운 윤리적 의식과 질서에 대한 요청 등을 톨스토이와 니체 모두 함께 사유하고 있었다는 것이다.

그롯이 이 소책자에서 니체와 톨스토이를 다루고 있는 것은 크게 보면 '문화적 정체성의 문제', '인간관', '도덕관' 등 세 가지 관점이다. 첫째, 문화적 정체성의 문제이다. "니체는 서양의 초문화Hyperkultur를 대표하며, 톨스토이는 동유럽적인 것이 된 문화 이상의 담지자이다."

---

35) Nikolaus Grot, *Nietzsche und Tolstoi*, 6-7.

36) Nikolaus Grot, *Nietzsche und Tolstoi*, 7.

그롯에 따르면 "니체는 고대 이방적 이상이 산출될 것을 꿈꾸며 완벽하게 그리고 의식적으로 그리스도교 세계로부터 떨어져 나올 것을 요구"하는 반면, "톨스토이는 모든 이방적 부속물로부터 해방된 그리스도 세계의 핵심을 찾으며 학문이나 예술, 국가 형식을 배격한다. 왜냐하면 이러한 것들은 고대 그리스도교 이전 문화에서 창출된 것이기 때문이다".[37] 그롯에 따르면 니체는 서양(서유럽) 문화를 대표하며, 톨스토이는 동유럽 문화를 대표하고 있다. 1830~1840년대에 러시아에서는 헤겔 철학을 중심으로 근대성 논쟁이 일어나며 러시아 지성계가 친헤겔주의(서구주의)와 반헤겔주의(슬라브주의)로 양분되는데, 이는 표트르 대제Пётр Великии(1672~1725)가 정치, 경제, 사회, 문화 등 모든 면에서 급진적으로 서구화를 진행하며 러시아를 근대 국가나 사회로 개혁하려는 시도(서구주의)와 러시아 역사의 특수성을 인식하며 러시아의 농촌공동체(미르мир)를 유지하려는 시도(슬라브주의)의 대립 때문이었다. 그롯 역시 니체를 서구주의를 견지하는 대표자로, 톨스토이를 슬라브주의를 견지하는 대표자로 인식한 것이다. 니체와 톨스토이는 세계를 인식하고 문화를 이끌어가는 방식을 다르게 본 것이다. 그에 따르면 니체는 힘과 아름다움의 영역에 관심을 가진 미학주의자이며, 톨스토이는 사랑과 순수함, 단순함의 영역에 흥미를 느끼는 도덕주의자이다.[38] 그리고 니체가 무정부주의적 혁명주의자이자 전제주의의 도그마주의자라고 한다면, 톨스토이는 무정부주의와 혁명, 전제주의의 가장 중요한 적대자라 할 수 있다.[39]

---

37) Nikolaus Grot, *Nietzsche und Tolstoi*, 13.

38) Nikolaus Grot, *Nietzsche und Tolstoi*, 13.

39) Nikolaus Grot, *Nietzsche und Tolstoi*, 14; 톨스토이는 기존 질서를 부정하고 국가와 권력의 폭력을 비판하는 아나키즘에 근본적으로 동의하지만 이것을 폭력과 혁명에 의해 수행하려는 아나키즘에는 반대의 뜻을 분명히 하고 있다.(레프 톨스토이, 『국가는 폭력이다』, 81-88: 「아나키즘에 대하여」(1900) 니체와 톨스

둘째, 인간 존재의 본질에 대한 상반된 견해를 표명하고 있는 니체와 톨스토이의 인간관의 차이이다. 그롯에 따르면 니체는 인간이 악한 동물이며, 모든 동물 가운데 가장 나쁜 동물이기에, 강한 동물로서 초인이 될 필요가 있다고 보았다. 이에 반해 톨스토이는 인간의 기본적 속성은 겸손, 인내, 자기 체념과 사랑이며, 이러한 속성으로 인해 인간은 동물과 구분된다는 것이다. 즉, 인간은 태어나면서 자연적으로 선한 경향을 지니고 있으며, 이미 초존재Ueberwesen로서의 신의 형상을 지니고 있기에 초인을 필요로 하지 않는다는 것이다.[40] 그는 기도의 힘과 살아 있는 인간의 영혼 아래 영원한 존재의 신비스러운 매개를 믿었으며, 우리를 이 세상에 보낸 자의 의지와 영원한 진리와 절대적 선의 세계를 믿은 것이다.[41] 그는 "인간은 동물이 아니며, 삶의 원리는 생존을 위한 투쟁이 아니라 사랑이다"고 보았다.[42] 그롯에 따르면 니체는 인간을 근본적으로 악한 존재로 보며 동시에 "훈련된 동물"이라고 보았고, 톨스토이는 인간을 절대적 선을 믿으며 사랑을 실천하고 "지상에서 신적 이성을 완벽한 체현"하는 자로 보는 서로 대립되는 근본 견해를 지니고 있었다.[43] 두 사상가의 이러한 인간관의 차이는 도덕적 세계관에서도 차이를 낳게 된다.

셋째, 선악의 문제, 도덕, 개체성의 문제가 담겨 있는 니체와 톨스토이의 도덕적 세계관의 차이이다. 그롯에 따르면 니체는 도덕으로서 기독교가 몰락하는 "이러한 사건의 경계선에 우리는 서 있"으며, 모든 삶의 불행이나 재난이 그리스도교의 종교-윤리적 세계관에 의존해

토이의 아나키즘과 전제주의에 대한 그롯의 비판적 논의는 러시아의 서구주의와 슬라브주의 담론과 연관해 더 깊이 연구될 필요가 있다.

40) Nikolaus Grot, *Nietzsche und Tolstoi*, 15.
41) Nikolaus Grot, *Nietzsche und Tolstoi*, 17.
42) Nikolaus Grot, *Nietzsche und Tolstoi*, 19.
43) Nikolaus Grot, *Nietzsche und Tolstoi*, 18.

있기에 일어난다고 보았다. 니체는 이러한 종교적·윤리적 세계관에서 벗어나 자신의 존재의 에너지를 변화시킬 수 있는 몸의 감각과 열정을 인정하고 개체성을 찾고자 했다. 그롯에 따르면 니체의 학설은 "악해질수록 더 선해진다"는 명제로 정식화될 수 있는데, 왜냐하면 악은 도덕적 강제에서 자유로워진 창조적 개체성의 모습이 담고 있는 어쩔 수 없는 어두운 근본 색조이기 때문이다.44) 니체에게 인간이 자신의 개체성을 찾는 길은 몸의 감각과 욕망, 열정을 부정하는 그리스도교적 세계관에서 벗어나 이를 인정하는 힘을 발견하는 데 있다. 몸의 욕망이나 본능이 악이나 원죄의 뿌리라고 보는 전통적인 그리스도교적 세계관에서 벗어나 몸을 재발견하는 것은 자신의 자유로운 내면과 창조적 개체성을 찾는 '선'의 길인 것이다. 이에 대해 톨스토이는 나쁨이란 개인의 도덕적 속박에 있는 것이 아니라 윤리법칙에서 벗어나는 것에, 그 오해와 무지에 그리고 기독교의 윤리적 세계관과 모순되는 사회 조직에 있다고 보았다. 톨스토이는 기독교적 양심을 완벽하게 발달시키는 것이나 이기주의를 억압하는 데서 삶의 치유제를 찾고자 했다. 그롯에 따르면 체념, 사랑, 이웃에 대한 연민, 겸손, 나쁨을 견디며 참아낼 것을 요구하는 "톨스토이는 의도적으로 평등과 사회적 평준화를 추구하는 열정적 예언자"45)이다. 톨스토이의 학설은 따라서 "악이 적을수록, 선이 더 많아진다"46)로 정식화될 수 있다. 톨스토이는 니체로부터 출발하는 인간의 감각이나 욕망, 본능을 극복하고, 삶의 단순성과 순수성 혹은 사랑의 실천에서 보다 높은 차원의 개체성을 찾는 과제가 인간에게 있다고 보았다.47) 그는 인간을 억압하는 사회적 모순이나 제도적 왜곡이 적고, 동물적 본능이 적을수록 개체성을 찾는 '선'

---

44) Nikolaus Grot, *Nietzsche und Tolstoi*, 9.

45) Nikolaus Grot, *Nietzsche und Tolstoi*, 10.

46) Nikolaus Grot, *Nietzsche und Tolstoi*, 11.

47) Nikolaus Grot, *Nietzsche und Tolstoi*, 13.

의 가능성이 많아진다고 보았다는 것이다. 그롯에 따르면, 우리가 자유롭고 창조적 개체성을 찾기 위해 니체는 인간의 몸의 본성과 자기애에서 출발해야 된다고 보았고, 톨스토이는 인간을 억압하는 사회제도의 개혁과 이타주의적 연민 및 사랑의 실천이 필요하다고 보았다.

그러나 그롯은 니체와 톨스토이의 도덕적 세계관의 차이를 밝히며, "도덕적 의미에서 니체의 학설은 절대로 부정적이며, 톨스토이의 도덕은 전적으로 긍정적이다"라고 평가한다.[48] 그에 따르면 니체는 상당히 상상적 방식의 '유물론자'이며 '무신론자'이고 '진화론자'이다.[49] 그에게 니체는 뛰어나게 선명하지만 사물을 일그러지게 비추는 "휘어진 거울der krumme Spiegel"과 같은 사람이었다.[50] 그롯은 근본적으로 니체가 삶의 목적을 "생존경쟁, 지배, 힘"에 두는 원시적이고 이교도적인 이상을 품고 있는 일종의 사회진화론자로 생각했다.[51] 반면에 톨스토이는 그리스도교적 도덕을 가정하고 있는 무한한 정신주의를 대표하고 있는 것으로 보았다.[52] 그롯에게 니체와 톨스토이의 대립은 칸트적 순수이성과 실천이성의 화해되지 않는 대립, 고대 데모크리토스와 소크라테스, 아리스토텔레스와 플라톤, 유명론과 실재론의 고대 모순론처럼 양립할 수 없는 양 극단을 대변하는 것이었다.[53] 그롯은 자신이 해결하고자 했던 시대적 영혼의 드라마를 두 가지 대립적 세계관을 언급하는 것으로 맺고 있고, 이 양자를 화해시키는 사상적 단서를 제시하지는 못했다. 그롯의 견해는 1893년 12월과 1894년 1월에

---

48) Nikolaus Grot, *Nietzsche und Tolstoi*, 21.

49) Nikolaus Grot, *Nietzsche und Tolstoi*, 15.

50) Nikolaus Grot, *Nietzsche und Tolstoi*, 20.

51) Nikolaus Grot, *Nietzsche und Tolstoi*, 19; Edith W. Clowes, *The Revolution of Moral Consciousness*, 55.

52) Nikolaus Grot, *Nietzsche und Tolstoi*, 21.

53) Nikolaus Grot, *Nietzsche und Tolstoi*, 24.

일본으로 들어왔지만 서구주의를 지향했던 일본 사상계에서도 그대로 반복하며 변주되는데, 놀랍게도 1909년 우키다 가즈타미浮田和民의『윤리총화』(1909)와 대한제국의 서북학회월보에 실린 그 번역의 글을 통해 그 화해와 통합의 단서가 제시된다.

4. 일본에서의 첫 니체 수용: 고니시 마스타로의 니체 소개

니체가 동북아시아에 처음 발을 딛게 된 것은 일본을 통해서였는데, 이는 니체가 정신병에 들었을 때인 1893년에 니콜라이 그롯이 쓴 글『니체와 톨스토이』를 소개하면서 이루어졌다. 이 영향으로 일본에서는 필자 미상의 글 두 편이 기독교 문예지《신카이心海》에 실렸는데, 「유럽에서 도덕적 사유의 대표자인 프리드리히 니체씨와 레오 톨스토이 백작의 견해를 비교함歐洲に於ける德義思想の二代表者フリデリヒ, ニッシュ氏とレオ, トウストイ佰との意見比較」(1893년 12월)과 「니체씨와 톨스토이 백작의 도덕적 사유를 비판적으로 평가함ニッシュ氏とトウストイ佰德義思想を評す」(1894년 1월)이 그것이다.54) 여기에서 니체는 톨스토이와 한 쌍을 이루며 양자의 도덕적 사유의 차이를 중심으로 소개되고 있는데, 이 양자는 일본이 근대화를 이루며 봉착했던 문제, 즉 개인의 자유와 이타주의, 사회 공동체의 형성과 국가주의라는 문제를 대변하는 것으로 여겨졌기 때문이다.

---

54) Hans－Joachim Becker, *Die frühe Nietzsche －Rezeption in Japan* (1893-1903), Wiesbaden: Harrassowitz Verlag, 1983, 23; 일본에서의 초기 니체 수용의 역사와 사상사적 맥락에 대해서는 Jyunghyun Kim, "Nietzsche und die koreanische Geistesgeschichte am Anfang des 20. Jahrhunderts", *Nietzscheforschung*, Bd. 23, 2016, 229-232 참조할 것.

그릇의 논문에 기반해 나온 니체에 관한 최초의 일본 출판물은 그 필진이 익명으로 되어 있으나, 일본과 러시아 지성계의 교류 속에 있었던 고니시 마스타로小西增太郎(1862~1940)의 글로 볼 수 있다.[55] 일본의 러시아 정교회 신학교에서 공부했던 고니시는 이 신학교에서 러시아에 보낸 18인의 신학생 가운데 한 명으로 1886년에 러시아에 도착해 1889년부터 러시아 키에프Kiev에서 신학을 공부하고, 1893년부터는 모스크바 대학에서 역사와 철학을 공부했던 인물이다. 당시 모스크바 대학에서 러시아의 학계, 특히 철학이나 심리학 발전에 주도적인 역할을 하고 있던 그릇은 고시바의 조언자이자 러시아 친구 역할을 하며, 고시바가 노자의 『도덕경』을 러시아어로 번역하는 것이나 자신이 간행했던 잡지《철학과 심리학의 문제들》에 고시바의 글들을 게재하는 데 도움을 주기도 했다. 고시바는 그릇이 주도하는 모스크바 심리학회의 외국인 멤버 가운데 한 명이 되며, 26세의 나이로 1883년 1월 러시아의 철학계에서 주도적인 역할을 했던 29명의 학자들 앞에서 『도덕경』의 윤리적·형이상학적 체계에 관한 강연을 했고, 이 강연의 토론에서 청중은 노자를 아나키즘으로 보고자 했으며, 고시바는 노자를 폭력적으로 정부를 전복하는 급진주의자가 아니라 도덕 질서를 통해 기존 사회 질서를 몰아내고자 하는 이로 보았다.[56] 그릇은 고니시를 모스크바 심리학회의 멤버이자 가까운 지인이었던 톨스토이에게 소개했다. 고니시는 중국철학에 관심을 가지고 영어, 독일어, 프랑스어 번역본을 비교하며 러시아어로 노자를 읽고 있었던 톨스토이Lev Nikolaevich Tolstoy를 만나 공동으로 작업하며 1892년에는 『도덕경』을 러시아어로 번역했다. 고니시는 톨스토이가 일본과 처음으로 직접 접촉하게 한 인

55) Sho Konishi, *Anarchist Modernity - Cooperation and Japanese-Russian Intellectual Relations in Modern Japan*, 126.

56) Sho Konishi, *Anarchist Modernity - Cooperation and Japanese-Russian Intellectual Relations in Modern Japan*, 107-108.

물로 톨스토이와 매우 밀접한 인간적 교류를 이어갔다.[57]

　고시바는 일본에서 돌아온 후 일본 정교회 신학교 학장으로 활동하며 일본 정교회의 얼굴이자 철학과 신학의 내용을 소개하는 문예지 《신카이》의 발간에 참여했는데, 이 잡지는 초기에는 도덕경에 관한 논문을 게재하였으나 점차 확장해 톨스토이의 종교 이론에 관한 논문을 다루었다.[58] 고시바는 그가 모스크바 대학을 떠나기 직전 출간된 그롯의 글의 개요를 이 잡지에 소개하며, 니체를 부정적으로 다루면서 톨스토이를 중요한 윤리사상가로 자리매김하고자 했다. 고니시의 글에서 톨스토이의 휴머니즘에 대립해 니체는 서양의 도덕적 데카당스의 가장 급진적 사례로 유물론자이자 가장 나쁜 종류의 개인주의를 설교하는 자로 논의되고 있으며, 일본에서 니체의 첫 소개는 서양 현대성을 비판하는 러시아 사상가들을 주목하면서 이들을 번역하는 일본 지성인들 사이에서 넓게 퍼져 있었다.[59]

　일본의 니체 수용에서 주목할 만한 또 한 사람으로 독일 유학을 했던 독일계 러시아인 쾨버Raphael von Köber(1848~1923)가 있는데, 그는 고시바의 글이 나오던 1893년에 하르트만Eduard von Hartmann(1842~1906)의 추천으로 도쿄 제국대학의 철학과 교수가 되면서 이후 일본의 주요 지

---

57) 고니시 마스타로는 1889년에는 톨스토이의 『크로이처 소나타』(*Kreutzer Sonata*), 『주인과 하인』(*Master and Man*)을 번역했고, 1932년에는 톨스토이의 생애기록을 담은 『톨스토이를 말한다. 어떻게 살 것인가トルストイを語る いかに生きるか』를 쓰기도 했다. 톨스토이와 인간적 유대를 지니고 있던 그는 1910년 톨스토이의 장례식에 일본인으로 유일하게 참석했고, 1929년에는 톨스토이의 막내딸인 알렉산드리아 톨스테이야Alexandra Lvovna Tolstaya(1884~1979)가 일본에 와서 체류하는 데 도움을 주었으며, 1931년 그녀가 미국에 이주한 이후에도 경제적 지원을 하며 유산의 일부를 그녀에게 상속하기도 했다.

58) Sho Konishi, *Anarchist Modernity - Cooperation and Japanese-Russian Intellectual Relations in Modern Japan*, 114.

59) Sho Konishi, *Anarchist Modernity - Cooperation and Japanese-Russian Intellectual Relations in Modern Japan*, 127.

성인들, 즉 유명한 작가 나쓰메 소세키夏目漱石(1867~1916), 철학자 니시
다 기타로西田幾多郎(1870~1945)를 비롯해 문예비평가 다카야마 조규高山
樗牛(1871~1902), 문예비평가 하세가와 덴케이長谷川天溪(1876~1940), 철학
자 와츠지 테츠로和辻哲郎(1889~1960), 종교학자 아네사키 마사하루姉崎正
治(1873~1949), 철학자이자 평론가 아베 지로阿部次郎(1883~1959) 등60) 수
많은 제자들을 길러냈고 또한 일본의 니체 수용에도 많은 영향을 주게
된다.61) 쾨버는 니체의 가르침이 "가장 극단적인 이기주의의 형태"62)로

---

60) Sho Konishi, *Anarchist Modernity - Cooperation and Japanese-Russian Intellectual Relations in Modern Japan*, 128.

61) 이노우에 테츠지로井上哲次郎(1855~1944)는 일본 문부성 장학생으로 독일에서
유학을 하며 하르트만을 알게 되었고, 6년의 유학 후 귀국해 도쿄제국대학의
철학과 교수가 되었는데, 이때 하르트만의 소개로 그의 친구였던 쾨버를 도쿄
제국대학 철학과 교수로 초빙하게 된다.(정낙림, 「일본의 초기 니체 수용사:
1890~1910년까지」, 『니체연구』 34, 한국니체학회, 2018, 216, 223) 쾨버는 독
일인인 아버지와 러시아인 어머니 사이에서 태어나 러시아에서 성장하면서 음
악을 공부하며 차이코프스키Tchaikovsky와 루빈슈타인Rubinstein과 친구가 되었
으나, 이후 독일 예나로 가서 오이켄Rudolf Christoph Eucken(1848~1923)에게서
철학을 공부하고 베를린, 하이델베르크, 뮌헨대학에서 음악사와 음악미학을 가
르쳤다. 오이켄은 니체가 활동했던 스위스 바젤대학에서 교수를 하다가 독일
예나로 옮겨 교수 생활을 했으며, 1908년에는 노벨문학상을 수상했다. 쾨버가
철학을 사사했던 오이켄은 간접적으로 우리 정신문화와도 인연이 있다. 1928
년에 예나에서 공부하던 안호상이 오이켄의 미망인과 함께 바이마르의 니체
아키브를 찾아가 니체의 여동생을 만나 니체를 당시 식민지 조선에 소개해 줄
것을 요청받고, 1935년에 조선중앙일보에 7차례 연재 형식으로 니체에 대해
소개를 하며 한국의 니체 수용에 영향을 주게 된다.(이에 대해서는 김정현,
「1930년대 한국지성사에서 니체사상의 수용」, 『범한철학』 63, 범한철학회, 2011,
171-172, 177-178 참조할 것) 니체는 『반시대적 고찰』(*Unzeitgemäße Betrachtun-gen*)의 「삶에 대한 역사의 공과」에서 헤겔과 쇼펜하우어를 혼합해 '무의식'을
인류 역사에 적용한다고 하르트만을 비판했는데, 니체에게 비판받았던 하르트
만의 친구이자 오이켄에게서 공부했던 쾨버가 도쿄제국대학의 철학과 교수가
되어 일본의 니체 해석에 영향을 준 것이다. 니체와 하르트만, 쾨버, 오이켄,
안호상 등 복잡하게 연결된 인간적인 인연이 일본과 한국에서 니체 해석에 영
향을 준 것이다.

거부되어야 한다고 주장했는데, 이는 그릇이나 고니시 마스타로의 견해와 같은 궤도 위에 있는 것이었다. 일본에서 최초의 니체 수용은 톨스토이와 그릇, 고니시의 견해처럼 편중된 것이었고, 러시아의 정신적 외투를 입고 있는 왜곡된 모습이었다.

일본에서 첫 니체 수용은 톨스토이와 한 쌍이 되어 들어오며 이기주의와 이타주의라는 시대의 도덕적 사유를 문제시했다면, 이후 다카야마 조규高山樗牛(1871~1902)나 아베 이소우安部磯雄(1865~1949), 고토쿠 슈스이幸德秋水(1871~1911) 등을 거치며 니체와 톨스토이 담론은 일본이 당면했던 시대적 문제, 즉 권위주의적 국가주의 형성과 공동체적 평등주의 이념을 담지하고 있는 사회주의, 개인의 정신적 자유(개인주의)·미적 자아의 발견과 반전 평화주의·비폭력적 아나키즘 등 당시 일본의 시의적 문제를 담고 있었다. 처음에는 국가주의나 일본주의에 경도되어 있다가 개인의 미적 생활을 중시하는 니체에게 사상적 전환을 하게 된 다카야마 조규는 당시 역사를 숭상하는 진화론과 평등을 중시하는 사회주의가 사상계 대부분을 차지했다고 보면서 니체를 적극 옹호하게 된다. 역사주의를 비판하며 역사에 짓눌린 개인의 자유와 극단적 개인주의를 주창한 니체를 통해 현대문명 비판과 그 극복의 단서를 찾을 수 있다는 것이다.[63] 이에 대해 톨스토이 사상을 절대 평화주의, 계급 철폐, 노동주의로 읽었던 기독교 사회주의자이자 일본 사회주의의 아버지인 아베 이소우나 톨스토이가 형제애의 세계주의를 대표한다고 보며 그의 반전 평화론과 무저항주의의 아나키즘에 관심을 가진 고토쿠 슈스이 등은 톨스토이주의와 사회주의, 아나키즘을 연결시키면서 일본의 문제를 해결하고자 했다.[64] 일본에서 니체주의와

---

62) Hans-Joachim Becker, *Die frühe Nietzsche-Rezeption in Japan* (1893-1903), 42.
63) 다카야마 조규, 『다카야마 조규 비평선집』, 표세만 옮김, 지식을만드는지식, 2018, 70-75.
64) 일본에서 톨스토이 수용을 둘러싼 사회주의와 아나키즘에 대한 논의에 대해서

톨스토이주의의 대립과 사상적 충돌은 이미 단순한 도덕적 사유의 차이를 논하는 것을 넘어서 국가주의나 역사주의의 과잉 속에서 질식해 가는 개인의 삶을 어떻게 구출할 수 있는가의 문제, 혹은 인간의 사회적 평등을 어떻게 실현하는가의 문제로 넘어가고 있었다. 이는 사회진화론을 통해 국가주의나 제국주의로 돌진해 가는 일본의 역사적 흐름이나 시대의 문제를 반영하며 이를 극복하려는 시대적 담론의 성격을 지닌 것이었다. 19세기 말과 20세기 초 일본의 자애주의, 개인주의, 미적 자아의 발견, 애타주의, 사회주의, 반전 평화주의, 비폭력적 아나키즘 등 다양한 시대적 화두가 이를 통해 나온 것이다.65) 니체와 톨스토이에 대한 일본에서의 관심은 한편으로는 근대화의 정점에서 선 일본 사회에서 개인의 자유와 개체의 자각, 사회적 평등과 주권에 대한 요구를 반영하는 동시에 다른 한편으로는 국가주의를 지향하며 군국주의로 돌진해 가는 일본의 거대한 역사에 대한 저항 담론의 성격을 지닌 것이었다. 그 일선에 일본 정교회의 종교적 사유를 대변하는 고니시 마스타로가 있었고, 그의 논의가 다양하게 변주되며 개인주의, 사회주의, 아나키즘, 반전 평화주의 등 다양한 철학적 논의를 야기하게 된 것이다.

는 임경화, 「러일전쟁 전후 일본 혁명가들의 톨스토이 수용 양상」, 『인문논총』 72/2, 서울대학교 인문학연구원, 2015, 89-122 참조할 것; 일본의 사회주의자이자 아나키스트로서의 고토쿠 슈시이의 삶과 활동, 사상에 대한 논의로는 조세현, 『동아시아 아나키즘, 그 반역의 역사』, 책세상, 2005, 21-52 참조할 것.
65) 일본의 정신세계와 니체주의와 톨스토이의 담론에 대해서는 Jyunghyun Kim, "Nietzsche und die koreanische Geistesgeschichte am Anfang des 20. Jahrhunderts", 229-232 참조할 것.

5. 맺는 말: 19세기 말과 20세기 초 동북아시아에서 니체, 톨스토이 수용의 정신사적 의미

러시아에서 니체 수용은 유럽에서 니체를 처음 소개했던 브란데스나 살로메 등의 러시아 지성인들과의 교류나 수많은 유럽 저서들의 러시아어 번역의 영향도 있었지만, 그롯이나 셰스토프, 메레츠코브스키 등의 사례에서 볼 수 있듯이 독일에서 직접 공부했던 러시아 지성들의 독자적인 노력과 접근에 의해 이루어지기도 했다. 그중에 동북아시아의 정신사에 가장 큰 영향을 미친 이는 니체와 톨스토이를 하나의 논의 틀로 묶어 소개했던 니콜라이 그롯이었다. 러시아에 유학하며 그롯의 후원을 받았던 고니시 마스타로는 일본에 이 담론을 처음 소개함으로써 19세기 말과 20세기 초 국가주의와 제국주의로 질주하던 일본에 휴머니즘과 도덕적 사유뿐만 아니라 개체성의 자각, 개인주의, 이타주의, 사회주의, 아나키즘, 반전 평화주의 등 다양한 논의가 일어날 수 있는 지반을 제공했다. 이러한 담론은 무술신정戊戌新政(1898)에 실패하고 일본에 망명해 있던 량치차오梁啓超(1873~1929)나 왕궈웨이王國維(1877~1927) 등에게도 영향을 주었고, 니체, 마르크스, 벤자민 키드Benjamin Kidd(1858~1916)에 대한 량치차오의 사회진화론적 미래개혁론이나 왕궈웨이의 인간개혁론 혹은 문화개혁론으로 이어졌다. 서양 문물을 받아들이고 근대화를 추진하며 제국주의에 동참했던 일본에서의 니체와 톨스토이에 관한 논의는 국가주의, 개인주의, 사회주의, 아나키즘에 관한 것이라면, 청일전쟁에서 참패하고 서양의 과학기술과 사상을 전면적으로 받아들인 중국에서의 니체 논의는 구습의 폐지, 신문화 창조, 인간 해방, 민족주의 등 중국의 부강과 인류의 미래에 관한 것이었다.66) 이러한 일본과 중국에서의 니체와 톨스토이에 대한 논의는 국권을 잃어버린 대한제국에 들어와 새롭게 변주되었다.

당시 제국주의 시대에 우승열패나 생존경쟁, 약육강식이 지배한다는 인식에서 출발해 승자나 강자가 되기 위해서는 실력을 양성하지 않을 수 없다는 사회진화론과 자강론의 입장을 가지고 있던 서북학회의 잡지『서북학회월보西北學會月報』에 필자 미상의 두 편의 글『윤리총화倫理叢話』와「윤리총화倫理叢話(續)」라는 글이 게재되는데, 여기에서 애기愛己와 애타愛他, 사회의 의미, 사회적 동물로서의 인간의 삶, 톨스토이주의와 니체주의가 논의되었다. 이 글은 와세다대학 교수였던 우키타 카즈타미浮田和民의 강의록 출판본『윤리총화倫理叢話』의 16강 가운데 4장까지를 번역한 것이었다.[67] 이 글에서 니체주의는 자애를 강조하고 사회적 관계를 경시하는 개인주의에 경도되어 있고, 톨스토이주의는 과격한 이타주의와 무정부주의로 빠질 수 있는 위험성이 있다고 비판하며, 인간 사회가 건강한 유기체가 되기 위해서는 저항하고 생존경쟁하면서도 정의·박애의 실현을 위해 노력해야 한다는 입장을 보이고 있다. 즉, 개인주의와 이타주의의 한계를 극복하고 애기愛己와 애타愛他를 결합한 새로운 윤리적인 사회적 개인의 발견을 주장한 것이다.[68] 이는 니체와 톨스토이를 서양(서유럽)과 동유럽 정신세계를 각기 상징하는 것으로 설정하며, 개인주의(자애주의, 애기)와 사회주의(이타주의, 애타)를 넘어설 수 있는 제3의 길을 찾고자 했던 그룻의 시도에 대한 답변이기도 하다. 이 양자의 한계를 넘어서며 개체성을 발

---

66) 20세기 초 중국의 정신세계와 니체, 마르크스, 키드에 대한 논의로는 Jyunghyun Kim, "Nietzsche und die koreanische Geistesgeschichte am Anfang des 20. Jahrhunderts", 232-235 참조할 것.

67) 浮田和民,『倫理叢話』, 早稻田大学出版部, 明治 42年(1909); 양일모 외,『성리와 윤리』, 아카넷, 2020, 181 참조.

68) 1909년『서우학회월보』에 게재된 최초의 니체 소개 및 니체주의와 톨스토이주의의 철학적 함의에 대한 자세한 분석으로는, Jyunghyun Kim, "Nietzsche und die koreanische Geistesgeschichte am Anfang des 20. Jahrhunderts", 236-242 참조할 것.

견하고 동시에 사회적 박애를 실천할 수 있는 사회적 개인의 발견에 대한 논의가 대한제국에서 소개된 것이다.

일본에서는 국가주의와 미적 개인의 형성 및 평등한 인권의 발견이 문제되었다면, 중국에서는 부국자강 운동과 새로운 인간 형성, 민족주의, 사회 개혁 등이 중요했고, 한국에서는 국권을 회복하기 위한 노력, 즉 투쟁, 실력 향상, 공동체적 윤리 의식을 가지고 있는 사회적 개인의 형성 등이 관심사였다. 니체와 톨스토이는 각기 다른 제국주의의 역사적 입지에 처해 있던 동북아시아에서 사회진화론, 근대화, 국가주의, 전통의 해체, 시대와 문화의 위기, 사회 개혁, 개인의 자각 등 역사적 지성사적 문맥과 밀접하게 연관되어 있었고, 이후 동북아시아의 정신사 발전에 지대한 영향을 주었다.

참고문헌

기오 브란데스, 『니체: 귀족적 급진주의』, 김성균 옮김, 까만양, 2014

다카야마 조규, 『다카야마 조규 비평선집』, 표세만 옮김, 지식을만드는지식, 2018

레프 톨스토이, 『국가는 폭력이다』, 조윤정 옮김, 달팽이, 2008

조세현, 『동아시아 아나키즘, 그 반역의 역사』, 책세상, 2005

프리드리히 니체, 『도덕의 계보』, 김정현 옮김, 책세상, 2015

김정현, 「1930년대 한국지성사에서 니체사상의 수용」, 『범한철학』 63, 범한철학회, 2011

임경화, 「러일전쟁 전후 일본 혁명가들의 톨스토이 수용 양상」, 『인문논총』 72/2, 서울대학교 인문학연구원, 2015

정낙림, 「일본의 초기 니체 수용사: 1890~1910년까지」, 『니체연구』 34, 한국니체학회, 2018,

Becker, Hans-Joachim, *Die frühe Nietzsche-Rezeption in Japan (1893-1903)*, Wiesbaden: Harrassowitz Verlag, 1983

Berg, Leo, *Der Übermensch in der modernen Literatur*, Paris·Leipzig: Albert Langen, 1897

Brinker, Menahem, "Nietzsche's influence on Hebrew wrigters of the Russian Empire", in: Bernice Glatzer Resenthal(ed.), *Nietzsche and soviet culture*, Cambridge: Cambridge University Press, 1994

Clowes, Edith W., *The Revolution of Moral Consciousness: Nietasche in Russian Literature*, 1890-1914, DeKalb: Northern Illinois University Press, 1988

Deppermann, M. "Nietzsche in Rußland", in: *Nietzsche Studien*, Bd.21, 1992

Grot, Nikolaus, "Nietzsche und Tolstoi", in: *Zukunft*, Bd.21, 1897

___, *Nietzsche und Tolstoi*, übers. von Alexi Markow, Berlin: H. Steinitz, 1898

Ilja Karenovics, "Friedrich Nietzsche", in: *academia.edu/11455460/Tolstoj_und_ Nietzsche*, M. George·J. Herlth·Ch. Münch·U. Schmid (Hrsg.), *Tolstoj als theologischer Denker und Kirchenkritiker*, Göttingen: Vandenhoeck & Ruprecht, 2014

Kaufmann, Walter, *Nietzsche*, übers. von J. Salaquarda, Darmstadt: Wissenschaftliche Buchgesellschaft, 1988

Kim, Jyunghyun, "Nietzsche und die koreanische Geistesgeschichte am Anfang des 20. Jahrhunderts", in: *Nietzscheforschung*, Bd.23, 2016

Konishi, Sho, *Anarchist Modernity － Cooperation and Japanese －Russian Intellectual Relations in Modern Japan*, Cambridge and London: Harvard University Asia Center, 2013

Lichtenberger, Henri, *La Philosophie de Nietzsche*, Paris: Alcan, 1898

Lixin, Shao, *Nietzsche in China*, New York: Peter Lang, 1999

Nietzsche, Elisabeth-Förster & Peter Gast(Hrsg.), *Friedrich Nietzsches Gesammelte Breife*, Leipzig: Insel－Verlag, 1902

Nietzsche, Friedrich, *Sämtliche Werke Kritische Studienausgabe in 15 Bänden*, G. Colli·M. Montirari(Hrsg.), Berlin·New York: Walter de Gruyter, 1980

Rösener, K., *Moderne Propheten, Bd.1: Hartmann, Tolstoi, Nietzsche*, München: C.H. Becksche Verlagsbuchhandlung, 1907

Schestow, Leo, *Tolstoi und Nietzsche, Die Idee des Guten in ihren Lehren*, München: Matthes & Seitz, 1994

Simmel, Georg, "Friedrich Nietzsche － Eine moralphilosophische Silhuouette", in: *Zeitschrift für Philosophie und philosophische Kritik*, Neue Folge, 107. Bd. Heft 2, 1896

Stein, Ludwig, *Friedrich Nietzsche's Weltanschaung und ihre Gefahren*, Berlin: Verlag von Georg Reimer, 1893

Steiner, R., *Friedrich Nietzsche. Ein Kämpfer gegen seine Zeit*, Weimar: Emil Felber, 1895

Wadkowsky, M., *Tolstoi und Nietzsche über den Wert der Kultur. Ein Beitrag zur Kulturphilosophie*, Jena: Anton Kämpfe, 1910(=Diss. der Univ. Jena)

근대 동아시아에서의 서구 사상 수용에 있어서 유가 사상의 역할 고찰*

루소 사회계약론에 대한 나카에 쵸민中江兆民과
량치차오梁啓超 견해를 중심으로

김현주
원광대학교 동북아시아인문사회연구소 HK교수

1. 서론

"동양의 루소"라고 불린 나카에 쵸민中江兆民(1847~1901)은 일본 근대의 자유민권운동의 대표적 인물로 잘 알려져 있다. 그는 1882년 루소 사회계약론의 일부를 한문으로 번역하여, 『민약역해民約譯解』라는 이름으로 연재하였다.[1] 그것은 다시 우리나라의 『황성신문』에서 한글로 번역되어 연재되었고(1909년 8월 4일부터 9월 8일까지), 중국에서는 중국인 망명자 텐동田桐에 의해 『중간공화원리민약重刊共和原理民約』(1914)이라는 이름으로 번역되었다. 또 그것을 바탕으로 리다자오李大釗가 폭력과 정치暴力と政治(1917. 10.)[2]라는 글을 씀으로써 유명세를 타는 등[3] 당

---

 * 이 글은 〈김현주, 「근대 동아시아에서의 서구 사상 수용에 있어서 유가 사상의
   역할 고찰」, 『동아시아 문화 연구』 제71집, 한양대학교 동아시아문화연구소,
   2017〉에 수록된 내용을 보완한 것임.
 1) 中江兆民, 『中江兆民全集』1, 松本三之介[ほか]譯, 東京: 岩波書店, 1983. 『민약역해
    民約訳解』는 루소의 『사회계약론』 제2편 제6장까지의 부분 역으로 끝났다.
 2) 李大釗, 「暴力と政治」, 『太平洋』1, 太平洋社, 1917, 7.

시 한중일의 지식계에서는 상당한 관심을 불러일으켰다.

쵸민의 서구 사상에의 관심의 요체는 바로 루소, 그리고 그의 사회계약론4)이었지만, 쵸민의『민약역해』를 살펴보면 그의 유학적 배경을 알 수 있다. 미야마루 하루오5), 박홍규6), 쟝쿤쟝7) 등 쵸민 연구자들 모두 그것이 양명학의 영향이라고 주장하였다. 이러한 양명학적 배경은 "중국의 루소"라고 불린 량치차오(1873~1929)에게도 동일하게 나타난다. 쵸민과 량치차오를 통해서, 우리는 양명학과 서구 사상이 어떻게 결합되었는지를 볼 수 있다.

량치차오의 사상이 양명학의 영향을 받았음을 보여 주는 논문들은 1990년대 말부터 지금까지 꾸준히 발표되고 있다. 중국 본토에서는 1901년『청의보淸議報』에 게재된 량치차오의『루소학안盧梭學案』에 대해서 그 유학적 배경을 인정하기는 하지만 양명학적 요소에 대해 연구

---

3) 물론 그보다 빠른 시기에 나카에 쵸민의 민약역해가 중국에서 번역, 출판된 것이 사실이다. 1898년, 상해동문역서국上海同文譯書局에서 쵸민의「민약역해권지일民約譯解卷之一」을『민약통의民約通義』라는 이름으로 출간하였으나, 원본은 현재 구할 수 없다. 그리고 중국에서 민약론이 유행한 것은 량치차오나 리다자오와 같은 학자들의 노력에 의한 것이라고 할 수 있다.

4) Miyamura Haruo,「'동양의 루소'의 정치사상 - 나카에 쵸민(中江兆民) 재검토 (Rethinking Nakae Chomin's Thought)」,『정치사상연구』18/1, 한국정치사상학회, 2012.

5) 미야무라 하루에 의하면, 쵸민의 사상은 '리학理學', 즉 송학에 근거한 '리일분수理一分殊'라는 사고에 기반하고 있다. 그리고 쵸민의 '리학'의 특징은 자신의 신념을 주자학을 비롯한 기존의 특정의 학설과 철학 체계에 배타적으로 연결시키는 것이 아니라, 다양한 서구 사상으로 그 외연을 확대한 점에 있다고 한다. Miyamura Haruo, Miyamura Haruo,「'동양의 루소'의 정치사상 - 나카에 쵸민 (中江兆民) 재검토(Rethinking Nakae Chomin's Thought)」, 2012.

6) 박홍규는 양명학 이외에도 다양한 전통 사상의 영향을 인정하고 있지만, 가장 결정적인 영향력은 역시 맹자에게 있음을 나카에 쵸민의 평화 이념을 중심으로 주장한 바 있다. 박홍규,「나카에 쵸민(中江兆民)의 평화이념과 맹자」,『정치사상연구』11/2, 한국정치사상학회, 2005.

7) 張昆將,「陽明學在東亞: 詮釋」,『交流與行動』, 國立台灣大學出版中心, 2011.

한 논문이나 책은 드물다. 이와 달리 일본 학계에는 그와 관련된 연구가 많다. 특히 하자마 나오키[8] 등을 중심으로 일본의 학계에서는 량치차오가 일본에 망명을 한 이후 일본 학계의 양명학적 분위기로 인해 사상적인 면에서 큰 변화를 겪었다고 주장한다.[9] 량치차오의 사상 전반을 두루 고찰해 보면 그 양명학적 성격이 사상적 변화와 관계없이 나타나 있음을 부인할 수는 없다.

그런 점에서 이 글에서는 나카에 쵸민의『민약역해』와 량치차오의『루소학안』을 양명학적 개념들을 중심으로 분석하고, 그것을 통해 그들이 루소의 사회계약론을 어떻게 해석하였는지를 구체적으로 살펴보고자 한다. 두 사람은 25년의 나이 차이가 있고 국적과 더불어 그들이 처한 상황에 차이가 있었지만, 둘 다 어릴 적에 유학을 배운 후에 점차 서구 사상에 경도되었다는 점, 그리고 자유와 민권이 생소한 사회에서 그것을 알리고자 적극적으로 노력했던 선구적 인물이라는 점에서 출발점이 동일하다. 따라서 루소의 사회계약론을 바라보는 기본적인 입장에 있어서도 상당 부분을 공유하였다. 그러나 그것을 해석함에 있어서 각자가 처한 시대적 상황과 관점이 반영되지 않을 수 없었다.

이 글은 나카에 쵸민의『민약역해』와 량치차오의『루소학안』을 중심으로 그들이 공통적으로 사용한 주요 개념들인 리의理義, 양지良知, 심心, 의지意志, 체용體用 등의 양명학적 개념들을 가지고, 두 사람이 그러한 사상적 배경을 통해 구체적으로 루소의 사회계약론을 어떻게 이해하였는지 살펴보고자 한다.

---

8) 狹間直樹,「關於梁啟超稱頌"王學"問題」,『歷史硏究』, 大阪教育大学歴史学研究室, 1998.
9) 물론 중국 본토의 많은 량치차오 연구자들은 량치차오 사상이 명치일본의 영향을 받았다는 것을 인정하지만(鄭匡民; 陳敏榮, 徐龍 등) 그의 사상이 이외에 동양과 서양, 전통과 현대를 아울러 다양한 사상의 영향을 받았기 때문에 그것만으로 량치차오의 사상을 규정짓기는 힘들다는 입장이다.

2. 리의理義와 양지良知

> 무릇 율례란 반드시 중지衆志의 공公에 맞게 만들어져야 한다. 또한 한 사람,
> 한 가지 일에 국한되어서는 안 된다. …… 그러므로 어떤 나라邦가 있다면, 오로
> 지 율례律例에 의해서 제한을 받아야 하며, …… 오로지 그래야만, 그 후에 민民
> 이 되는 것이고, 스스로 다스리지 남으로부터 다스림을 받지 않는다. 또한 정치
> 政는 리理에 부합해야 한다는 것은 모두 자치自治정치를 말하는 것이다.……10)

쵸민은 "정치는 리理에 부합해야 한다"고 생각했다. 리理는 북송北宋
이래 정주리학程朱理學이 흥한 이후 유학의 주요 개념으로 자리 잡았다.
이후 수많은 유가들은 만물에 리理가 있다고 생각하고 그것을 탐구하는
것을 목표로 삼아 왔다. 그런데 쵸민은 의義와 더불어 리理를 통해 "민
약(사회계약)"과 그로 인해 생긴 자유권을 정당화시키고자 하였다. "리
의理義"는 본래 『맹자』에 나오는 용어로11) 쵸민의 저작 전반에서 두루
사용되었다. 쵸민은 정치·외교·사회 등 모든 문제를 다룰 때, 리의理義
보편으로부터 출발하여 특수를 탐구하는 일관된 사고방식을 보였다.12)

쵸민은 리理에 대해 "당시의 사정의 왜곡은 비록 고려하지 않을 수
없지만, 리는 항상 옛날이나 지금이나 하나인 법"13)이라고 설명하였다.
리에 대한 중시는 그가 유가 사상에 영향을 받았음을 보여 주는 가장
중요한 단서이다. 나아가 그의 생각은 단순히 리를 보편으로서 받아들
일 뿐만 아니라, 왕양명의 "의리는 정해져 있지 않다義理無定在"14), 즉

---

10) 中江兆民, 『中江兆民全集』1, 126.
11) 쵸민은 리와 의를 함께 사용하기도 하고 따로 사용하기도 하였는데, 그것은 『맹
   자·고자告子』上의 "마음이 같다는 것은 무엇인가? 리理라고 할 수 있을 것이며,
   의義라고 할 수 있을 것이다心之所同然者何也? 謂理也, 義也."에 기반한 것이라고 할
   수 있다.
12) 松永昌三, 『中江兆民評傳』, 岩波書店, 1993, 520.
13) "…… 理則恒古今一者也." 中江兆民, 『中江兆民全集』 1, 90.
14) 王陽明, 「陸澄錄」, 『傳習錄』上卷 第二卷, 中國畫報出版社, 2012.

리는 시간, 장소, 조건에 따라 변화한다는 생각을 따른다.

도덕의 기준이라고 할 수 있는 리가 시간과 공간에 따라 변한다는 것은 과거에 진리라고 생각했던 군주전제가 시대적으로 더 이상 적합하지 않을 뿐만 아니라 옳은 것이 아니라는 것을 암시한 것이다. 이런 점에서 쵸민의 민약론과 양명학의 관계에 대한 주장은 일리가 있다. 그러나 쵸민이 양명학을 일방적으로 따른 것은 아니다. 그는 그것을 그 나름대로 시대 상황에 맞게 수정하여 해석하였다.

> 민약이 성립하면, 사람들은 법제에 따라 살게 된다. 이를 천세天之世를 벗어나, 인세人之世로 들어갔다고 한다. 무릇 사람이 일단 천세를 나와 인세로 들어가면, 그 스스로에게 큰 변화가 있다. 전에는 직정경행直情徑行[15]하고 스스로 검칙檢飭하는 바가 없으며, 혈기에 따라 행동하며, 오로지 기와 욕구에만 따라 살았으니, 금수와 구별이 없었으나, 오늘에는 모든 일을 리理에 따라 하고, 의義를 살피게 되었고, (그에) 부합하면 군자이고, 부합하지 않으면 소인이 되니, (이는) 선악의 시작을 가리킨다.[16]

이렇듯 쵸민에게 있어서 리理는 모든 일의 출발점이면서 준거점이다. 그런데 재밌는 것은 인간이 자연 상태天世에서 사회人世로 진입하게 되면서 비로소 리理에 따르게 된다는 생각이다. 이 점은 분명 송명이학과는 다른 입장이다.

주희朱熹의 "성즉리性卽理"이든지 왕양명王陽明의 "심즉리心卽理"이든지 리는 선천적이며 내재적인 것이다. 그런데 쵸민에게 리는 후천적이며 외재적인 것이다. 그러므로 리가 중요하다는 것은 주희든, 왕양명이든, 쵸민이든 같지만 리가 어떻게 발현되는가 하는 점에서는 큰 차

---

15) 『禮記·檀弓』에 나오는 문구로, 자신의 감정대로 분별없이 행동한다는 뜻이다.
16) "民約旣立, 人人循法制爲生, 謂之出天之世, 而入人之世, …… 今也每事商之於理, 揆之於義, 合則爲君子, 不合則爲小人, 而善惡之名始可指焉," 中江兆民, 『中江兆民全集』 1, 96.

이가 있다. 특히 쵸민에게 리는 사회계약, 즉 민약民約에 의해 비로소 생겨나게 된다. 즉 주희의 성性, 왕양명의 심心이 쵸민에게 있어서는 민약인 셈이다.

> 그러므로 민약이란 어떻게 반복하여 논의되고 탐구되는가. 만약 순서에 착오가 없다면, 반드시 동일한 의리義理에 따라야 한다. 말하기를, 이것이 계약約이다.[17)]

즉 "동일한 의리"에 따르는 것, 이것이 민약이다. 민약이 성립한 결과, 사람들은 량치차오가 말한 "도덕적 평등"을 성취하게 된다.[18)] 이런 점에서 쵸민과 량치차오의 귀착점은 동일하다. 그러나 쵸민은 루소의 사회계약론의 번역에서 양지良知를 보다 강조하였다.

> 무릇 일을 잘했다는 것은 리理에 맞았다는 것이다. …… 대중衆을 위한 선善의 근거로 곧 사람을 위한 법령令을 만드는 것이고, 항상 신神에게 직접 아뢰어 直稟 일을 처리하면 하는 바가 올바르지 않을 수 없고, 정치政와 법률例이 실제로 쓰일 일이 없을 것이다. 오늘날에는 이렇지 못하므로, 즉 율례가 사라질 수 없고, 모든 일이 올바르게 되려면, 멀고 가까운 것이 하나의 리理에 따르고, 다름이 없어야, 이로써 사람의 양지良智가 나온다.[19)]

---

17) 中江兆民, 『中江兆民全集』1, 117.
18) "루소는 또한 민약이라는 것을, 사람들의 자유권에만 이익이 되는 것이라고 보지 않고, 평등주의의 근본이라고 생각하였다. 어째서 이렇게 말하였는가? 자연?天이 사람을 낳음에, 강약의 구별이 있고, 어리석고 똑똑함知愚의 차이가 있지만, 민약이 일단 성립하면, 법률이 필요해지고, 강약도 없어지고, 어리석고 똑똑함智愚도 없어지니, 그 바름과 바르지 못함을 어떻게 보겠는가. 말하기를: 민약이란, 사세事勢의 불평등을 바꾸어, 도덕적 평등으로 만드는 것이다. 사세의 불평등이란 무엇인가? 자연의 어리석고 똑똑함, 강하고 약함이 그것이다. 도덕적 평등이란 무엇인가? 법률과 규정으로 인해 생겨난 의리義理이다."『盧梭學案』.
19) 中江兆民, 『中江兆民全集』1, 122.

쵸민에게 양지良知는 사람과 금수를 구별시켜주는 중요한 준거이다. 'conscience'를 번역함에 있어서, 쵸민은 "'양심' 이외에 본심·양지良知· 자성의 능력能 등 다수의 개념을 사용하였지만, 모두 유교 경전에 근거를 둔 기본 개념들"[20]이었으며, 더욱이 이런 개념들은 상당히 양명학적 배경을 보여주는 개념들이기도 하다. 쵸민은 이 개념들을 통해 모두 주체의 도덕성을 강조하였다. 이것은 또한 의지意에 대해 강조한 부분에서도 잘 드러난다. 그것은 한편으로는 칸트의 자유의지를 연상시키는 대목이기도 하다.

량치차오 또한 쵸민과 마찬가지로『루소학안』의 여러 곳에서 공리公理·정리正理·자연지리自然之理·패리悖理 등 다양한 리理 개념을 사용하여, 그것을 직접적으로 칸트와 관련지어 설명하였다. 기본적으로 그는 『중국근삼백년학술사中國近三百年學術史』,『중국학술변천의 대세를 논함論中國學術變遷之大勢』에서 왕양명의 사상 특히, 그의 "치양지致良知"나 "지행합일知行合一" 사상에 대해 높이 평가하였다.[21] 그는 왕양명의 "치양지致良知"가 맹자의 "양지良知"를 통해『대학』의 '지知'를 해석한 것이라고 보았다.[22] 그에 의하면, "치지致知"는 객관적인 지식을 추구하는 것이 아니라 맹자가 말한 "양지良知", "양능良能"의 '확충致'이다. 나아가 그는「사덕을 논함論私德」,「근세 제일의 대철학자 칸트의 학설近世第一大哲康德之學說」 등의 글에서 "치양지"를 칸트의 사상과 연관시키고 심心과 리理로 설명하였다.[23]

---

20) 미야무라 하루오,「'동양의 루소'의 정치사상-나카에 쵸민(中江兆民) 재검토 (Rethinking Nakae Chomin's Thought)」, 미야무라 하루오는 쵸민이 논어나 맹자에서의 개념을 사용하여 루소의 사회계약론을 설명하고 이해하였다고 본다.
21) 물론 이런 저작들은 루소학안 보다 후에 나온 것들이지만, 양명 사상에 대한 량치차오의 입장이 그 후에도 변함이 없음을 보여 준다.
22) 梁啟超,「王陽明知行合一之教」,『飮冰室合集文集之四十三』, 中華書局, 1989, 38.
23) 물론 칸트와 구체적으로 어떤 점이 부합하는지에 대해서는 논하지 않았다. 그가 칸트에 대해 별도로 저술한 부분이 없기 때문에 칸트에 대한 이해가 심도

(양명은) 양지를 본체를 삼고, 신독愼獨으로써 치지致知를 이룬 공이 있다. 이것은 동양의 요강姚江, 서양의 칸트로, 전후 백여 년이 서로 호응하여 부절에 맞는 것과 같다. 이들이 바로 동해와 서해의 성인이며, 그 심心이 같고, 그 리理가 같다.[24]

량치차오는 칸트의 철학을 '진정한 나眞我'를 찾기 위한 것이라고 보고, 그 목적이 이성적 자아의 실현이라고 생각했다.

스스로가 스스로의 목적이 되고, 스스로가 스스로의 법이 되어, 오직 이 법을 제대로 지키는 자만이, 그 자유를 참으로 소유할 수 있다. 질적으로 말하자면, 즉 내가 나 외의 것에 구속을 받지 않도록 하는 것이고, 나의 양지를 스스로 편안한 바까지 관철하는 것을 말하는 것이다.[25]

이것으로 보자면, 나카에 쵸민이나 량치차오는 사회계약을 도덕적인 측면에서 이해하였으며, 그것을 왕양명의 리理, 그리고 양지良知로 표현하기를 주저하지 않았다. 이들에게 사회 구성원의 권리를 당연시하고 그것을 바탕으로 성립한 사회계약은 보편적 리理로 보나 개별적 양지良知로 보나 모두 마땅한 것이기 때문이다. 이렇게 하여, 자유와 도덕이 양명의 리의理義와 양지良知를 통해 긴밀하게 연관되고, 나아가 '사람됨'의 덕으로 설명된다.[26] 그리고 그것은 인간의 마음心 속에서 자발적이고 적극적으로 받아들여지는 도덕으로 이해된다.

깊었다고 볼 수 없으므로, 단지 왕양명의 치양지나 지행합일의 정신이 칸트의 지성 개념을 연상시킨다고 생각한 것으로 이해할 수 있을 것이다.

24) 梁啓超, 「論私德」, 『飮冰室合集專集之四』, 中華書局, 1989, 139.

25) 梁啓超, 「近世第一大哲康德之學說」, 『飮冰室合集文集』之十三, 中華書局, 1989, 63.

26) "자유권을 포기하는 것은 사람됨爲人의 덕德을 포기하는 것이고, 사람됨의 의무를 포기하는 것으로, 스스로를 인류에서 벗어나도록 하는 것이다."中江兆民, 松 『中江兆民全集』1, 84.

3. 자유와 심/心

　나카에 쵸민과 량치차오가 루소에 쉽게 빠져든 이유는 도덕적 교화를 중시하는 유가적 전통에서 교육받고 자라났기 때문이다. 루소는 인간을 도덕적 존재로 인식하고 그러한 존재들의 관계로서 사회를 설명하려 한 점, 그리고 자기애와 동료애로서 그 관계의 속성을 파악했던 점 등[27]부터 유가적 인식과 많은 점이 닮아 있다. 이로 인해 나카에 쵸민과 량치차오는 루소를 유가적 인식의 틀에서 해석할 수 있었고, 그것은 그들의 번역어에 그대로 투영되었으며, 자유에 대한 그들의 인식에서도 나타났다.

> 루소는 말했다: 자신의 자유권을 지키는 것은 일생 일대의 책임이다. 무릇 사람이라고 한다면, 이 책임을 다하지 않으면 안 된다. 자유라는 것은 갑옷과 투구 같은 것처럼, 단지 그것으로 몸만 보호하는 것이 아니라, 스스로 입을 수도 스스로 벗을 수도 있는 것이다. 만약 자유권을 벗어 버리고 그것을 포기한다면, 내가 나를 버리고 스스로가 아니게 되는 것과 같다. 자유란 모든 권리의 근본이며, 모든 책임의 근원이다. 책임은 버릴 수 없으며, 권리 또한 버릴 수 는데, 하물며 그 뿌리인 자유권은 어떻겠는가? 자유권은 또한 도덕의 근본이다. 사람에게 그 권리가 없다면, 선악이 모두 사람으로부터 나오지 않게 되니, 사람이지만 사람이 아닌 것이다.[28]

> 자신2의 자유권을 포기한 사람은 사람人이 되기 위한 수단을 포기한 것이다.[29]

　유가에서 사람됨은 중요한 덕목, 모든 것의 출발은 사람됨에서 시작하고, 그리고 그것은 그 사람의 마음에서 비롯된다. 이렇게 자유권

---

27) 오수웅, 「루소의 도덕과 법: 개념과 관계」, 『정치사상연구』 15/2, 한국정치사상학회, 2009.

28) 梁啓超, 『飮冰室合集·文集之六』, 中華書局, 1936, 101.

29) 梁啓超, 『飮冰室合集·文集之六』, 上海:中華書局, 1936, 100-101.

과 사람됨이 하나가 결합된다.

> 또한 자유권을 포기하는 자는 사람됨의 덕을 포기하는 것이고, 사람됨의 의
> 무를 포기하는 것이고, 스스로 인류에서 벗어나고자 하는 것이다. …… 만약
> 이렇다면, 실로 하늘이 용납하지 못하는 바이고, 무릇 사람이 한 번 자유권을
> 포기하면, 비록 심장이 있어도 스스로 사용할 수 없고, 그 마음心을 행하지 못
> 하면, 하는 바도 그 정情으로 하는 것이 아니니, 이렇게 되면, 선을 행해도 군자
> 가 될 수 없고, 불선을 행해도 소인이 되지 않는다. 군자가 될 수도, 소인이 될
> 수도 없으니, 이것은 또한 금수나 마찬가지이다……30)

마음心에 대한 쵸민의 강조는 그의 자유에 대한 이해에도 그대로
나타난다. 우선 쵸민은 루소가 말한 자유를 두 가지로 구분하여 설명
하였다. 즉, 천명의 자유天命之自由와 인의의 자유仁義之自由31)이다. 전자
는 자연적 자유natural freedom를 말하는 것이고, 후자는 사회적 자유civil
freedom를 말하는 것이다.

> …… 소위 자유권이란, 하늘이 사람에게 부여하여 자신의 뜻대로 살게 하는
> 것이니, 마땅히 귀중히 여기고 없어지거나 잃어버리지 않도록 해야 하는 것이
> 었다. 하지만 오늘날, 세상사람 누구나 그것을 잃어버렸다. 이것이 천하의 최고
> 의 변고이다. 이 변고를 초래한 이유는 마땅히 있을 것이다. …… 옛날 사람들
> 은 자기 뜻에 따라 멋대로 살았고, 줄곧 검속檢束32)을 하지 않는 것이 완전히
> 자연스러운 일이 되었다. 그러므로 이것을 천명天命의 자유라고 한다. …… 민
> 이 서로 함께 계약하여民相共約 나라를 세우고, 법도를 만들고, 자치의 제도를 세
> 우고, 이로써 마침내 각자 그 삶에 이로움을 얻어, 함께 하였다. 그러므로 이것
> 을 인의仁義의 자유라고 한다.33)

---

30) 中江兆民, 『中江兆民全集』1, 84.

31) 中江兆民, 『中江兆民全集』1, 75.

32) 예전에 공공의 안전을 해롭게 하거나 죄를 지을 염려가 있는 사람을 경찰에서
잠시 가두던 일을 말한다.

33) 中江兆民, 『中江兆民全集』1, 75.

천명과 인의는 고대 유가의 핵심 개념으로, 전자는 천天으로, 후자는 인人으로 표현되며, 전자보다는 후자가 더욱 중시되었다. 처음부터 그런 것은 아니었지만, 사회의 발전과 더불어 천天보다는 인人이 점차 중요해지기 시작했고, 결국 자산子産에 이르러 "천도天道는 멀지만, 인도人道는 가깝다"(좌전·소공昭公 18년)라는 말로 표현되게 되었다. 이러한 천天에서 인人으로의 중점의 변화는 쵸민이 루소의 자유를 번역할 때 그대로 적용되었다. 그에 따라 인간이 사회에 진입하면서 천명의 자유에서 인의의 자유로 자유의 성격 또한 변화한다.[34] 자유 또한 전자보다는 후자의 자유가 더 중요하게 된 것이다.

그러나 천명天命이란 『서경·반경盤庚』상에서 "선왕이 일을 수행함에, 천명을 삼가 받들었다先王有服, 恪謹天命"라고 한 것에서 알 수 있듯이, '거역할 수 없음'을 의미한다. 그런데 자유와 천명을 결합하여 "천명의 자유"라 한 것은 '자유'에 생소한 일본인들에게 자유의 '마땅함'을 강조하는 효과를 주게 되었다. 사실 천명은 본래 도덕적 함의를 갖고 있지만, 그것보다는 선천적으로 인간이 마땅히 가지고 있는 권리라는 측면을 강조하기 위해 사용된 것이다. 그리고 그것이 도덕의 기초가 됨을 강조한 것이다. 쵸민은 선善을 선택하여 행할 수 있는 마음心을 자유로 해석함으로서 인간이 사회를 형성하며 획득한 사회적 자유를 "인의의 자유"로 표현하고, 그에 대한 인간의 자발적 의지를 강조하였다.

쵸민은 사회적 자유를 행위의 자유로 해석하고, 그 구체적 내용을 일신一身의 자유, 사상의 자유, 언론의 자유, 집회의 자유, 출판의 자유, 결사의 자유, 민사民事의 자유, 업정業政의 자유라고 보았다.[35] 그럼에도

---

34) 왕자화王家驊에 의하면, 쵸민은 자연적 자유를 천명의 자유로, 사회적 자유를 인의의 자유로, 그리고 도덕적 자유를 심心의 자유로 이야기하였다고 한다.(王家驊, 「中江兆民的自由民權思想和儒學」, 『世界歷史』, 安徽文艺出版社, 1994) 그러나 쵸민은 인의의 자유와 심의 자유를 동일시하여 설명하였다.

불구하고 행위의 자유보다는 도덕적 자유를 보다 중시하였음을 알 수 있는데, 그 점은 그가 '심신의 자유'를 설명한 대목에서 잘 드러난다.

> 심신의 자유, 이것을 나는 정신과 심사가 타물他物의 구속을 받지 않고, 완전히 발달하고 더 이상 발달할 것이 없는 것을 말한다. 옛사람이 의와 도와 더불어 말한 호연지기가 바로 이것이다. 안으로 성찰하여 거리낄 바가 없고, 스스로 되돌아보아 바르다는 것 또한 이를 말한 것이다. 이에 하늘을 우러러 보고 땅을 굽어보아 부끄러움이 없으면, 밖으로는 정책과 교문敎門에 구속받지 않고, 안으로는 오욕五慾과 육악六惡이 방애가 되지 않으니, 활기차게 움직이고, 분주하게 돌아다녀도, 갈수록 움직임이 줄어드는 것이다.[36]

> 심신의 자유는 내가 본래 가지고 있는 근거根基이다. 두 번째 행위의 자유로부터 시작하여, 기타 여러 자유들이 모두 여기서 나온다. 무릇 사람이 태어나서의 행위, 복지, 학예가 모두 여기서 나온다. 무릇 우리들이 가장 마음에 두고 함양하는 것으로 이만한 것이 없다.[37]

심신의 자유에 대해 쵸민은 민약이 성립하기 이전과 이후를 각각 천세天世와 인세人世라는 개념으로 표현하면서, 이런 해석을 달았다.

> 상고의 사람은 멋대로 삶을 살았고, 구속됨이 없었으니, 순전히 자연적天이라 할 수 있다. 그러므로 이를 천명의 자유라고 부른다. …… 천명의 자유는 본래 한계가 없으니, 그 폐해가 서로 침범하고 빼앗는 우환을 피하기 어렵다. 그러므로 스스로 천명의 자유를 버리고, 서로 나라를 건설하기로 약속하여 제도를 만들고, 자치를 함으로써 인의의 자유가 생겨난 것이다. 이런 것을 이르러 자유권을 포기하는 정도正道라고 한다. 그 하나를 버리고 둘을 취하는 것이니, 결국 잃어버리는 것이 없는 것과 같다.[38]

---

35) 中江兆民, 『中江兆民全集』1, 182.
36) 中江兆民, 『中江兆民全集』1, 182.
37) 中江兆民, 『中江兆民全集』1, 182.
38) 中江兆民, 『中江兆民全集』1, 75.

민약이 성립되면, 무릇 선비士가 되는 사람은 모두 더불어 법을 논하지 않을 수 없다. 그러므로 스스로 법을 만든다고 말하는 것이다. 그리고 법제가 만들어지고 나면, 모두 그것을 따를 수밖에 없다. 그러므로 스스로 그것을 따른다고 말하는 것이다. 무릇 스스로 법을 만들고 스스로 따르게 되면, 나의 본심에 따라, 일찍이 적지 않게 억제를 받으므로, 그러므로 마음에 여유가 많다고 말하는 것이고, 이것이 바로 "심의 자유"이다.[39]

쵸민에게 있어서, 인간은 민약을 통해 천세에서의 누리던 천명의 자유를 버리고, 인세에서 인의 자유, 즉 심心의 자유를 얻게 된다. 이렇듯 쵸민의 마음心에 대한 강조는 그의 사상을 양명학적이라고 규정한 가장 중요한 근거로 작용한다. 그러나 쉬쉐이성徐水生, 리성퀘李生奎 등은 그것을 양명학이 아니라 맹자와 유종원의 '중민重民'사상에서 찾는다.[40] 쵸민이 『민약역해民約譯解』 서언에서 말하기를,

무릇 정치란, 때에 따라 변화하는데, 인정에 어긋나지 않는, 그것이 최고(의 정치)이다. 『국어』에서 말하기를, 선이란 그로부터 비롯되는 것이고, 그 다음은 리利로 행하는 것이고, 최하(의 정치)가 그것과 더불어 다투는 것이다. 그러므로 당우唐虞는 양위讓位하여 흥했고, 연쾌燕噲는 양위하여 망했으며, 우禹는 아들에게 물려주어 만세의 제왕의 법이 되었다. 소송을 할 때도 칭송을 할 때도, 또한 이로써 민심이 향한 바를 충분히 알 수 있다.[41]

쉬쉐이성에 의하면, 여기서의 '민심民心이 바로 맹자孟子가 말한 "그 마음을 얻으면, 그 백성을 얻게 된다得其心, 便得其民"라고 표현한 바로

---

39) 中江兆民, 『中江兆民全集』1, 97-98.
40) 徐水生, 「中江兆民與中國古代哲學」, 『武漢大學學報(哲學社會科學版)』第4期, 武漢大學, 1998; 李生奎, 「論民本思想對中江兆民的影響」, 『榆林學院學報』第4期, 榆林學院, 1996.
41) "蓋政也者, 與時推移, 不逆於人情, 斯爲美矣. 語曰, 善者因之, 其次利道之, 最下者與之爭, 故唐虞禪而興, 燕噲讓而亡, 禹傳於子, 而爲萬世帝王之法, 訟獄謳歌, 亦足以見民心所向焉." 『民約譯解』 서언.

그것이다. 민심만을 놓고 본다면 그 말이 맞다. 그런데 그것을 선의 근거로, 나아가 리의 근거로 이야기한다는 점에서 쵸민의 사상적 배경은 단순히 선진유가에 머물지 않고 양명에게로 나아갔다는 것을 알 수 있다.

그러나 량치차오는 쵸민과는 달리 천명의 자유, 인의의 자유, 심사의 자유 등의 개념을 사용하지는 않았으며,[42] 그 대신 자유를 '자치'나 '민권'과 병용하여 사용하였으므로 오히려 맹자의 민본주의 사상에 더욱 가깝다. 그리고 단체의 자유, 개인의 자유, 야만의 자유와 문명의 자유, 양심의 자유, 사상의 자유 등의 표현을 사용한 점에서 차이를 보인다.[43] 그러나 쵸민과 마찬가지로 자유를 해석함에 있어서 심心, 즉 정신을 강조한 점에서는 양자 모두 양명학적 전통에 서 있었다.

4. 의지意志

쵸민은 민약을 정의하면서 중의衆意라는 개념을 사용하였다. "그러므로 민약이란, 그 요점을 말하자면 사람들이 그 몸과 힘을 다수를 위해 쓰는 것으로, 중의衆意가 동일한 것으로서 이끌어 나가는 것이다."[44] 그런데 그는 『민약역해』 여러 곳에서 "공의公意"를 "중의衆意", "중지衆

---

42) 狹間直樹, 宮村治雄 그리고 프랑스의 巴斯蒂에 따르면, 량치차오의 『루소학안』이 福耶(Alfred Fouillée)가 1875년 출판한 『哲學史』(Histoire de la Philosophie)에서 루소를 소개한 내용과 일치하며, 그것은 『루소학안』이 中江兆民이 푸리에의 『철학사』를 번역한 『理學沿革史』를 참고로 했기 때문(島田虔次, 「中江兆民著譯作在中國的傳播」, 『中山大學學報論叢』, 中山大學, 1992, 177)이라고 했지만, 개념의 선택적 차용 면에서 본다면 '답습'은 아니었음을 보여 준다.

43) 陳敏榮·徐龍, 「梁啓超自由主義思想形成的脈絡」, 『中南民族大學學報(人文社會科學版)』, 中南民族大學, 2012.

44) 中江兆民, 『中江兆民全集』1, 92.

志" 등과 혼용하여 사용하였지만, 그 의미가 완전히 일치하는 것은 아니다. 그러나 그런 개념들은 대개 루소의 일반의지lavolonte generale를 가리키는 말로 사용되었다.

> 법률이란, 중의衆意가 겉으로 드러난 것이다. 나는 나의 의지意를 가지고 있고, 다른 사람을 대신하는 것은 다른 사람의 의지意를 대신하는 것이다. 그러므로 입법권은 결코 다른 사람이 나를 대신할 수 없다. 법집행권施法權은 대신할 수 있다는데, 어째서인가? 법집행권이란 내가 정한 법률을 실행하는 것일 따름이기 때문이다.[45]

 쵸민은 일반의지의 구현으로서의 법률에 대해 "중의衆意가 겉으로 드러난 것"이라고 함으로써, 법률의 객관성을 주관적으로 설명하고자 하였다. 이에 대해 미야마루는 쵸민이 "'중민衆民'의 '의사議事'를 통해 도달하는 '중지衆志'(la volonte generale)를 통해 '자치'를 이룬다는 '민약民約'에 '방국邦國의 근본'을 모색한다는 루소의 놀라운 해결책이, '리의理義' 자체를 표명한 것으로 받아들였다"라고 평가하였다. 그리고 이것은 루소를 '리학理學'의 내부에 받아들임으로써 성립된 근본적인 '혁명'을 의미하고 있었다고 말한다.[46] 그런데 쵸민의 중의衆意를 양명학의 영향이라고 할 수 있을까?

> 루소에 의하면, 나라사람들이 약간의 인원을 투표로 선출하고 의정의 권한을 위탁하는 것도 안 될 것은 없다. 반드시 그 책임을 분명히 하면, 책임이 있는 자를 수시로 쫓아낼 수 있다. 어째서인가? 그 약간의 사람들은, 불과 일시적으로 수탁을 받은 사람에 불과하며, 그 사람으로 하여금 주권을 장악하도록 한 것이 아니고, 자신의 권리를 모두 부여한 것이 아니다. 권리는 본래 타인에게 양도할 수 없으니, 그러므로 또한 다른 사람이 나를 대신하여 그것을 갖도록 할

---

45) 梁啓超,『飮冰室合集·文集』之六, 中華書局, 1936, 109.
46) 미야무라 하루오, 「'·동양의 루소'의 정치사상－나카에 쵸민(中江兆民) 재검토 (Rethinking Nakae Chomin's Thought)」, 256.

수도 없다. 주권은 항상 공중의 의욕에 존재하고, 의욕이란 반드시 타인이 대표
할 수 있는 것이 아니다.[47]

쵸민에게 중의衆意의 '의意'는 '의욕意慾'이라고 할 수 있는데, 이것
은 루소의 will에 대한 번역어이다. 그런데 의욕은 '의意'와 '욕慾'의 결
합어로, 루소의 일반의지가 '욕구desire', '의지will', 그리고 '권리rights'
등을 결합시킨 것[48]이라는 점을 잘 이해했다고 볼 수 있다. 그러나 루
소에게 있어서 그것은 의지will 보다는 권리rights에 중점이 가 있다면,
쵸민에게는 욕구rights나 의지will에 중점이 가 있다.[49] 이것은 쵸민의
철학이 유물주의라고 보는 견해[50]와 상반된 것이다.

의지를 강조한 점은 량치차오에게서도 보인다. 그는 "의욕이란, 스
스로 속박할 수 있는 것이 아니다. 그러므로 장래의 일에 대해서는 예
측할 수 없다. 이에 반하면, 이것은 내가 나의 자유권을 침해하는 것이
다."라고 하면서, 의욕과 권리, 특히 자유와의 관련성을 주장하였다.
그는 특히 정신적 자유, 또는 사상의 자유를 적극 주창하였는데, 이 점
은 쵸민과 같다. 그는 "마음의 노예心奴"를 제거하고 정신적 자유를 실

---

47) 梁啓超, 『飮氷室合集·文集』之六, 中華書局, 1936, 109.

48) Lee MacLean, "Desire, Decision and Faculty: Rousseau's General Will as a
Form of Will", *Prepared for the Canadian Political Science Association Meeting*,
Waterloo, Ontario, May, 2011.

49) 이것은 앞에서도 언급하고 있듯이 루소나 쵸민이 의지와 권리 둘 중 하나를
포기하고 다른 한쪽만을 취하였다는 의미가 아니라, 어느 쪽에 중점을 두고 사
회계약을 이해하였는지를 말하고자 함이다.

50) 취신징崔新京에 따르면 쵸민의 철학은 첫째, 물질과 정신의 관계에 있어서 물질
을 제1성으로 여기는 유물주의 입장을 견지하였다는 점, 둘째, 세계의 본원에
대해 유물주의적 "원소론"을 제기하였다는 점, 셋째, 유물주의 시공時空관을
견지하고, 시간과 공간의 객관성을 강조하였다는 점, 넷째, 인식론에 이어서
유물주의 반영론을 견지하여, 외계의 사물을 인식의 기원으로 보고, 감관을 외
계 사물과 인식의 중개자로 여겼다는 점 등을 들어 유물주의로 규정된다.(崔新
京, 「芻論中江兆民的哲學思想和政治學說」, 『遼寧大學學報』, 遼寧大學, 1989)

현할 것을 주장하였다.51) 그는 육체적 "나"와 정신적 "나"를 구별하고, 그중에서도 후자를 더욱 중시하였다.

> 루소의 뜻은, 법률이란 중인이 서로 함께 논의하여 결정하는 것이며, 사물의 자연적 리理를 따르는 것이고, 현재의 의욕을 발하는 것이라고 보았다. 요약하자면, 법률이란, 그 취지旨趣로 말하자면, 비록 항상 공정하지만, 그것이 논의되어 결정되고 나면, 항상 그렇지만은 않고, 언제나 고쳐서 다시 바로 잡을 수밖에 없다. 이 말은 실로 루소의 식견이 천고를 뛰어넘는 탁월한 점이다.52)

량치차오는 "공의公意"는 "단지 다수가 바라는 것을 따르는 것非徒指多數人之所欲"이 아니라 "모든 나라사람들이 바라는 바全國人之所欲"를 따르는 것53)이라고 하면서, "스스로 발기하고, 스스로 개정하고, 스스로 변혁하고, 매일 앞으로 나아감이 끝이 없다."54)고 생각하였다.

여기서 중요한 것은 물론 '다수'가 아니라 '전국인全國人'으로 표현되는 정치적 주체이지만, 그러한 주체의 표현은 '욕欲'(의욕)으로 나타난다는 점은 쵸민과 량치차오 모두 같다. 이들이 '욕欲'을 중시한 점은 그들이 처한 시대적 반영이면서도, 양명학과 확실히 구별되는 점이기도 하다.

5. 체용體用

체體와 용用이 함께 거론된 것은 순자에서이다. "만물은 동일한 세상에 있지만 형체(體)가 다르고, 사람에게 (항상) 마땅한 것은 아니지

---

51) 梁啟超, 『新民說』, 中州古籍出版社, 1998, 105.
52) 梁啟超, 『梁啟超全集』, 北京大學出版社, 507.
53) 梁啟超, 『飮冰室合集·文集』之六, 中華書局, 1936, 104.
54) 梁啟超, 『飮冰室合集·文集』之六, 104.

만 쓰임(用)이 있다."(『순자·부국富國』) 체용이 더 자주 거론된 것은 선진先秦시대가 아니라 위진魏晉 시기 이후 특히 당송 이후 명청 시대에 이르는 시기이다. 그러나 왕양명 또한 체용을 언급한 바 있다. 왕양명은 체용에 대해서 "체로 나아가 말하자면 용은 체에 있고, 용으로 나아가 말하자면 체는 용에 있으니, 이를 체용일원體用一元이라 한다"(『전습록傳習錄』上)라고 하였는데, 이것은 체와 용의 근원이 하나라는 북송시대의 유학자였던 정이程頤의 '체용일원론'에 대한 설명이다.

그런데 쵸민이나 량치차오가 루소의 사회계약론을 이해함에 있어서도 이러한 체와 용을 하나로 인식하는 체용 통일적 사고가 나타난다. 그러나 그들에게 있어서 체와 용은 동등한 가치를 지니는 것이 아니라 체가 보다 중요한 가치를 지니고 있다.

> 벤담은 용用을 말하였으나, 루소는 체體를 말하였고, 벤담은 말末을 말하였으나, 루소는 본本을 말하였으며, 벤담은 리利를 얘기하였으나, 루소는 의義를 얘기하였으니, 그들이 서로 부합하지 않았음이 실로 마땅하다.[55]

여기서 용用과 리利가 각각 체體와 의義의 대칭적 개념으로 사용되고 있으며, 용用보다는 체體를, 리利보다는 의義를 긍정하는 전통적인 유가의 사고방식을 보여주고 있다.

> 민약이 이루어지고 나면, 땅은 변하여 방민邦民이 되고, 사람은 변하여 민民이 된다. 민이란 중의衆意가 서로 결합하여 체體를 이룬 것이다. 체란, 의원을 심복心腹으로 하며, 율례를 기혈氣血로 하고, 이로써 그 의사를 선양하는 것이다. 체라, 스스로 형체를 가지고 있지는 않지만 중신衆身으로 형태形를 이루며, 스스로 뜻을 갖지는 않지만 중의衆意로써 뜻意을 이룬다.[56]

---

55) 中江兆民, 『中江兆民全集』1, 378.
56) 中江兆民, 『中江兆民全集』1, 92.

이렇듯 쵸민이 용用보다는 체體를 긍정하고 있다는 점을 감안한다면, 루소의 사회계약론을 번역하면서 민民을 체體로 해석하였다는 것은 국가에 있어서 군주보다는 민民을 더 핵심적인 존재로 여겼음을 보여주는 것이다. 즉, 쵸민에게 체體는 사회적 '주체' 바로 그것이다.

그런데 그것은 중의衆意로서 자신을 드러낸다는 점에서 다시 양명학적 심心을 보여주는 것이기도 하다. 한때 사법총장을 역임했던 량치차오 또한 체용을 대칭적으로 사용하고 용보다는 체를 강조하였다. 또한 그는 나아가 그것을 주권과 법률에 적용하였다.

> 그러므로 주권의 쓰임(用)은 나눌 수 있지만, 주권의 체體는 나눌 수 없다. 이것이 민약론의 취지이다. …… 하지만, 루소의 뜻은 공의를 체體로; 법률은 용用으로 생각하는 것이며; 공의를 무형으로; 법률은 유형으로 보는 것이다. 공의는 볼 수 없지만, 나라사람들이 공의가 존재함을 공인하면, 이것이 법률이다.[57]

량치차오에 의하면, 루소의 공의公意, 즉 일반의지는 체體를 의미하는 것이다. 이것은 후한 시기 위백양魏伯陽이 『주역참동계周易參同契』에서 "내체內體"와 "외용外用"으로 체용을 대칭적으로 사용한 것과 기본적으로 동일하다. 그는 체를 일차적으로, 용을 이차적으로, 혹은 전자를 근본적으로, 후자를 종속적으로 구분함으로써 결국은 체에 대해 강조하고 있다.

량치차오는 루소가 말하는 공의와 주권의 특징은 첫째 "불가양성不可讓與者"[58], 둘째, "불가분성不可分者"[59]이라고 보았다. 이것은 루소의 사회계약론을 충실하게 반영한 것이다. 그러나 그에 의하면, "루소가 공의를 귀히 여긴 것은, 그 체에 대해서이지, 그 용에 대해서가 아니

---

57) 梁啓超, 『梁啓超全集』第二券, 北京大學出版社, 1999, 506.
58) 梁啓超, 『飮冰室合集·文集』之六, 中華書局, 1936, 104.
59) 梁啓超, 『飮冰室合集·文集』之六, 105.

다"60). 그리고 "주권의 용用은 분리할 수 있으나, 주권의 체體는 분리할 수 없다."61) 그가 이렇듯 주권을 체와 용으로 구분하여 설명하고 있는 점은 루소의 설명과는 확실히 구별된다.

루소는 법률을 "주권의 파생물"이라고 하였지만, 쵸민이나 량치차오는 모두 그것을 체용이라는 범주로 이해하였다. 나아가 량치차오는 공의의 체公意之體는 "항상 바르며 공익을 위주로 움직인다." 즉, 공정公正과 공익公益의 성격을 두루 갖추고 있다고 생각함으로서 체體를 중시하였다. 이 점은 체와 용을 일원적으로 파악하려는 양명학의 전통을 따르면서도 체體를 중시해야 하는 당시의 시대적 상황, 즉 '나', 그리고 그들이 모인 '우리'의 정체성을 잃지 않으려는 소극적 저항이면서도, 주권이나 법률의 주체인 민의 권리를 주권이나 법률 자체보다 중시하려는 그들의 정치적 의식의 소산이기도 하다.

6. 결론

나카에 쵸민과 량치차오는 전통 사상 그중에서도 특히 양명학의 영향을 받아 리의理義, 양지良知, 의지意志, 체용體用 등 양명학적 개념들로 루소의 사회계약론을 해석하여 소개하였다. 이들에게 "민약이란, 사세事勢의 불평등을 바로잡아 도덕의 평등을 이루는 것이다. 사세의 불평등이란 무엇인가? 천연의 어리석음과 똑똑함, 강함과 약함이다. 도덕의 평등이란 무엇인가? 법률 조항으로 만들어지는 의리義理"62)이었기 때문이다.

---

60) 梁啟超, 『飲冰室合集·文集』之六, 105.
61) 梁啟超, 『飲冰室合集·文集』之六, 105.
62) 梁啓超, 『梁啟超全集』 2, 506.

전통 사상의 요소들이 이렇듯 그들 자신의 관점에 따라 자유자재로 취사선택되어 구사되었으며, 그 과정에서 의식적·무의식적인 전통 요소들의 변형·개조·창조가 있었을 것이고(박홍규, 2005), 루소의 사상도 의식적·무의식적으로 변형·개조되었을 것이다. "루소 그 사람이 진실로 석학碩學의 사士일지라도 아직 성인의 영역에 있다고 할 수는 없다"[63]라는 나카에 쵸민의 말에서 짐작할 수 있듯이, 나카에 쵸민이든 량치차오이든 루소를 유가에서 말하는 도덕적 성인으로 인정한 것은 아니었다. 하지만, 루소의 사상은 도덕을 중시하는 동양인들을 위해 양명학적 개념들을 매개로 도덕적으로 재해석될 필요가 있었던 것이다.

특히 나카에 쵸민은 위정자들의 도덕적 수양을 강조하여, "민의 반란여부는 윗사람들의 양심에 잘못된 점이 있기 때문[64]이라고 주장하였다. 그는 민권을 아래에서 위로 얻어지는 "회복적 민권恢復的民權"과 위에서 아래로 주어지는 "은사적 민권恩賜的民權"으로 구분하고, 일본은 후자의 경우라고 생각하는 등 다분히 동양적인 성격을 보여 주었다.[65] 이런 생각은 루소의 사회계약론을 해석함에 있어서 아주 잘 드러난다.

쵸민은 도덕에 대해 "순일하고 무잡無雜한 것이며, 만고에 불변"하는 것[66]이라 단정하고, "사람에게는 양지良知가 있어 올바름과 올바르지 못함을 구별하며, 잘못이 생기지 않도록 하니, 이것이 소위 도덕"이라고 하면서 도덕을 법보다 우선한다고 보았다. 따라서 "철학으로 정치를 깨트리고, 도덕으로 법률을 누르고, 양심의 포상으로 세속의 작위와 훈장을 불식시켜야 한다"[67]고 주장하기까지 했다. 그에 의하면, 군자는 도덕에 따라 스스로 행동하나 소인의 경우는 그렇지 않으니

---

63) 中江兆民, 「再言論自由」, 『東洋自由新聞』 (1881. 4. 28).

64) 中江兆民, 『中江兆民全集』 14, 岩波書店, 1983, 95.

65) 中江兆民, 『中江兆民全集』 1, 95.

66) 中江兆民, 『中江兆民全集』 1, 123-124.

67) 中江兆民, 『中江兆民全集』 10, 岩波書店, 1983, 215-216.

법이 필요한 것이다.68) 이것을 사회계약론에 적용하자면, 군자는 자유를 양지良知에 따라 향유할 수 있으나, 소인의 경우는 법으로 규정하여 향유할 수밖에 없는 것으로 이해된다. 사람은 모두 선하지만, 모두 지혜롭지는 않기 때문에 누군가 도덕적으로 선한 사람(군자)이 아직 깨우치지 못한 자들을 이끌어 바른 길로 인도할 수밖에 없는 것이다. 그렇지 않으면 아직 리理를 깨우치지 못한 사람들은 잘못된 길로 나아갈 수밖에 없다.69)

나카에 쵸민이 말하는 리理는 곧 자유이고 평등이다. 그것은 "천지의 공도公道, 인사人事의 정리正理"이다. 그런데 당시의 위정자들은 그것을 깨닫고 있지 못하였으니 그들은 군자라고 할 수 없다. 그러므로 그는 "봉건주의의 잘못된 꿈에서 깨어나도록 하는 것"70)이 필요하다고 말한다. 그리고 그러기 위해서는 "진리의 철퇴로 습관의 낯짝을 부수고, 새로운 학설의 씨앗을 뿌려, 사회의 진보를 도모하는 것을, 인간처세의 제일의 의무로 삼는"71) 것이 필요하다. 이런 일은 "용기로서 일을 행하는 것勇以就事"와 "지혜로서 리理를 밝히는 것智以燭理" 두 가지가 다 있어야 가능하다. 이것은 곧 양명의 지행합일知行合一을 말한 것이다.

쵸민은 "의롭고 뜨거운 심성義烈之心性", 즉 행동할 수 있는 용기를 강조하면서도, 그것이 뒷받침이 될 수 있는 학술과 '도덕'을 강조하였다. 그리고 그러한 도덕을 수양하기 위한 '지식'을 강조함으로서 "도덕의 원기와 학술의 자양액"으로 삼고자 했다. 이 모든 것은 진정한 자유

---

68) 中江兆民, 『中江兆民全集』 1, 岩波書店, 1983, 123-124.

69) "사람이라면, 그 성이 선하다. 또한 어찌 난폭하고 포악함이 있다고 해서 邪라고 하겠는가? 인성은 모두 선하지만 모두 지혜롭지는 않다. 지혜롭지 못하니 理를 잘 몰라, 일을 제대로 처리하지 못한다. 제대로 처리하지 못하면 난폭하고 포악하게 되는 것을 면하기 어렵다. 하지만 그 성이 반드시 선하지 않다고 할 수는 없다."(中江兆民, 『中江兆民全集』 14, 岩波書店, 1983, 42-43).

70) 中江兆民, 『中江兆民全集』 11, 岩波書店, 1983, 77.

71) 中江兆民, 『中江兆民全集』 14, 岩波書店, 1983, 194.

와 평등, 그리고 민권을 실현하기 위한 필수 조건이었다. 전통적 구습에 의해 새로운 사상, 즉 자유와 평등 그리고 민권을 이해하고 수용하기 힘든 당시의 사회에서 그것이 누구나 누려야 마땅한 자신의 천부적인 권리라는 것을 인식시키기 위해서는 "마음의 깊은 곳에 있는 활발한 자유지성我心之奧底有活潑自由之性"72)을 깨울 필요가 있었다. 그리고 그것은 누구나 가지고 있을 자지自知의 능력, 즉 양지良知를 통해서 가능하다고 쵸민은 생각했다. 이것은 『속일년유반續一年有半』에서는 "자성지능自省之能"으로 표현되었는데, 자성지능은 "도덕의 근저"로써, "자성의 능력이 있고 없는가는 현명함과 우매함의 표준일 뿐만 아니라, 인간과 금수를 구별하는 표준이기도 하다. 그것이 있으면 사람이고 그것이 없으면 금수인 것이다."73) 이렇게 쵸민은 자유와 평등, 그리고 민권의 당위성을 설명하기 위해 양명의 양지良知개념을 사용하였다.

량치차오에 이르면, "자성의 능력"이 인간의 기준이 아니라, 자유 자체가 인간의 기준으로 승격된다. 그는 "무릇 사람이 사람이기 위해서는 두 가지 요건이 필요하다. 하나는 생명, 둘은 권리이다. 둘 중 하나만 없어도, 이때는 사람이 아니다."74) "그러므로 인류라고 불리는 자들이라면, 생명을 보존하고 권리를 보존하는 두 가지를 위해 서로 의존한다."75) 이만큼 량치차오에게 있어서 권리는 당위로서만 중요한 것이 아니라 생존과 동일한 가치를 갖는 것으로 중요시된다. 이렇듯 중요한 권리를 깨닫기 위해서는 인간 스스로 양지를 자각해야 가능하다.

이런 점에서 나카에 쵸민과 량치차오를 비교하자면 양명학을 비롯한 유가 사상이라는 동일한 전통에 많은 영향을 받았다는 점, 그것을 통해 서구 사상을 이해했다는 점, 그리고 계몽을 통해 각자의 사회에

72) 中江兆民, 『中江兆民全集』 7, 岩波書店, 1983, 59.

73) 中江兆民, 『中江兆民全集』 10, 岩波書店, 1983, 288-289.

74) 梁啟超, 「十種德性相反相成義」, 『飮氷室合集·文集』之五, 中華書局, 1989.

75) 梁啟超, 「新民說」, 『飮氷室合集·專集』之四, 中華書局, 1989.

서 자유와 민권을 전파하려고 학술과 정치 양방면에서 적극적으로 노력했다는 점 등에서 상당한 유사성을 보인다. 물론 쵸민보다는 량치차오의 경우가 동양적 전통의 영향력이 다소 적다는 점, 그리고 자유와 민권을 이해함에 있어서 후자가 보다 현대적이라는 점에 있어서 차별성이 있기는 하다.

그것은 양자의 시대적 차이를 반영한 것일 뿐만 아니라, 공간의 차이 때문이기도 하다. 나카에 쵸민은 천황이 현존하는 일본에서 아직도 군주의 존재를 적극적으로 부정할 수 없었고, 스스로도 그러한 제도 자체를 전복시키고자 하는 마음이 전혀 없었기 때문이다. 그러나 량치차오의 경우, 이미 황제를 중심으로 한 전통적 정치 질서가 붕괴되기에는 이른 시대에 살았다는 점에서 - 물론 군주 입헌이나 개명 군주제를 주장하기는 하였지만 - 상황이 쵸민의 그것과는 상당히 다르다고 할 수 있다.

물론 사회적 분위기에 있어서 양자 모두 아직도 유가적 전통이 많은 부분 영향력을 미치고 있었다는 점에서는 같았지만, 량치차오가 처해 있던 중국의 시대적 상황은 쵸민의 경우보다 서구 사상에 경도되었다는 점에서 또한 차이가 있다. 그러므로 궈강郭剛은 량치차오의 "사유방식은 서방의 것이지만 사유 방향은 중국식"[76]이라고 한 것이다. 그러나 그보다는 서양과 동양이 결합된 20세기의 사상이라고 규정하는 편이 더 정확할 것이다. 그것은 량치차오가 "서양 문명과 동양 문명, 20세기는 유럽 문명과 중화 문명 결혼의 시대"[77] 라고 한 바로 그것을 말한다. 또한 그가 말한 "중국도 서양도 아니고, 중국이면서도 서양不中不西, 即中即西"인 것을 말한다. 이렇듯 어느 정도는 나카에 쵸민의 경우도 마찬가지이다.

---

76) 郭剛, 「論梁啓超的國民啟蒙邏輯歷程」, 『長白學刊』, 中共吉林省委党校, 2010.

77) 梁啓超, 「論中國學術思想變遷之大勢」, 『飮冰室合集·文集之七』中華書局, 1936, 4.

나카에 쵸민이나 량치차오 사상 모두 동양과 서양이 결합된 결과물이라는 점에서는 누구도 부인할 수 없을 것이다. 그리고 그로 인해 자유와 평등과 같은 서구적 권리에 대한 이해가 도덕적 사유 방식 속에서 이루어지는 결과를 초래하였다. 우리가 살고 있는 오늘날에도 동양 사회는 권리보다는 도덕이 우선시되고 있다는 점에서 한편으로는 이들의 사유가 충분히 이해되기도 한다.

　그러나 인간의 의지와 양지를 매개로 하여 자유와 도덕을 연관시켰다고 해서 절대적인 자유나 절대적인 평등을 주장하지는 않았고, 절중節中사상에 입각하여 상대적인 자유, 상대적인 평등을 주장하였다는 점, 그리고 그것을 받아들이는 개인의 의지를 강조하여 권리 수용의 자발성을 유도했다는 점에서 그들의 특징이 두드러진다. 그것은 체體와 용用과 같은 대칭적 개념을 통해서 거론되었지만, 그것들의 조화和와 유기적 통일을 추구하였으며, 혁명이나 폭력이 아니라 사회적 안녕을 도모하고자 했다는 점에서 다분히 평화주의적이며 절충주의적인 성격을 가지고 있었다.

참고문헌

미야무라 하루오, 「동양의 루소'의 정치사상－나카에 쵸민(中江兆民) 재검토 (Rethinking Nakae Chomin's Thought)」, 한국정치사상학회, 『정치사상연구』 18/1, 2012

박홍규, 「나카에 쵸민(中江兆民)의 평화이념과 맹자」, 한국정치사상학회, 『정치사상연구』 11/2, 2005

오수웅, 「루소의 도덕과 법: 개념과 관계」, 한국정치사상학회, 『정치사상연구』 15/2, 2009

範廣欣, 「從民本到民主」, 『政治思想史』, 天津師範大學, 2012

徐水生, 「中江兆民與中國古代哲學」, 『武漢大學學報(哲學社會科學版)』, 1998

聶長順, 「明治日本"文明開化"風潮下的儒學」, 『河北大學學報(哲學社會科學版)』, 2011

松永昌三, 『中江兆民評傳』, 岩波書店, 1993

梁啓超, 「王陽明知行合一之教」, 『飲冰室合集文集』之四十三, 北京:中華書局, 1989

梁啓超, 「論私德」, 『飲冰室合集·文集』之十三, 北京:中華書局, 1989

梁啓超, 『飲冰室合集·文集』之六, 上海:中華書局, 1936

梁啓超, 「近世第一大哲康德之學說」, 『飲冰室合集·文集』之十三, 北京:中華書局, 1989

梁啓超, 『新民說』, 鄭州: 中州古籍出版社, 1998

梁啓超, 「盧梭學案」, 『飲冰室合集·文集』之六, 北京: 中華書局, 1989

王家驊, 「中江兆民的自由民權思想和儒學」, 『世界歷史』, 安徽文艺出版社, 1994

王陽明, 「陸澄錄」, 『傳習錄』上卷: 第二卷, 中國畫報出版社, 2012

劉嶽兵, 「從儒家思想看中江兆民自由主義的"東洋性格"」, 『哲學研究』, 哲学研究杂志社, 2002

李生奎, 「論民本思想對中江兆民的影響」, 『榆林學院學報』, 榆林學院, 1996

張昆將, 『陽明學在東亞: 詮釋,交流與行動』, 國立台灣大學出版中心, 2011

鄭匡民, 『梁啟超啟蒙思想的東學背景』, 上海書店出版社, 2009

中江兆民, 「再言論自由」, 『東洋自由新聞』(1881. 4. 28.)

中江兆民, 松本三之介[ほか]譯, 『中江兆民全集』, 東京: 岩波書店, 1983

中江兆民, 吳藻溪 譯, 『一年有半·續一年有半』, 北京: 商務印書館, 1979

陳敏榮·徐龍, 「梁啟超自由主義思想形成的脈絡」, 『中南民族大學學報(人文社會
　　科學版)』, 中南民族大學, 2012

崔新京, 「芻論中江兆民的哲學思想和政治學說」, 『遼寧大學學報』, 遼寧大學, 1989

何雲鵬, 「梁啟超與中江兆民的民權思想管窺」, 『延邊大學學報(社會科學版)』, 遼
　　寧大學, 2010

狹間直樹, 「關於梁啟超稱頌"王學"問題」, 『歷史研究』, 大阪教育大學歷史学研究
　　室, 1998

Lee MacLean, "Desire, Decision and Faculty: Rousseau's General Will as a
　　Form of Will", Prepared for the Canadian Political Science Association
　　Meeting, Waterloo, Ontario. May, 2011

2부

종교 문화의
근대적 변동

홍익인간 연대기의 고찰*

단군 신화의 변경과 홍익인간의 진화

김성환
군산대학교 역사철학부 교수

홍익인간은 고조선의 건국 이념으로 전해지고, 또한 대한민국 교육법이 정한 현대 교육의 기본 이념이기도 하다. 한국 최초의 국가를 세운 조상들이 단군 신화를 만들고, 거기서 홍익인간 이념도 출현했다. 그것은 고대인의 상상 세계가 만들어 낸 이야기지만, 수천 년의 세월을 거치면서 변경되고 복잡해졌고, 현재에도 '살아 있는 이야기'로 받아들여진다. 신화는 선사시대에 이미 생겨난 이야기부터 각 시대마다 변형된 이야기들을 더하고 빼며 진화해 왔다. 홍익인간이 고대 한국에서 사람을 도와 인간 세계를 확충하려는 하느님의 의지나 명령이었다면, 중세에는 인간에 대한 교화 및 치화의 이념으로 변경되었고, 근자에 다시 인간을 널리 이롭게 한다는 근대의 이념으로 진화했다. 그 신화는 여러 시대의 정치가와 역사가에게 영향을 주고, 민속과 종교에 중요한 요소가 되고, 홍익인간이 현대 교육의 기본 이념이 될 정도로 한국 문화 전반에 큰 영향을 끼쳤다. 이 글은 고대부터 근대까지 홍익인간 이념이 진화한 연대기를 고찰하고, 그 토대에서 홍익인간을 재발견한 근대의 사상적 문법을 논구한다. 특히 조소앙이 삼균사상으로 홍익인간

* 이 글은 〈김성환, 「홍익인간 연대기의 고찰: 단군신화의 홍익인간의 진화」, 『단군학 연구』 제41집, 단군학회, 2019〉에 수록된 내용을 수정·보완한 것임.

을 해석하여 통일국가 건설과 세계일가 이상 실현의 최고 공리로 삼은 사례에 주목하고, 그와 전병훈 철학의 유사성을 시론적으로 살핀다.

1. 머리말

현존하는 가장 오래된 '홍익인간' 개념은 13세기 말 고려 충렬왕(재위 1274~1308) 때 일연一然(1206~1289)이 편찬한 『삼국유사』에 남아 있다. 그보다 불과 10여 년 뒤 이승휴李承休(1224~1300)가 지은 『제왕운기』에도 역시 '홍익인간'이 보인다. 두 책의 단군 신화는 내용이 약간 다른데, 이는 일연과 이승휴가 각각 『고기』와 『본기』를 인용한 데서 비롯된 차이로 보인다.[1] 하지만 '홍익인간'을 말하는 문법은 거의 같으면서 약간 다르다.

> 『고기古記』에서 말했다. "옛날에 환인桓因[제석帝釋을 말한다]의 서자인 환웅桓雄이 하늘 아래에 자주 뜻을 두어, 인간 세상을 탐해 구했다. 아버지가 아들의 뜻을 알고 삼위태백을 내려다보니 홍익인간할 만한지라, 이에 천부인 3개를 주며 가서 다스리게 하였다. 웅雄이 무리 3천을 거느리고 태백산 정상[태백은 지금의 묘향산이다] 신단수神壇樹 밑에 내려와 신시라 하고, 이분을 일러 환웅천왕이라 하였다."[2]
>
> 『삼국유사』

---

1) 13세기 말 단군 신화를 기록한 최소 2종 이상의 문헌이 전했음을 알 수 있는데, 일연과 이승휴가 각각 『고기古記』와 『본기本紀』를 인용한 것이 우연한 독서의 결과인지, 아니면 승려였던 일연과 당대 신진사류였던 이승휴의 사상적 견해에서 기인한 선택인지는 분명치 않다. 세심한 고찰이 필요한 대목이다.

2) 『三國遺事』卷第一 '紀異' : "『古記』云, 昔有桓因[謂帝釋也], 庶子桓雄數意天下貪求人世. 父知子意下視三危太伯, 可以弘益人間, 乃授天符印三箇遣往理之. 雄率徒三千降於太伯山頂[即太伯今妙香山]神壇樹下謂之神市, 是謂桓雄天王也. 將風伯·雨師·雲師, 而主穀·主命·主病·主刑·主善惡凡主人間三百六十餘事, 在世理化."

『본기本紀』에서 말했다. "상제 환인에게 서자가 있는데 환웅이라 하였다. [환인이 환웅에게] 일러 말하기를 '내려가 삼위태백에 이르러 홍익인간할 수 있겠는가?' 라고 했다. 그리하여 환웅이 천부인 3개를 받고 귀신 3천을 거느려 태백산 정상 신단수神檀樹 아래로 내려왔으니, 이분을 일러 단웅천왕이라 하였다."[3]

『제왕운기』

　두 버전의 신화에서 '홍익인간'을 의도하거나 말하는 주체는 모두 하느님(上帝) 환인이다. 『삼국유사』에서 환인은 홍익인간을 '의도'한다. 아들신인 환웅은 '하늘 아래에 자주 뜻을 두어 인간 세상을 탐해 구하고數意天下, 貪求人世', 아버지신 환인은 그런 아들의 뜻을 알고 '삼위태백을 내려다보며 홍익인간할 만하다下視三危太伯, 可以弘益人間'고 판단한다. 아들신의 의도는 '인간 세상을 탐해 구하는' 데에 있고, 아버지신의 의도는 '홍익인간 하려는' 데에 있다. 또한 '삼위태백'은 아들신이 스스로 정한 목적지라기보다, 아버지신이 자신의 의도를 실현하기 위해 아들신을 내려보내는 선택지이다.

　『제왕운기』에서 환인은 홍익인간을 '말(물음, 명령)'한다. 아버지신이 아들신에게 묻는 말은 다음 3가지를 함축한다. 지상으로 내려가겠는가? 삼위태백으로 가겠는가? 가서 홍익인간하겠는가? 이는 물음인 동시에 명령이다. 아버지신의 그런 말을 아들신이 감히 어찌 거역하겠는가. 『삼국유사』와 『제왕운기』의 문맥을 종합하면, '홍익인간'은 우주 최고신인 하느님(桓因, 上帝)의 의지, 명령, 물음이다. 한데 그것은

---

3) 『帝王韻紀』下: 初誰開國啓風雲, 釋帝之孫名檀君. [『本紀』曰, 上帝桓因, 有庶子, 曰雄云云. 謂曰, "下至三危太白, 弘益人間歟." 故雄, 受天符印三箇, 率鬼三千, 而降太白山頂神檀樹下, 是謂檀雄天王也云云.' 令孫女飲藥, 成人身, 與檀樹神婚而生男, 名檀君. 據朝鮮之域, 爲王. 故尸羅, 高禮, 南北沃沮, 東北扶餘, 穢與貊, 皆檀君之壽也. 理一千三十八年, 入阿斯達山, 爲神, 不死故也.] 竝與帝高興戊辰, 經虞歷夏居中宸. 於殷虎丁八乙未, 入阿斯達山爲神. [今九月山也, 一名弓忽, 又名三危, 祠堂猶在.] 享國一千二十八, 無奈變化傳桓因. 却後一百六十四, 仁人聊復開君臣.[一作, 爾後一百六十四, 雖有父子, 無君臣.]

지상에서 특별한 장소성과 연관된다. 이른바 '삼위태백'이다.

중국의 오래된 고전『상서』에도 '삼위'가 나온다. "삼위에 사람이 살게 되니, 세 묘족들이 크게 다스려졌다.三危旣宅, 三苗丕敍"4) 비록『상서』와『고기』의 '삼위'가 같은 장소는 아닐 터이지만, 그것이 함축하는 장소성은 통한다. '삼三'은 동서양 고대 신화와 종교에 아주 흔한 성수聖數5)이다. '위危'는 범접하기 어려운 험준한 땅으로 위태로운 처녀지 Virgin Lands이다. '태백太伯, 太白'은 으뜸가는 산이자 지극히 밝고 환한 산으로, 광명신앙의 성소이자 하늘과 통하는 우주산Cosmos Mountains을 함축한다. 이를 모두 담은 '삼위태백'은 곧 3수, 처녀지, 우주산, 광명 등의 장소성을 표상하는 기호인 것이다.

그런데 신화는 '홍익인간'보다 '삼위태백'에 방점을 둔다. 하늘의 지고신이 꼭 집어서 택한 우주의 중심에 한민족 고대국가(조선)가 건설되었고, 그 성스러운 도시神市에 거주하는 자들이 하늘에서 내려온 신의 자손이고, 더 나아가 (위에서 인용하지 않은 원문에 따르면) 위대한 조상이 마침내 신성한 산 내지는 하늘로 돌아가 신이 되었다는 것이 단군 신화의 얼개이다. 거기서 '홍익인간'은 지고신인 하느님의 의지이자 명령이다. 한데, 그것이 오늘날 흔한 번역처럼 "인간을 널리 이롭게 한다"는 뜻인지는 자못 의심스럽다.

그렇게 번역하려면 익益이 '이롭게 한다'는 동사여야 하는데, 고대 한문에서 그런 용례는 거의 찾기 어렵다. 익益은 본래 '일溢'에서 온 글자로, 물이 그릇에 차서 넘치는 것을 표상한다. 그것은 명사로 '이익'의 뜻이 있는데,6) 그 경우에 홍익은 '큰 이익'을 의미한다. 하지만 홍

---

4)『尚書·夏書·禹貢』여기서 '삼위三危'는 오늘날 중국 감숙성甘肅省 돈황현敦煌縣 남쪽에 있는 삼위산을 가리킨다고 하지만, 실은『상서』의 이 구절에 기인해 돈황의 삼위산이 훗날 그 이름을 얻었다고 보는 게 합당하다.

5) 그것은 일자(一)에서 갈라진 분열의 조화, 균형, 완성, 천지인 삼재, 삼극, 삼족 정립, 삼위일체 등등을 뜻한다.

익인간의 '홍익'은 명사가 아니라 동사다. 익益이 동사로 쓰이면 증익하다(增益, 增加), 보익하다(補益, 輔助, 援助, 保佑)는 정도를 뜻한다.[7] 그에 따라 홍익인간을 번역하면, "인간을 크게 늘리다" 내지 "인간을 크게 돕는다"는 의미가 된다.

오늘날 통상적인 번역의 선입관을 떠나서 『삼국유사』와 『제왕운기』 본연의 문맥에서 본다면, '인간을 크게 늘린다(돕는다)'는 것이 실은 자연스러운 번역이다. 하느님이 자기가 택한 삼위태백에서 인간(인간세상)[8]을 증익하려는 적극적인 의지를 가지고, 마침내 한민족 최초의 국가 배후에서 그 사회와 국가의 성장을 돕는다는 것이 단군 신화의 골자이기 때문이다. 그리하여 환웅은 『삼국유사』에서 곰을 인간 여자로 변화시켜 단군을 낳고, 『제왕운기』에서는 손녀에게 약을 먹여 사람의 몸이 되게 하고 단수신檀樹神과 결혼시켜 단군을 낳게 한다. 그리고 "단군이 조선의 영역에 자리 잡아 왕이 되었고, 시라·고례·옥저·부여·예맥이 모두 단군의 후손"으로 강역이 확장되었음 부각한다.

아버지신(환인)의 명을 받은 아들신(환웅)이 지상에 내려와 한 일은, 뭣보다 지상에 자기 후손을 낳아 인간을 증익하는 '홍익인간'을 상

---

6) '익益'은 오래전부터 '이익'이라는 명사, 그리고 '유익하다' 혹은 '부유하다'는 형용사로 쓰였다. 예컨대 『상서·대우모尚書·大禹謨』에서 "만초손, 겸수익 滿招損, 謙受益"은 '이익'이라는 명사로, 『논어·계씨論語·季氏』에서 "익자삼우益者三友"는 '유익하다'는 형용사로, 『어씨춘추·귀당呂氏春秋·貴當』의 "기가필일익, 필일영其家必日益, 必日榮矣"에서는 '부유하다(부유해지다)'는 형용사로 쓰였다. 하지만 고대 한문에서 '익益'이 동사로 "~를 이롭게 한다"는 동사로 쓰인 사례는 거의 찾기 어렵다.

7) 『주역·겸괘周易·謙卦』에서 "천도휴경이익겸天道虧盈而益謙"이라거나 『맹자·고자하孟子·告子下』에서 "소이동심인성, 증익기불능所以動心忍性, 曾益其所不能"이라고 할 때, '익益'은 동사로 '~을 증익(증가)하다'는 의미다. 또한 동사로 『전국책·진책二戰國策·秦策二』의 "우시출사금이익공상于是出私金以益公賞"처럼 '~을 보조하다'거나, 혹은 『주역·손괘周易·損卦』의 "혹익지십붕지구, 불극위或益之十朋之龜, 弗克違"처럼 '~을 상으로 주다'는 의미로 쓰이기도 한다.

8) '인간人間'은 사람, 사람들의 공동체, 백성 등의 의미를 모두 포함한다.

징적으로 완수하는 것이다. 한편 "풍백風伯·우사雨師·운사雲師를 거느리고 곡穀·명命·병病·형刑·선악善惡 등 무릇 인간의 삼백육십여 가지 일을 주관하며 재세이화在世理化하는"(『삼국유사』) 것 역시 환웅의 역할이요 사명이다. 한데 여기서 환웅은 인간 세상의 군장이 아니라, 여전히 천신이라는 점을 간과하면 안 된다. 천신이 지상에 깃들어(在世), 하늘의 이치로 농사·수명·질병·형벌(천벌)·선악 등을 관장해 다스린다(理化)는 문맥인 것이다.

홍익인간은 신의 입을 빌려서 말하는 인간의 이야기다. '홍익인간'의 본래 의미는, 인간을 늘리고 인간 세계(국가)를 확충하는 것이 중요했던 한민족 초기 국가의 기억, 그리고 신국神國·천손天孫·선민選民 등의 관념으로 구성된 신정神政시대의 기억을 간직한다. 이를 섣불리 인본주의로 해석하는 것은 조심스럽다.[9] 환웅은 하늘의 무리(귀신) 3천을 거느리고 지상에 머물며 다스리는(在世理化) 세계 배후의 유력한 천신이고, 그의 아들 단군 역시 인간 세계를 통치하다가 끝내 신령한 산에 들어가 신(산신)이 되거나 죽지 않는 신선이 된다. 초기 단군 신화는 한민족 고대의 원시 신선 사상을 함축한다. 그것은 신인합일神人合一, 천손강림天孫降臨, 승선귀천昇仙歸天, 신국의식神國意識, 광명신앙光明信仰 등을 주된 요인으로 한다.

이런 단군 신화가 13세기 말 고려로 다시 소환된 것은, 대몽항쟁기에 국난을 극복하고 민족 정체성을 고취하는 데 그 이야기가 필요했기 때문일 것이다. 하느님의 보우, 신령한 조상의 보살핌, 나라의 신성한 기원 등은 예나 지금이나 개인과 국가의 운명이 위태로울수록 사

---

9) 만약 그렇다면 신화는 환웅이 단군을 낳은 뒤 곧바로 퇴휴退休하고 지상의 군장이자 인간인 단군에게 '재세이화'의 권능을 이양하거나, 혹은 단지 천손이라는 혈통의 정통성을 넘어 하늘의 뜻을 얻기 위한 인간의 주체적 선택 및 작용을 부각해야 한다. 이를테면 주공周公이 '이덕배천以德配天'으로 인간에 대한 하늘의 지배권을 대체했던 것 같은, 그런 천명론의 전환이 일어났어야 한다.

람들을 더 매혹하는 레퍼토리다. 그것이 주는 감회는 한국인들이 지금도 "하느님이 보우하사 우리나라 만세"를 노래하며 가슴 뭉클해 하는, 그런 공동체적 정감과 궤를 같이 한다. 한 예로, 12세기 말 이규보李奎報(1168~1241)가 「동명왕편」를 지으며 이렇게 말했다.

세간에서 동명왕의 신기한 일을 널리 말해 비록 어리석고 몽매한 사람이라도 죄다 이 일만은 능히 말한다. 나도 일찍이 이 얘기를 듣고 웃으며 "공자가 괴력난신怪力亂神을 말하지 않았다는데, 이는 실로 황당하고 괴이한 일이라 우리들이 말할 바가 아니라"고 말했다. …… 지난 계축년(1193) 4월 『구삼국사舊三國史』를 구했는데, 「동명왕본기東明王本紀」를 보니 신비롭고 기이한 사적이 세상에서 말하는 것을 넘어섰다. 그러나 처음에는 역시 믿을 수 없어 그저 귀신鬼과 헛것幻이려니 하였다. 그러다가 세 번 거푸 탐독하여 깊이 음미하고 그 근원을 찾아보니, 헛것이 아니라 성스러움聖이요, 귀신이 아니라 신神이었다. 하물며 국사를 직필로 쓴 책에서 어찌 함부로 이를 전하겠는가? 김부식 공이 『국사』를 다시 편찬하면서 그 일을 자못 생략했는데, …… 하물며 동명왕의 일은 신비롭고 기이한 변화로 뭇 이목을 현혹하려는 것이 아니라, 실로 나라를 창건한 신성한 자취이다. 만약 여기 서술해두지 않으면 훗날 장차 사람들이 어찌 알겠는가? 이에 시를 지어 이를 기록하니, 우리나라가 본디 성인의 나라임을 온 세상이 알도록 하려는 것이다.[10]

일연과 이승휴보다 약간 앞선 시기의 이규보는 무신정변기의 문란한 정치와 사회적 혼란을 겪으며, 위대한 조상의 영웅 서사를 만났다. 그는 앞 시대에 김부식이 버렸던 사료더미 속에서 동명왕 주몽의 신

---

10) 李奎報, 『東國李相國集』「東明王篇」: "世多說東明王神異之事, 雖愚夫騃婦, 亦頗能說其事. 僕嘗聞之, 笑曰 "先師仲尼, 不語怪力亂神, 此實荒唐奇詭之事, 非吾曹所說. …… 越癸丑四月, 得舊三國史, 見東明王本紀, 其神異之迹, 踰世之所說者. 然亦初不能信之, 意以爲鬼幻, 及三復耽味, 漸涉其源, 非幻也, 乃聖也, 非鬼也, 乃神也. 況國史直筆之書, 豈妄傳之哉? 金公富軾重撰國史, 頗略其事, 意者公以爲國史矯世之書, 不可以大異之事爲示於後世而略之耶. …… 矧東明之事, 非以變化神異眩惑衆目, 乃實創國之神迹, 則此而不述, 後將何觀? 是用作詩以記之, 欲使夫天下知我國本聖人之都耳."

화를 불러왔다. 유학자들은 이를 괴력난신으로 치부하고 귀신과 헛것의 이야기라고 배제했으나, 이규보는 그것이 "헛것이 아니라 성스러움이요, 귀신이 아니라 신神"이라고 재평가하고, 거기서 옛 조상이 "나라를 창건한 신성한 자취"를 발견했다. 또한 "우리나라가 본디 성인의 나라"임을 온 천하에 알리기 위해 「동명왕편」을 짓노라고 천명했다.

그리고 이어지는 내우외란 시대에 옛 건국 신화들이 줄줄이 귀환했다. 그 와중에 환인이 일찍이 지상에 실현코자 의도했다는[11] '홍익인간' 역시 진술됐다. 그것은 하느님이 '인간을 크게 증익'할 장소로 삼위태백을 선택하고, 거기에 아들신을 내려보내 단군을 낳아 한민족 최초의 국가를 창건토록 했다는 이야기였다. 풍전등화의 위기에 처한 고려 말의 지식인들이 그 신화에서 찾은 것은 옛 조상의 성스럽고 신령한 자취, 나라의 신성한 기원, 더 나아가 나라와 백성을 구하는 조상신의 보살핌, 하느님의 보우였다.

2. 홍익인간의 중세적 진화

그런데 조선에 들어와 단군 신화가 간헐적이나마 언급됐지만, '홍익인간'은 조정의 공식 문건에서 다른 구절로 대체되었다. 『세종실록』 「지리지」에서 그 대표 사례를 찾을 수 있다. 이 책은 평양의 연원을 말하며 『단군고기檀君古記』에 실린 단군 신화를 인용한다. 그 내용은 『제왕운기』의 단군 신화와 유사하다. 그런데 흥미롭게도 거기서는 '삼위태백'이 아예 언급되지 않고, '홍익인간' 대신 '의욕하화인간意欲下化人間'이라는 구절이 등장한다.[12]

---

11) 엄밀히 말하면, '하느님이 지상에 구현하려 했다고 사람들이 믿었던'이 정확한 표현일 것이다.

권람權擥(1416~1465)은 조선의 개국 공신인 권근權近의 손자로 세조의 권신權臣이었다. 그가 지은 『응제시주』도 『고기』를 인용해 단군 신화를 진술하는데, 내용은 『삼국유사』의 그것과 통한다.[13] 한데 거기서도 '삼위태백'이 없고, '홍익인간' 대신 '의욕하화인간'이라고 한다. 조선 초 조정의 공식 문건 및 유력한 권신의 글에서 단군 신화를 인용하면서 나타나는 공통된 변화는 단지 우연이 아니고, 매우 의미심장한 것이다. 이런 문맥의 변화를 일목요연하게 대조하기 위해 표를 만들어 보았다.

〈표 1〉 여말선초 단군 신화 진술 대조표

출처	번역	원문
① 『삼국유사』	옛날에 환인의 서자 환웅이 하늘 아래에 자주 뜻을 두어, 인간 세상을 탐해 구했다. 아버지가 아들의 뜻을 알고 삼위태백을 내려다보니 **홍익인간**할 만한지라, 이에 천부인 3개를 주며 가서 다스리게 하였다. 웅雄이 무리 3천을 거느리고 태백산 정상 신단수 밑에 내려와 신시神市라 하고, 이분을 일러 환웅천왕이라 하였다	昔有桓因, 庶子桓雄數意天下貪求人世. 父知子意下視三危太伯, 可以弘益人間, 乃授天符印三箇遣往理之. 雄率徒三千降於太伯山頂神壇樹下謂之神市, 是謂桓雄天王也.
② 『제왕운기』	상제 환인에게 서자가 있는데 환웅이라 하였다. 일러 말하기를 "내려가 삼위태백에 이르러 **홍익인간**할 수 있겠는가?" 라고 했다. 그리하여 환웅이 천부인 3개를 받고 귀신 3천을 거느려 태백산 정상 신단수 아래로 내려왔으니, 이분을 일러 단웅천왕이라 하였다.	上帝桓因, 有庶子, 曰雄云云. 謂曰 "下至三危太白, 弘益人間歟." 故雄, 受天符印三箇, 率鬼三千, 而降太白山頂神檀樹下, 是謂檀雄天王也云云.

---

12) 『世宗實錄』 154 「地理志·平安道·平壤府」: 『檀君古記』云 "上帝桓因有庶子, 名雄, <u>意欲下化人間</u>, 受天三印降太白山神檀樹下, 是爲檀雄天王. 令孫女飮藥成人身, 與檀樹神婚而生男, 名檀君, 立國號曰朝鮮. 朝鮮·尸羅·高禮·南北沃沮·東北扶餘·濊與貊, 皆檀君之理."

13) 權擥, 『應製詩註』: 『古記』云 "上帝桓因有庶子, 曰雄, 意欲下化人間, 受天三印, 率徒三千降於太白山神檀樹下, 是謂檀雄天王也. 桓或云檀, 山卽今平安道熙川郡妙香山也. 將風伯·雨師·雲師, 而主穀·主命·主病·主刑·主善惡, 凡主人間三百六十餘事, 在世理化."

출처	번역	원문
③ 『세종실록』 「지리지」	상제 환인에게 서자가 있는데 이름이 환웅이고, **하화인간下化人間할 것을 의욕**하여, 하늘로부터 삼인三印을 받아 태백산 신단수 아래로 내려왔으니, 이분이 단웅천왕이다.	上帝桓因有庶子, 名雄, 意欲下化人間, 受天三印, 降太白山神檀樹下, 是爲檀雄天王.
④ 『응제시주』	상제 환인에게 서자가 있는데 환웅이라 하였고, **하화인간을 의욕**하여, 하늘로부터 삼인을 받아, 무리 3천을 거느리고 태백산 신단수 아래로 내려왔으니, 이분을 일러 단웅천왕이라고 하였다.	上帝桓因有庶子, 曰雄, 意欲下化人間, 受天三印, 率徒三千降於太白山神檀樹下, 是謂檀雄天王也.

단종 2년(1454년) 『세종실록』 「지리지」가 완성됐고, 권람이 세조 8년(1462년) 『응제시주』를 간행했다. 『삼국유사』 및 『제왕운기』가 편찬된 13세기 말로부터 불과 2백 년이 지난 뒤였다. 그런데 이 시기에 단군 신화의 문맥이 약속이라도 한 듯이 바뀌었다. 그 변화의 요체는 다음과 같다.

첫째, '삼위태백'이 신화에서 사라졌다. 이는 신화의 장소성을 소거한다. 즉, 한 장소에 우주의 중심이라는 특별한 성격을 더 이상 부여하지 않기로 한 것이다. 조선 초의 단군 신화에서 '신시'가 대개 보이지 않는 것도 같은 이유로 추정된다.

둘째, '홍익인간'이 '하화인간'으로 바뀌었다. 하화인간下化人間은 불교의 하화중생下化衆生을 연상시킨다. 불보살이 위로 보리를 구하고上求菩提 아래로 중생을 교화해 제도하듯이, 환웅이 "하늘 아래로 내려와 인간을 교화"하기로 의욕했다는 것이다.

셋째, 고려 말의 단군 신화(①②)에서 삼위태백을 내려다보며 홍익인간할 것을 의욕하는 주체가 환인(하느님)이었다면, 조선 초의 단군 신화(③④)에서는 그 의욕의 주인공이 환웅으로 환치된다.

그밖에 '천부인 3개天符印三箇'가 '3인三印'으로 단순화해 표기되고, 환웅이 하늘에서 거느리고 내려온 무리 3천이 '귀신鬼'이라는 언표도 사라졌다. 한편 각도를 달리 보면, 애초의 단군 신화에서 환웅이 "인간

세상을 탐해 구"하고 환인이 "삼위태백을 내려다보니 홍익인간할 만하다"고 판단한 것을, 훗날 환웅이 '하화인간을 의욕했다'고 뭉뚱그린 것으로 볼 수도 있다. 그렇다면 '홍익인간'이 '의욕하화인간' 안에 숨은 셈이 된다. 어쨌건 문맥상 효과는 같다.

총괄하면, 여말선초에 단군 신화는 신인합일神人合一의 요인을 벗어버리고, 인본주의에 보다 가까운 이야기로 전환됐다. 아버지 환인(하느님, 하늘)의 의지는 아예 자취를 감췄고, 대신 아들 환웅의 의지가 부각되었다. 거기서 환웅은 천상에서 내려와 온갖 인간사를 관장하는 천신의 이미지를 탈각했고, 불교의 전륜왕이나 유교의 성인처럼 지상에서 교화를 펼치는 성스러운 군왕으로 묘사되었다. 물론 그 뒤를 잇는 단군은 한결 지상적인 존재였다.

한편 '삼위태백'과 '신시'의 소거는, 하늘이 우주의 중심으로 특별한 장소를 지정한다는 신정시대의 관념을 해체하고, 단군 신화에서 북방 및 평양을 거점으로 하는 국지적 성격을 삭제했으며, 더 나아가 인간세계 어디나 환웅의 하화下化가 미칠 수 있는 장소로 확장하는 효과를 가져왔다. 그리고 '삼위태백에서 인간을 크게 늘린다(홍익인간)'는 고대의 소박한 정치 이상이 마침내 '아래로 인간을 교화하기를 의욕'한다는 중세적 교화敎化 및 치화治化의 이념으로 대치되었다. 비록 '홍익인간' 개념이 역사의 무대 뒤로 숨었지만, 그것은 홍익인간에 처음 부여됐던 고대 종교적 성격과 협애한 민족지적 함의를 극복하는 과정이었고, 그런 숙려 기간을 거쳐 인본주의적으로 한층 성숙하고 보편적으로 확장된 이념이 예비되었다.

3. 홍익인간의 근대적 진화

단군 신화에서 잊혀졌던 '홍익인간'은 한참 뒤에야 역사에 재등장한다. 1920년대 신민족주의자들이 이 개념에 주목하기 시작했다. 일제에 저항하는 과정에서 민족을 통합할 지도 이념을 정립하는 것이 당시의 시대적 과제였는데, 외래 사상이 아닌 토착적이고 고유한 유산에서 통일 이론을 찾던 국학운동가들이 '홍익인간'을 발견했다. 조소앙과 안재홍·정인보 같은 신민족주의 성향의 국학자들이 사상·계급적 대립을 극복해 통일민족 국가를 이룰 지도 원리로 홍익인간 이념을 재해석하고, 그 이념을 일반에게 적극 보급하였다. 이 시기의 대표적인 사례로, 조소앙趙素昻(1887~1958)은 특히 균등三均사상의 측면에서 홍익인간을 해석하여 통일국가 건설과 세계일가 이상을 실현하기 위한 최고 공리로 규정했다. 안재홍安在鴻(1891~1965)은 '다사리'로 만민 공생·대중 공영하는 민주주의와 민생주의를 주창하고, 그 정치 원리로 홍익인간을 재해석하여 '새시대 창건의 지도원리'로 삼았다.[14]

홍익인간이 '널리 인간을 이롭게 한다'는 번역으로 인구에 회자되기 시작한 것도 이 무렵이다. 그런데 앞서 얘기했듯이 이는 고대 한문의 어법에 맞는 번역이 아니다. 그것은 서구에서 유입된 근대 사상의 영향에서 고어를 재해석한 결과였다. 통일국가, 세계일가, 만민 공생, 대중 공영 등의 근대적 정치·경제 원리를 표상하는 기호로 '홍익인간'이 소환됐고, 그 이념을 가장 적절하게 표현하는 우리말로 '널리 인간을 이롭게 한다'는 번역이 채택된 것이다.

그러면 어떤 경위로 이것이 일반적 번역으로 정착했을지 의문이 아닐 수 없다. 누가 이런 번역을 시작했는지는 확실치 않다. 다만 홍익

---

14) 정영훈, 「홍익인간이념의 유래와 현대적 의의」, 『홍익인간이념연구』, 한국정신문화연구원, 1999, 15-18.

인간을 재발견한 1920년대 신민족주의자들 사이에 홍익인간을 그런 방향에서 해석한 인물이 있고 그 해석을 대중이 뒤따랐다고 추정하며, 특히 삼균주의를 창시한 조소앙에 주목한 연구가 있다.[15] 필자 역시 이 견해가 타당하다고 본다. 조소앙은 독립운동 진영의 독보적인 이론가로 여러 조직과 단체의 공식 문건들을 작성했다. 1941년 공포된 「대한민국건국강령」도 그가 기초했다.[16] 그 제1장 총강總綱 제2조에서 이렇게 말한다.

> 우리나라의 건국 정신은 삼균제도三均制度의 역사적 근거를 두었으니 선민先民의 명명明命한 바 "수미균평위首尾均平位 하야 흥방보태평興邦保太平하리라" 하였다. 이는 사회각층각급社會各層各級이 지력智力과 권력權力과 부력富力의 향유를 균평均平하게 하여 국가를 진흥하며 태평을 보유하려 함이니 홍익인간弘益人間과 이화세계理化世界하자는 우리 민족이 지킬 바 최고공리最高公理임[17]

'수미균평위, 흥방보태평'은 『고려사』에서 『신지비사神誌秘詞』를 인용한 것이다.[18] '홍익인간, 이화세계'는 『삼국유사』에서 『고기』를 인용한 것이다. 이런 각 구절을 「대한민국건국강령」에서 다음과 같이 주해한다. "수미균평위首尾均平位: 머리로부터 꼬리에 이르기까지 골고루 히함. 흥방보태평興邦保太平: 나라를 일으키고 태평太平을 보지保持함. 홍익인간弘益人間: 넓이 사람을 이익利益케함. 이화세계理化世界: 진리로 세계를 화함"[19] 이 구절들이 설령 멀리 단군시대로부터 왔더라도, 그 번역은 실상 근대의 이념을 담는다.

---

15) 정영훈, 「홍익인간 사상에 대한 새로운 해석」, 『단군학연구』 34, 단군학회 2016.

16) 「國務會議 重要記事」『大韓民國臨時政府公報』 72, 臨時政府 秘書處 發行, 大韓民國 23年, 1941.

17) 「大韓民國建國綱領」『大韓民國臨時政府公報』 72.

18) 『高麗史』 「列傳」 35, '金謂磾'.

19) 「大韓民國建國綱領」『大韓民國 臨時政府에 關한 參考文件』 第1輯, 宣傳部發行, 大韓民國 二十八年, 1946, 14.

'수미균평위, 흥방보태평'은 『신지비사』에서 고려의 [특히 남경인 서울의] 풍수를 말하는 대목에 보인다. 원문이 '정수미, 균평위, 흥방보태평精首尾, 均平位, 興邦保太平'이고, "[저울의] 머리와 꼬리를 정밀하게 하여 평형을 잡는다면 나라를 융성하게 하고 태평성대를 지킬" 것이라는 뜻이다. 여기서 머리와 꼬리란 "저울추秤錘와 저울접시極器에 비유하면, 저울대秤幹가 부소扶疎이고, 저울추가 오덕五德이 있는 땅이고, 저울머리가 백아강百牙岡이면, …… 송악松嶽이 부소가 되니 이로써 저울대로 비유하고, 서경이 백아강이 되니 이로써 저울머리로 비유하고, 삼각산 남쪽이 오덕의 언덕五德丘이 되니 이로써 저울추로 비유한다'[20] 운운하는 것을 전제로 한다.

즉 '수미균평위'는 평양(서경)을 머리로 개성(송악)과 서울 남쪽의 꼬리까지 '평형의 위치平位를 고르게 한다均'는 풍수론의 문맥이었다. 그것이 "머리로부터 꼬리에 이르기까지 골고로히 함"으로 번역되어, "지력·권력·부력의 향유를 균평하게 한다"는 삼균 이념의 근거가 되었다. 앞서 살폈듯이 '널리 인간을 늘린다'는 뜻이었던 단군 신화의 홍익인간이 "넓이 사람을 이익케 함"으로 번역된 것도, 신화의 근대적 전이轉移에서 발생했다. '이화세계'는 더욱 그렇다. 『삼국유사』의 '재세이화'는 '천신(환웅)이 세상에 깃들어(있으면서) 하늘의 이법으로 다스린다'는 신정神政의 문맥이다. 그러나 '이화세계'에 대한 번역인 "진리로 세계를 화함"은 이성의 계몽을 말하는 근대의 이념이다.

시대마다 달리 해석된 '홍익인간'은 이렇게 시대에 따라 변천하는 인간(세상)의 형편을 반영했다. '크게 늘리기'가 홍익의 고대적 함의라면, '교화하기'는 중세의 원리였고, '널리 이익케 함'은 근대성을 표상

---

20) 『高麗史』「列傳」35 '金謂磾' : 『神誌秘詞』曰 "如秤錘·極器, 秤幹扶疎, 樑錘者五德地, 極器百牙岡. 朝降七十國, 賴德護神. 精首尾, 均平位, 興邦保太平, 若廢三諭地, 王業有衰傾. …… 松嶽爲扶疎以諭秤幹, 西京爲白牙岡以諭秤首, 三角山南爲五德丘以諭秤錘."

한다. 고대에는 나라든 사람이든 늘리는 것이 중요했고, 하늘은 이런 '늘리기'의 성패를 결정짓는 권능의 원천이었다. 중세에는 나라든 사람이든 교화하는 것이 중요했고, 군왕과 특권 계급이 종교·도덕적 우월성을 앞세워 '교화하기'를 주도했다. 근대에는 나라든 사람이든 이익을 구하는 것이 중요해졌고, 국가와 만민(대중)이 '이익케 함'을 산출하면서 향유하는 주체가 되었다.

그런데 '늘리기 > 교화하기 > 이익케 함'으로 진화한 이런 서사의 변경이야말로 어쩌면 신화의 본질이다. 신화는 한두 세대에 그치지 않고 수 세기 혹은 수십 세기에 걸쳐 전하고, 그런 와중에 변천하는 여러 세대와 민족과 공동체(국가·사회 등)의 현실을 반영한다. 그러면서 이야기가 증감되고 뒤섞이고 각색되고 반복되면서 후대로 전승된다. 신화가 역사를 말하는 듯하지만, 그것은 언제나 과거의 사실을 단지 있는 그대로 전하지는 않는다.

신화는 선사시대에 이미 생겨났을 이야기의 흔적들부터 간직한 깊은 지층부터, 각 시대마다 추가로 더해지고 유동하고 변형된 이야기의 층리層理들이 중층으로 퇴적된 지질학적 연대기를 그 안에 품는다. 신화의 지층을 탐사하는 지식고고학에서는 그 이야기가 가장 먼저 기록된 연대가 중요하지만, 그 이야기가 최종으로 기록된 연대 역시 그에 못지않게 중요하다. 신화란 결국 기원에 관해 사유하는 주체가 과거와 나누는 대화이자, 주체와 과거가 서로 영향을 주고받으며 재탄생하는 현재적 서사이기 때문이다. 신화는 과거에 묶인 박제가 아니라, 늘 현재로 진화하는 활물이다.

그러니 신화는 역사가 아니라는 것이 잘못이나, 신화가 역사라는 것은 그보다 더 큰 잘못이다. 사람들이 신화의 참된 뜻(이념, 의미, 가치 등)이라고 주장하는 것들은 대개 신화의 본래 뜻이 후대에 발견된 경우보다, 후대에 가치롭게 여기는 의미를 신화에 투영하는 경우가 훨씬 많다. 신화를 해석하는 것은 산문 읽기보다 시문 읽기에 가까워서, 은유와 환유 주술적 언어와 의미론적 기호의 사이를 오가며, 그것을 행하는 사람의 지적 수준·사상적 지향·철학의 품격 등을 훨씬 민감하고 풍부하게 반영한다.

그리하여 한 시대 혹은 더 오랫동안 지속된 신화의 해석은, 그 자체로 신화의 역사에 결을 남기는 층리로 퇴적되어, 마침내 그 신화의 일부가 된다. 『삼국유사』『제왕운기』의 "홍익인간", 『세종실록』『응제시주』의 "교화인간", 「대한민국건국강령」의 "넓이 사람을 이익케 함"은 모두 그 시대 최고 수준의 지성에 의해 신화에 투영되어 수천 수백 수십 년간 지속되며 그 신화의 일부가 된 지층들이다. 그 가운데 어느 것이 옳거나 틀린 것이 아니라, 그 모두가 신화의 역사 안에 수렴되어 홍익인간의 의미를 풍부하게 하고 우리 문화의 결을 두텁게 만들어 왔다.

흔히 이를 '신화의 재발견'이라고 부르지만, 나는 이를 '신화의 진화'로 본다. 재발견은 원래 있던 것을 다시 발견하는 데 그치지만, 진화는 이전의 역사를 기억하는 층 위에 변화가 더해져 부단하게 갱신하는 과정이기 때문이다.[21] 그런 가운데 어떤 것은 퇴화하지만 그것도 진화의 일면이고, 퇴화는 진화의 반의어가 아니다. 이런 진화 과정에 주로 영향을 미치는 것이 환경 변화이듯, 신화의 진화 역시 신화 밖의 세계와 사상적 환경에 민감하게 반응하며 변화의 계기를 포착한다.

---

21) 생물학적 진화가 다만 생존과 번식에 적합하게 변화하는 것을 가리키고 생물 간의 우열을 가리는 개념이 아니듯, 신화가 사회적 환경에 맞게 진화한다고 해서 그것이 반드시 좋아진다(발전한다)는 의미는 아니다.

4. 삼균의 홍익인간과 전병훈의 정신철학

그렇다면 홍익인간이 "넓이 사람을 이익케 함"으로 번역되고, "사회각층 각급이 지력과 권력과 부력의 향유를 균평하게 한다"는 이른바 '삼균'의 이념으로 진화하도록 만든 사상적 환경의 작용은 무엇일까? 여기서 몇 가지 의견이 제시되었다. 홍선희는 손문孫文의 삼민주의, 대동사상, 서구의 사회주의와 무정부주의, 단군사상 등에 주목했다.[22] 정영훈은 대종교의 영향을 들었다.[23] 하지만 삼균 제도가 우리나라의 건국정신에 역사적 근거를 둔다는 조소앙의 생각이 어디서 왔는지는 아직 뚜렷하게 밝혀진 바가 없다. 이와 관련해 다음 구절이 흥미를 끈다.

> 신인이 태백산 정상(지금 묘향산)의 박달나무 아래에 있어, 나라사람들이 세워 임금으로 삼고 '단군'으로 불렀다. 단군은 신령한 지혜와 성스러운 덕이 있었으며, 농기구를 제작하고 백성에게 농사를 가르쳤다. 글자를 만들어 옛사람들이 사용토록 하고, 덕을 바로세우는(正德) 정사를 펼쳤다.[24]

1920년 전병훈이 북경에서 출간한 『정신철학통편』에 보이는 구절이다. 여기서 단군의 치세를 '경제(制未耜教民稼穡)', '교육(造書契爲前民用)', '정치(敷設正德之事)'의 세 방면으로 묘사하는데, 그것이 "지력과 권력과 부력의 향유를 균평하게 하"는 삼균과 통하고, 또한 (단군으로부터 시작된) "우리나라의 건국 정신"이라는 주장과도 같다. 전병훈은 경제 방면에서 토지 공유公田와 균산均産을 주장하고, 교육은 "한 백성

---

22) 홍선희, 『조소앙의 삼균주의 연구』, 부코, 2014.

23) 정영훈, 「민족고유사상에서 도출된 통일민족주의: 삼균주의와 신민족주의를 중심으로」 『단군학연구』 40, 단군학회, 2019.

24) 전병훈, 『精神哲學通編』, 「道德哲學」 '第八章.朝鮮道德始開化': 有神人于太伯山頂(今妙香山)檀木下, 國人立以爲君, 名曰檀君. 君有神智聖德, 制未耜教民稼穡, 造書契爲前民用, 敷設正德之事.

도 배우지 않는 자가 없고, 한 백성도 가르치지 않는 자가 없는無一民不學, 無一民不敎" 것을 모범으로 삼았다. 정치는 민주와 공화를 주창했으며, 그것이 단지 서구에 국한되지 않고 세계사에서 보편적인 것으로 보았다. 그리고 우리나라에서는 단군을 그 시원으로 삼았다.

> 거금 4252년 전 10월 3일 태백산 박달나무 아래로 강림한 신인이 있어 나라 사람들이 세워 임금을 삼으니, 민주의 기틀을 열었다고 말할 수 있다. 그분이 단군으로, 곧 동방 한국을 창립한 군주이자 스승君師이었다.[25]

그런데 이런 민주의 전통은 단군에게만 특별한 것이 아니다. "동서양의 초창기를 거슬러 탐구하면, 비록 군주의 호칭이 있더라도 '민주'가 아닌 것이 없었다"는 문맥에서 말하는 것이다. "맨 처음 가족에서 부락 추장이 나오고 추장에서 임금을 세운 것이 틀림없는데, 그때부터 줄곧 군중이 합의해서 추대해 세웠으니, 그러므로 민주로 부를 수 있다"는 것이다. 이는 역사의 실증이 없더라도 의심할 수 없는 것으로, "중국의 복희·신농·요·순, 한국의 단군과 동명왕이 모두 백성이 추대해 세운 군주라는 것이 명약관화하다"고 한다.[26]

또한 전병훈은 "토지를 균등하게 획정해서 백성의 재산이 고르게 되면, 녹봉·학교·군대의 제도를 제정하되 모두 백성 수에 따라 조직"할 것을 말한다. 학교 제도는, 삼대三代 이전의 "옛날에 상서庠序 학교를 세워서 대소학을 가르치고, 마을마다 삼노三老가 동네 어귀에 앉아 촌

---

25) 전병훈, 『精神哲學通編』, 「第一篇.東韓神聖檀君天符經註解」: 粤在四千二百五十二年十月三日, 有神人降于太白山檀木下, 國人立以爲君, 可謂民主開基. 是爲檀君, 即東韓創立之君師也.

26) 전병훈, 『精神哲學通編』, 「政治哲學」'序論': 溯究東西草挏之世, 雖有君皇之名稱, 而罔非民主者, 何哉? 始初自家族而部落酋長, 自酋長而立爲君皇者, 必也. 一從人羣之議諧, 推戴以成. 故曰 "可名爲民主也." 決非征戰爭鬪而立矣. 此非歷史之證確, 而可以無疑者乎. 中之羲·農·堯·舜, 東韓之檀君·東明, 爲民推立者, 照然若揭也.

민들이 드나들 때마다 효제충신의 행실을 가르치고, 또 법을 낭독讀法하는 규정이 있었던" 것을 예로 들고 다음과 같이 말한다.

> 백성 한 사람이라도 가르치지 않음이 없고, 백성 한사람이라도 배우지 않음이 없도록 하니, 지금 각 나라의 의무교육제도와 정확히 부합한다고 말할 수 있다. 이는 모두 토지를 다스린 이후에 차례대로 거행하는 제도이다.[27]

삼균의 문법으로 말하자면, 곧 균산의 경제적 균등이 우선이고 그 연후에 균지의 교육적 균등을 시행해야 한다는 문맥이다. 이런 균산, 균지는 균권의 토대에서 나온다. 곧 권력이 전제군주 1인이나 특권 계급에게 있는 것이 아니라, 군중이 합의해서 군장을 추대하는 '민주'에서 가능한 것이다. 전병훈은 단군이 동방 한국東韓에서 이런 "민주의 기틀을 열었던" 군주이자 스승君師이었다고 천명한다.

전병훈은 이전의 역사를 기억하는 층 위에 다시 근대의 지적·사상적 변화에 반응하여 더 복잡하고 고차적인 단군 이야기를 더했다. 단군은 '신령한 지혜와 성스러운 덕神智聖德'을 지닌 신인으로 고대 신화의 기억을 간직하지만, 정신수련의 비결을 체득한 선인仙人이면서 성스러운 군주를 겸하여兼聖 도교와 유교의 정수를 한몸에 보존하고, 다시 서구에서 유래한 근대적 민주·균산·보통교육 이념마저 선취하여 '동한을 창립한 군주이자 스승東韓創立之君師'으로 재탄생한다.

전병훈은 1917년 계연수桂延壽가 묘향산에서 발견했다는 「천부경」을 그 다음해에 받아 주해했으며, 저서인 『정신철학통편』 도처에서 단

---

27) 전병훈, 『精神哲學通編』, 「政治哲學」 '第五章. 禹平水土, 畫州井田, 實行黃帝邸井法哲理' : 旣畫井以均民産, 則制祿·學校·兵車之制, 皆從民數而組織之. ……制祿, 務致豐厚以養廉恥. 如今美英各邦之制, 可謂盡善矣. 學校之制, 則古者設爲庠序學校, 大小學以敎之, 每鄕鄕三老坐於閭門, 凡民出入, 敎以孝悌忠信之行. 又有讀法之規, 要使無一民不敎, 無一民不學, 與今各國強迫敎育之制, 可謂脗合者也. 此皆治地以後次第擧行之制也.

군을 언급하고, 자기 철학의 궁극적인 시원의 하나로 단군을 지목했다. 그에 의해 단군의 정신은 "하늘과 사람을 포괄하고, 도에 극진하면서도 성스러움을 겸하는包括天人, 道盡兼聖" 것이 되었다. 그리고 단군은 신인神人에서 철인哲人으로, 하늘이 내린 군주에서 백성이 추대한 군주로, 신정과 도덕 교화의 상징에서 민주의 시원으로 거듭났다. 전병훈이 '홍익인간'을 직접 말하지는 않았지만, 그로부터 진화한 단군 이야기에 훗날 '홍익인간' 이념의 그림자가 어른거린다.

이처럼 단군 이야기는 『삼국유사』 『제왕운기』 혹은 거기서 인용하는 『고기』에서 비롯하여, 고려와 조선 등의 조대를 거쳐 그 시대의 현실을 반영하고, 다시 근대의 이념에 반응해 이야기가 증감되고 뒤섞이고 각색되어 진화했다. 이렇게 진화한 단군 신화가 1920년대 이후 널리 확산되어, 그 토대에서 홍익인간이 "넓이 사람을 이익케 함"으로 번역되었고, 그것이 임시정부의 「대한민국건국강령」에 실렸으며, 마침내 해방 후 우리나라의 교육 이념으로 확정되어 현행 「교육기본법」에 이르고 있다.

그렇다고 조소앙 등 신민족주의자들이 전병훈 철학의 영향을 받았다고 곧바로 단정하기는 이르다. 그렇지만 앞선 연구에서 삼균주의의 배경으로 여러 사상들을 병렬한 것에 비하면, 전병훈의 철학사상이 1920년대 이후 홍익인간 이념에 한층 가까운 것은 틀림없다. 1920년대 전후로 이뤄진 단군 신화의 진화 그리고 홍익인간 이념의 출현[28] 과정은 여전히 베일에 가려져 있고, 단지 그 대략만 말할 수 있다.

20세기 초 일제가 국권을 침탈하고 나라가 물리적으로 무너졌으나, 스스로 한국인으로 여기는 사람(국민, 민족)과 그들의 정신은 존속했다. 그 정신을 모으는 구심점이 필요했고, 거기서 단군이 다시 소환되

---

28) 고대 단군 신화에서 홍익인간은 신화를 구성하는 이야기의 한 종속 요소에 그쳤고, 1920년대에 와서야 홍익인간이 하나의 이념으로 '출현'했다.

었다. 종교·철학·정치 등의 여러 방면에서 단군이 재해석되고, 그런 가운데 '홍익인간' 이념도 출현했다. 단군교(대종교), 전병훈의 정신철학, 신민족주의 등에서 단군 이야기가 진화한 궤적을 발전할 수 있다. 하지만 분량이 한정된 본 글에서 그들 간의 영향 관계까지 상세히 논구하기는 어렵고, 그것은 다음 과제로 넘기고자 한다.

참고문헌

『尙書』

一然, 『三國遺事』

李承休, 『帝王韻紀』

李奎報, 『東國李相國集』

權擥, 『應製詩註』

『朝鮮王朝實錄』「世宗實錄」

『高麗史』

『大韓民國臨時政府公報』 第72號, 臨時政府 秘書處 發行, 大韓民國 23年, 1941

『大韓民國 臨時政府에 關한 參考文件』 第1輯, 宣傳部發行, 大韓民國 二十八年, 1946

全秉薰, 『精神哲學通編』(영인본), 명문당, 1983

정영훈 외, 『홍익인간이념연구』, 한국정신문화연구원, 1999

홍선희, 『조소앙의 삼균주의 연구』, 부코, 2014

정영훈, 「홍익인간 사상에 대한 새로운 해석」 『단군학연구』 34, 단군학회, 2016

정영훈, 「민족고유사상에서 도출된 통일민족주의: 삼균주의와 신민족주의를 중심으로」 『단군학연구』 40, 단군학회, 2019

일제강점기 원불교의 문화 운동*

혜산 전음광惠山 全飮光을 중심으로

김정배

원광대학교 융합교양대학 조교수

1. 머리말

프랑스의 스콜라 철학자들 사이에는 아주 유명한 우화가 전해진다. 그것은 당나귀의 양쪽에 동질同質·동량同量의 먹이를 놓아두었을 때 그 어느 쪽도 선택하지 못한 당나귀는 결국 죽게 된다는 이야기이다. 동등한 힘의 모티프 사이에서 의지意志의 행사行使를 할 수 없다는 것을 증명하는 데에서 파생된 말이다. 스콜라 철학자들의 우화로 이 글을 시작하는 것은 일제강점기에 우리가 할 수 있는 일과 할 수 없는 일 사이에서 당나귀와 같은 지식인과 일반 백성들 그리고 각계의 정치인과 종교인은 과연 어떠한 선택을 할 수 있었는가에 대한 고민의 발로이기도 하다. 짐작할 수 있듯이 우화의 맥락은 당나귀가 주어진 평형 상태를 깨고 어느 한쪽을 먼저 선택하지 않는 한 배고픔과 갈증으로 어리석게 죽을 수밖에 없음을 그 이면에 전제하고 있다. 스콜라 철학자들은 인간이 어떠한 식으로든 자신의 자유의지를 발휘하지 않는 한 뷔리당의 당나귀가 될 수밖에 없으며,[1] 결국 인간은 이쪽이든 저쪽이

---

* 이 글은 〈김정배, 「惠山 全飮光의 문화 운동」, 『원불교 사상과 종교문화』 제82집, 원불교사상연구원, 2019〉에 수록된 내용을 수정·보완한 것임.

든 어느 한쪽을 선택해야 하고 그 선택이 인간의 자유의지를 발현하는 일에 불과함을 강조한다.

그래서였을까. 일제강점기에 글줄깨나 쓴다는 사람들의 다수는 친일을 택한다. 이러한 문화적 배경이 누적될수록 일반인들은 식민에 대한 감각조차 무뎌지게 된다. 이런 분위기 속에서 발생한 1919년 3월 1일 독립 만세운동은 소기의 목적을 거두긴 하나 결과적으로는 큰 성과를 내지 못하고 막을 내린다. 기본적으로 3·1운동의 목적은 국권 회복과 민족 자주에 있었기에 외부적으로 그 목적을 달성하지 못한 것이다. 물론 내부적인 관점에서는 민족사적·사상사적·경제사적인 측면의 성과를 충분히 주목받을 수 있다. 가령, 민족사적 관점에서 3·1운동은 세계의 이목을 집중시켰을 뿐만 아니라 한국민에 대한 인식을 새롭게 정립할 기회로 작용한 것은 분명하기 때문이다. 또한, 중국 상해에 대한민국임시정부를 수립하게 되는 계기를 제공했다는 점은 분명 높이 평가할 만한 부분이다.

이러한 상황에서 한국의 지식인들은 제 나름의 민족의식과 민족정신으로 무장하여 새로운 교육의 진흥과 신문예운동 그리고 산업 운동을 활성화해 나간다. 더불어 독립운동의 방향성을 대중문화 운동으로 전환하여 전개하는 양상을 보인다. 3·1운동 이듬해인 1920년대 만들어진 어린이날의 제정은 문화 인권운동의 대표적인 사례라 할 수 있다. 이후 1930년대 조선학 운동의 배경이 되는 한국사 연구가 진행되며, 조선어학회 등의 한글문화 운동도 한층 발전하는 모습을 보인다. 이런 분위기를 간파한 일본은 말 그대로 문화통치의 시작을 알린다.

1) 스피노자는 이 우화를 철학적으로 의심하면서 인간 정신이 어느 한쪽을 선택하지 못하고 유랑하는 상태를 긍정적으로 파악하기도 했다. 그는 이것을 "정신의 동요fluctuatio animi"라고 명명하면서 그러한 정신의 교착상태 또한 '평가할 수 없는 인간' 중 하나로 봐야 한다고 보았다. 아리엘 수아미, 『스피노자의 동물 우화』, 강희경 옮김, 열린책들, 2010, 98-101 참고.

일본의 문화통치는 군사력을 줄이는 대신 한국민의 문화와 정신을 지배하는 일종의 식민 지배 방식을 활용한다.

일본의 지배 방식이 날로 교활해질수록 우리 민족의 지식인과 종교인들은 대중문화 운동의 중요성을 깨닫고 자주독립의 기틀을 만들기 위해 제 나름의 방식을 선취해 나간다. 이중 원불교의 전신이라 할 수 있는 불법연구회는 3대 사업 가운데 하나였던 문자보급운동文子普及運動의 형태를 교육사업으로 전개2)한다. 불법연구회의 문자보급운동은 1930년대 전반에 조선일보사가 실시한 생활개선生活改善 운동과 동아일보가 실시한 '브나로드(Vnarod; 민중 속으로) 운동'의 맥을 함께하며 "회원의 생활을 안정시키고, 그 외 청결의 유지와 사상의 선도, 자제교육 등에 노력하며, 이상적 생활을 영위"3)한다는 평가를 받는다. 또한, 불법연구회는 근대적 성격을 지향하고 있어 도시 지식인들 또한 호의적으로 포용할 수 있는 양상을 띠게 된다.

불법연구회의 문자보급운동은 일본 통치를 비판하는 일 없이 조선어와 산수 외에 국어(일본어)를 가르친다. 이러한 분위기 속에서 일본은 불법연구회의 사은四恩 중 하나인 법률은法律恩이 일본 제국헌법의 정신을 생활화하였다고 파악4)한다. 일본의 평가는 1932년부터 시작된 농촌진흥운동農村振興運動의 공명으로 이어질 수 있었지만, 결과적으로는 논자에 따라 그 평가는 이분화될 수밖에 없는 이유이다.5)

---

2) "불법연구회에서는 종래부터 통학 불능한 무산無産 아동이 교육을 목적으로 주야 학교를 경영하여 아래 우수한 성적을 거두어 왔는데, 금년 겨울 농한기에는 현재의 야학 아동 70여 명을 100명으로 크게 증가시켜 문맹文盲의 일반 아동을 적극적으로 교육한다고 한다." 「지방단체의 궐기」, 《조선일보》 (1934. 8. 3.)

3) 「익산 북일면에 불법연구회」, 《매일신보》 (1935. 5. 9.)

4) 1941년 10월 22일자의 「문화생활된 조선불교」를 살펴보면 한 조선인의 언급이 소개된다. 여기에서 그 일본인은 "그들의 행방은 우연인지 아니면 필연인지 우리 제국헌법의 정신을 생활화한 것이었다. 거기에서 그들은 '친일파 종교'로 알려졌다"고 주장한다. 《경성일보》 (1941. 10. 22.)

이 지점에서 다시 '뷔리당의 당나귀' 상황을 떠올려본다. 현재의 관점으로 판단해 보면 당시 불법연구회의 기류는 마냥 긍정될 순 없지만.6) 좀 더 숙고해 보면 불법연구회의 비정치적인 행보와 선택은 오히려 일제강점기에 자신들이 국가와 민족의 장래를 위해 무엇을 준비하고 추진해야 하는지를 가늠하게 한 결의이기도 하다. 이 글에서 중점적으로 주목하고자 하는 부분도 이 지점이다. 일견 제기할 수 있는 불법연구회의 친일적인 내용을 덮자는 것이 아니라 시대적인 기류 속에서 불법연구회가 최선의 방법으로 실천하고 선택할 수 있었던 것이 무엇인지를 한 인물을 통해 밝혀보는 일은 그래서 매우 시의적절하다.

이런 논지에서 보면 누구보다 혜산 전음광惠山 全飮光(1909~1960, 이하 혜산) 대봉도의 관심과 호명이 필수적이다. 원불교 초기교단 언론의 선구자이자 문화활동가, 교리 해설가로 활동한 혜산은 일제강점기

---

5) 혜산이 속해있던 일제 강점기 불법연구회에 대한 평가는 논자에 따라 그 시각을 달리할 수 있다. "원불교는 진정으로 국가와 민족의 장래를 위해 하지 않으면 안되는 일이 무엇인가를 찾아 필사적으로 그 일을 추진하고 있었다"는 평가와 "대일 투장의 관점에서 본다면 원불교는 대단한 종교는 아니었다"라는 평가는 늘 대비되어 왔다.(김홍철, 『한국 신종교사상연구』, 집문당, 1989, 323 참조) 하지만 종교는 그 시절 민중들이 유일하게 피난할 수 있는 장소였으며, 종교는 오히려 싸우지 않는 방식으로 싸우는 것이 일상이었다고 해도 과언은 아니다. (조경달, 「식민지 조선에 있어 불법연구회의 교리와 활동」, 『원불교사상과 종교문화』 6, 박맹수 옮김, 원불교사상연구원, 2016, 276) 가령 3.1운동이 한창이던 1919년 3월 소태산은 제자들에게 "창생을 위하여 기도하라"는 명을 내려 기도결사祈禱結社 운동이라는 정신운동을 전개한다. 소태산의 기도결사 운동은 여타 다른 종교에 비해 조직적이지 못하였으나, 그 나름의 시국인식을 대변하는 것으로 정신적 차원의 민족운동이란 의미를 지닌다.(박맹수, 「원불교의 민족운동」 [www.i815.or.kr]의 '일제강점기 민족종교운동' 참조)

6) 일제강점기 당시 조선총독부는 불법연구회에 대해 호의적이었다. 총독부는 불법연구회를 '공인 불교계통 유사 종교 단체' 가운데 '가장 주목할 만한 신흥 유사 종교'로 간주하고, 그 '교리는 실로 온건 평의'하다고 판단함으로써 상당한 '비호庇護'를 한 것으로 알려져 있다.(「사상범죄로부터 본 최근의 조선재래 유사종교」, 『사상휘보』 22, 1940, 조선총동부 고등법원 검사국 사상부, 37-38.)

문화 운동의 한 기류를 기관지 발행과 공도 정신으로 실천한 대표적 인물로 평가되기 때문이다.[7] 이에 이 글에서는 혜산의 생애를 통해 그의 파르헤지아적인 면모를 살펴보고, 아울러 일제의 무단통치방법 중 하나였던 문화통치 하에서 혜산의 초기교단 기관지 발행의 의미와 대중계몽과 문화 운동의 양상이 어떻게 전개되고 교단에 어떤 토대를 형성하였는지에 대해 다각적인 관심을 촉발해 보고자 한다.

2. 혜산 전음광의 공도 정신과 파르헤지아로서의 면모

혜산[8]의 흔적을 살펴보기 위해서는 우선 그의 이력을 살펴볼 필요가 있다. 혜산은 1909년 8월 2일 전북 진안군 마령면 평지리에서 태어난다. 부친 전영규全永奎와 모친 전삼삼田參參의 외아들로 출생한 혜산은 6세 이후 5년간 서당에 다니면서 사서삼경四書三經을 통독했으며, 1919년 10세 때에는 5세 손위인 장수군 산서면 오산리에 사는 안동 권씨 동화權動華(본명 차님)와 결혼을 하게 된다. 11세 때 부친이 별세했으며, 그해 4월 마령보통학교에 입학한다.

혜산의 모친 전삼삼은 1922년 비단장수 최도화의 인도로 소태산 대

---

7) 소태산은 원기 25년(1940년) 9월부터 교리에 능숙한 제자 주산 송도성, 원산 서대원, 구타원 이공주, 상산 박장식, 정산 송규 등에게도 초기교서들을 통일 수정토록 명한다. 이 글에서는 원불교 초기교서 및 정기간행물의 발행 주역이면서 문화운동의 관점에서 선구자적 역할을 하였던 혜산 전음광에 일차적으로 주목한다. 혜산과 주산 송도성, 원산 서대원, 구타원 이공주, 상산 박장식, 정산 송규 등의 문화운동의 상보성과 그 활동 반경에 대해서는 추후 연구를 통해 깊이 있게 다룰 예정이다.

8) 혜산의 약력에 대해서는 다음의 글들을 참조할 수 있다. 전음광, 『빛은 東方에서』, 원불교출판사, 1986, 462-470; 김성철, 「혜산 전음광의 생애와 사상」, 『원불교 인물과 사상』1, 원광대학교출판국, 2000, 343-345.

종사(1891~1943, 이하 소태산)를 변산에서 처음 조우한다. 이듬해인 1923년 1월, 혜산은 모친 전삼삼의 연원으로 소태산에게 귀의하여 영부시자녀靈父侍子女의 결의를 맺는다. 1924년 3월경에는 소태산을 수행하여 상경上京, 1개월간 머문 후 돌아와 전주제일보통학교 5학년을 중퇴한다. 그해 5월 혜산은 전음광의 집에서 불법연구회 창립 발기인으로 참여하고, 6월 이리 보광사에서 불법연구회 창립총회를 개최한다. 이 행사 후에 혜산은 소태산으로부터 '음광飮光'이라는 법명을 받는다.9)

혜산은 1926년부터 상조부 서기로 근무하고 같은 해 수위단 대리 단원으로 선정된다. 1928년에는 중앙총부 교무부 서기를 역임하고 1929년에는《월말통신》회설반 기자로 매월 논설을 전담 집필한다. 1931년에는 교과서 편찬업무를 전담하여 초기교서인『통치조단규약』을 편찬 발간함으로써 원불교 초기교서 발간의 책임자가 되기도 한다. 1932년에는 연구부장 겸 총무로 승진하면서『육대요령』을 발간하며, 《월말통신》을《월보》로 다시 제작하는 일을 진행한다. 1935년에는 교무부장을 맡으면서『조선불교혁신론』과『예전』을 1936년에는『회원수지』, 1937년에는『불법연구회약보』를 발간하는 일에 전념한다. 1938년에는 종법실 법무로 선임되고 1939년에는 정수위단 제1회 보결 및 대리선정식에서 '혜산惠山'이라는 법호를 소태산에게 받는다. 1940년에는《회보》65호를 최후 호로 폐간을 당했으며, 1941년에는 서정원장 등을 역임하고, 이후 서무부장, 공익부장, 산업부장 등에 봉직하면서 20년간 전무 출신으로서 원불교 초기교단 형성에 기초가 되는 일을 수행한다.

---

9) 전음광은 1924년 5월 3일 서중안, 송만경, 이청춘, 이춘풍, 문정규, 박원석 등과 함께 소태산 대종사를 모시고 〈불법연구회창립 발기인 회의〉를 개최한다. 불법연구회 창립총회 후 혜산은 '음광飮光', 그의 모친은 '삼삼參參', 부인은 '동화動華'라는 법명을 각각 받게 된다. 1925년에는 익산 총부 옆에 사가를 짓고, 이 사가를 제1회 불법연구회 정기훈련 선방으로 활용한다.

이처럼 혜산은 원불교 초기교단의 어려운 일을 도맡아가며 소태산의 사상을 해석하고 보급한 교리 해설자이자 초기교단의 비전을 제시한 창업의 선구자였던 셈이다. 또한, 그는 웅변가로서의 면모를 지니고 있어 늘 기운 있는 음성으로 청중을 감화했으며, 예리한 필치로 문제의 핵심을 잡아 논리를 전개한 명 논설가로 기억된다. 혜산은 1928년 창간된 교단 초기 기관지인《월말통신》과《회보》의 회설을 통해 교단과 인류의 방향성을 제시하며 소태산의 사상과 경륜을 해석 보급하는 작업을 적극적으로 전개해 나간다. 동시에 모든 조직과 제도상에 나타나는 문제를 보완하고 개혁하고자 했던 혁신가였다. 특히 혜산은 일제강점기 시절의 삼엄한 경계와 탄압 속에서도 소태산을 보필하는 보조자와 외교 문제를 해결하는 조력자의 역할도 충실히 담당한다. 혜산은 초기교서인『불법연구회규약』,『육대요령』,『예전』,『조선불교혁신론』등이 발간될 때 저작자 겸 발행자가 되어 삼엄한 일제 탄압의 방패막이 역할을 자처하기도 한다. 동시에 초기교서와 얽힌 법률적인 문제를 간파하고 속속들이 처리할 줄 아는 법률가였다.

1945년 혜산은 비로소 교단의 공직에서 벗어나 자연인으로서의 삶을 살게 된다. 그는 1960년 7월 21일 51세의 나이로 열반에 이르기까지《월말통신》,《월보》,《회보》등을 통해 총 95편의 회설 중 83편의 글을 쓸 정도의 왕성한 집필가였다.[10] 내부적으로는 소태산의 교리를 해설하고 외부적으로는 자기와 자기 가족만을 위하려는 이기심利己心을 내려놓고 사회나 국가 그리고 세계와 교단 전체를 위하는 공도 정신의 실천자이기도 했다. 그의 이런 공도 정신의 바탕에는 교단에 대

---

10) 회설은《월말통신》12호부터 46호까지 34호까지 34편,《회보》65호까지 65편으로 총 95편이다. 이중 혜산이 남긴 회설은 83편으로 파악된다. 이를 포함해 혜산은 법설기록 13건, 감상 5건, 논설 2건, 문목해결건 1건, 교법제정안 1건, 제칙 1건, 의견안 1건, 인물소개 1건, 시 2건, 보고서 1건, 회의록 1건 등을 남긴 것으로 조사된다. 전음광,『빛은 東方에서』, 469.

한 성심도 작용하고 있었겠지만, 언론인으로서의 파르헤지아적인 면모가 있기에 가능한 것이기도 할 것이다. 일찍이 미셸 푸코가 언급한 바 있는 파르헤지아는 자신을 위해 삶에 대한 위험을 감수하면서까지 진실을 말하는 '언어 활동verbal activity'으로 요약된다.11) 푸코의 비유를 들어 말하자면 "세상 모든 이의 인생이 각각 하나의 예술작품이 될 수는 없을까? 왜 램프나 주택과 같은 것들은 예술의 대상이 되는데, 사람의 인생은 예술작품이 될 수 없다는 말인가?"에 대한 우문은 사람만이 예술작품이 될 수 없기 때문에 다른 대상을 도구로써 활용한다는 현답과 연계된다.

그런 점에서 혜산은 원불교 초기교서인 『불법연구회규약』 등이 발행될 때 소태산을 대신하여 스스로 저작 겸 발행인을 자처한다. 이 과정에서 그는 이리 고등계 형사에게 연행되어 심문을 받기도 하지만 그때마다 그는 교단의 만대를 생각하여 초기교단의 언론을 대행하기에 이른다. 역사기록 의식도 남달라 그는 카메라맨으로서도 왕성한 활동을 보인다. 그는 경제적으로 큰 비용이 드는 사진을 위해 개인 재산으로 사진술을 익히고 강습을 받고 암실을 만들어 교단에 많은 사진을 남기기도 한다. 혜산의 파르헤지아적인 면모는 소태산 사상을 더욱더 새롭게 해석하고 대중에게 보급하는 역할에 도움이 되었을 가능성

---

11) 파르헤지아는 미셸 푸코의 저작 『주체의 해석학』의 후반부에 빈번하게 등장하는 용어이다. 푸코에 따르면, 파르헤지아는 화자가 진실에 대한 개인적인 관계를 표현하고, 자신을 위해 삶에 대한 위험을 감수하면서까지 진실을 말하는 '언어 활동verbal activity'으로 요약된다. 이는 "삶에 대해 안정적이고 관습적인 평안을 추구하는 것이 아니라, 자기 양식의 개발을 위해 대중적이고, 시각적이며, 볼거리이고, 자극적이며 그리고 때로는 스캔들적인 방식으로 파르헤지아적 실천하는 주체라고 푸코는 말한다. 즉 사유와 원칙, 그리고 담론과 자신의 삶의 양식이 일치하도록 실천하는 주체"인 것이다. 김경희, 「미셸 푸코의 '진실의 용기'에 대한 소고」, 『여성연구논집』 26, 2015, 신라대학교 여성문제연구소, 23 참조.

이 크다. 교단 초기 발간한 《월말통신》, 《월보》, 《회보》 등의 회설 또한 이런 특징과 맥락에서 가늠된다. 특히 기관지의 회설을 통해 그가 드러내는 목소리는 기본적으로는 소태산 사상이 근간이지만, 그 기저에는 자신만의 주관과 사견 그리고 자기 삶의 양식을 위한 파르헤지아적 성격이 짙게 묻어난다. 원불교 교단관이 엿보이는 「대업을 완성토록 용왕매진하라」나 소태산의 예회 참석을 권장하는 회설 「돈버는 방식」 같은 법문은 이러한 혜산의 특징을 잘 대변한다. 그는 소태산의 말씀을 기반으로 자신의 목소리를 얹음으로써 구체적인 실천자의 모습을 형상한다. 그의 파르헤지아적인 특성과 면모는 결과적으로 「사람은 만물의 도적이다」에서처럼 "인류는 이 세상 최령최귀한 동물"이며 "가정사회의 흥망과 국가세계의 성쇠가 다 인류의 작용에 있나니" 우주의 주인이자 만능의 패권자인 사람은 파르헤지아적인 면모 속에서 정의로워져야 함을 강조한다. 또한, 사람이 어떠한 방식으로 정의를 실현하고 실천해야 하는지에 대한 방향성을 제시한다. 이러한 모습 속에서 우리는 일제강점기 초기교단의 언론인이자 기관지 편찬 발행인으로서 혜산이 감당해야 했던 인간적인 성숙과 고투를 호기심 어린 눈빛으로 바라보는 계기를 획득하게 된다.

3. 기관지 발행의 의미와 원불교의 문화 운동

1) 기관지 발행과 대중계몽의 훈도薰陶

기록에 의하면 우리나라에 처음 잡지 형식의 간행물이 등장한 시기는 19세기 말이다. 1892년 1월 선교사 올링거Ohlinger 부부가 창간한 이후 아펜젤러와 존스의 편집으로 1899년까지 발간된 *The Korea Repo-*

*sitory*가 우리나라에서 발행된 최초의 잡지로 알려져 있다. 물론 이 잡지는 한국어로 쓰인 잡지가 아니라는 점에서 최초의 한국 잡지라고는 할 수 없다.[12] 하지만 종교기관에서 발행되는 잡지의 경우 오히려 일본의 감시와 통제를 피해 대중에게 더 많은 깨우침과 다양한 정보를 통해 대중계몽에 앞장설 수 있다는 점에서 그 의미가 매우 깊다. 주지하다시피 잡지는 전통적 지식 체계를 근대적으로 전환하는 매체의 역할뿐 아니라 지식문화의 변화에도 발 빠르게 대응할 수 있는 산물로도 이해된다. 잡지는 새로운 정보와 지식을 대규모로 생산하여 유통할 수 있다는 점에서 대중의 의식세계에 커다란 변화를 주는 매개인 것이다.

원불교 초기교단에서 변화하는 시대적 현실과 내용을 가장 빠르게 자각하고 실천으로 옮긴 이는 혜산이다.[13] 그는 원불교 초기교단의 기관지인 《월말통신》, 《월보》, 《회보》의 회설 기자이자 집필자이자 《회보》의 편집 발행인으로서 언론에 대한 방향성과 동시에 그 사명감에 대해서도 명확히 이해했던 사람이다. 혜산은 1929년 《월말통신》 회

---

12) 한국 최초의 잡지는 '재일본 동경대 조선유학생 친목회'의 기관지인 《친목회회보》(親睦會會報)이다. 이 잡지는 일본에 유학한 조선 학생들 간의 친목 도모와 정보교환을 목적으로 1895년 2월 창간된다. 이후 《대조선독립협회 회보》, 《대한자강회 월보》, 《서우》(서우학회), 《서북학회 월보》, 《호남학보》(호남학회), 《기호흥학회 월보》 등 학회의 기관지들이 연이어 발간된다. 그러나 이들 학회 및 단체의 회지는 자신들의 단체에 소속된 회원들을 대상으로 한 간행물로 회원 공통의 관심사를 반영하는 내용이라는 점에서 일반인들을 대상으로 한 잡지는 아니었다. 양윤모, 「해방이전 한국 근대 잡지의 전개 과정 연구」, 『한국융합인문학』 4/3, 2016, 한국융합인문학회, 30-31.

13) 혜산은 《월말통신》의 회설에 앞서 "우리 회원의 지견 발달과 상식 보급을 도圖키 위하여 월말통신보다 갱일층 구체적인 기관잡지를 발행하여 공부 사업 양방면에 통일적 지도를 베풀자"며 "실독자 100여 인에게 10전씩 받으면 기관지를 간행할 수 있다"고 구체적인 의견도 제시한다. 소태산은 혜산의 이 의견 안에 대해 갑을 정하여 영원부로 채용할 것을 결의하나 독자를 모집한 후 정식 결정하기로 한다.

설반 기자 및 집필자로 교단 언론에 첫발을 들여놓은 이후, 1940년 회보가 폐간될 때까지 교단의 비전과 대중계몽의 자각을 위해 회설 95편 가운데 83편을 집필한다. 이때 《월말통신》은 대종사 법설 대종사 법설, 회설, 교단소식, 공지사항, 총부와 교당의 법회록, 교도들의 감각 감상, 교리해설, 인사 동정, 문예작품 등을 싣고 있어 미약하나마 기관지의 언론 역할을 대행하기도 한다.

월말통신이 경제 사정과 제반 사정 등으로 휴간되자 혜산은 교과서 편찬업무에 전념하면서 『통치조단규약』, 『육대요령』 등을 발간한다. 1932년 연구부장 겸 총무로 승진한 그는 《월말통신》 주간을 맡게 되면서, 《월말통신》 35호를 등사판으로 발행한다. 이 다음 호부터 《월말통신》은 《월보》로 이름을 바꾸어 간행되기에 이른다. 혜산이 월보 주간을 맡으면서 교단 언론은 비약적으로 발전한다. 등사판으로 바뀌면서 부수도 대폭 상승하게 되는데, 이때의 《월보》 발행 부수는 최소 20부에서 최대 70부까지 발행된 것으로 기록된다. 《월보》에 실린 내용은 《월말통신》의 내용과 비슷하였고, 이때 《월보》 44호에 혜산의 유명한 회설 중 하나인 「빛은 동방에서」가 발표된다.

하지만 그의 노력에도 불구하고 《월보》는 1933년 5월 47호까지 발행되다 48호가 총독부의 인가를 받지 않았다는 이유로 일경에 압수되어 폐간을 통보받는다. 《월보》가 폐간되자 혜산은 그해 9월 총독부의 정식 허가를 통해 《회보》를 창간한다. 이때의 발행인은 전세권(음광)으로 등록된다. 이때 《회보》의 12호까지는 등사판으로 발행되나, 혜산은 인쇄간행에 대해 남다른 의지와 신념을 가지고 있어 인쇄간행에 대한 혁신을 꿈꾼다. 그는 1929년 기관잡지 발행을 제안한 지 4년 후인 1933년 《회보》 5호에서도 「회보를 인쇄할 필요에 대하여」라는 회설을 통해 그 의지를 표명한다. 1928년 5월 《월말통신》이 창간될 당시 미농지 다섯 장 사이에 묵지를 끼우고 골필로 눌러쓰던 묵사본 방식과 《월보》의 간행 방식이던 등사판 방식을 벗어나 인쇄간행의 혁신이 필요함을 그는 자각한 것이다. 맨 처음 묵사본 방식으로 제작된 《월말통신》의 발행 부수가 겨우 5부였음을 고려하면 혜산의 인쇄개혁 의지는 어쩌면 당연한 절차처럼 여겨지기도 한다. 이러한 혜산의 노력과 이공주 종사의 특지에 힘입어 《회보》 13호부터는 활자판으로 인쇄되어 간행되는 변혁을 맞게 된다.

혜산의 인쇄 개혁에 대한 의지는 언론을 대변하는 매체 혹은 기관지가 얼마만큼 민중을 계몽하고 그 정신을 깨치는 데 중요한 역할을 하는지를 방증한다. 그는 1935년 《회보》 13호의 회설 「회보를 인쇄함에 제하여」라는 기고를 통해 대중계몽의 자각 의지를 밝힌다.

> 첫째에 본보로 말하면 다른 사회의 잡지 또는 기관지와 같이 아직 외부의 화려한 장식을 힘쓰지 않으며 내부에 있어서도 된 말 안 된 말을 모아서 매수의 풍부함만을 바라지 않는다. (중략) 문맥은 좋고 의미가 충실치 못하는 것보다는 차라리 문맥은 약간 불완전하더라도 의미에 있어 충실한 것이며, 또 **난문難文과 난자難字를 쓰는 것보다 대중적으로 이해할 수 있는 간이 평범한 문구를 환영한다.** 더우기 외부의 시사 논평보다도 될 수 있는 대로 우리 공부 우리 사업에 대하여 많은 평론과 고상한 의견 진술이 있음을 바라나니 이것을 양해아여야 되겠으며, 또는 본 집병자에 있어서도 다른 기사를 쓰는 것보다 주로 종사님의 법설과 회원의 감각 감상 의견 처리 문목 등을 정선하여서 발표하겠고, 그 외에도 역시 우리 집 우리의 목적에 부합한 의미로 제출한 회원의 논문, 시, 소설이나 교리 해설, 각종 예문 및 규약등으로써 회보의 사명을 다하고자 하나니, 명칭과 내용에 있어서 사회 잡지와는 근본적으로 차이가 판연한질, 우리는 이 회보를 일개 잡지로 볼 것이 아니요 오직 한 개의 보경寶經으로서 신중히 취급하여 숙독하여야 할 것이다.[14)]

혜산은 인쇄의 혁신에 붙여 대중적으로 이해할 수 있는 간이 평범한 문구를 환영하고 추구하기에 이른다. 형식적으로도 《회보》 13호부

---

14) 전음광, 『빛은 東方에서』, 297. 밑줄 필자 강조.

터는 국판 50쪽 내외의 활자본 200부 정도가 발행된다. 《회보》의 정기 독자도 생겨나 분량 또한 80쪽으로 늘어나게 된다. 더욱 중요한 것은 혜산의 《회보》 편집 방향이 대중 지향성을 지녔다는 점이다. 또한, 《회보》의 본문은 종서(세로쓰기) 14행, 4호의 국한문 혼용으로 한자 옆에 한글로 작은 활자를 붙임으로써, 대중이 더 쉽게 《회보》를 접할 수 있게 만든다. 1935년 《회보》 13호에서 밝힌 편집 방향과 혜산의 대중계몽에 대한 의중은 사실 1929년 간행된 《월말통신》 17호의 「기관지 발행에 대하여」와 1933년 12월에 간행된 《회보》 5호의 「회보를 인쇄할 필요에 대하여」의 연장선에서도 파악해 볼 수 있다. 먼저, 그의 기관지 발행에 대하여서는 "기관지는 그 사람과 사람을 모은 단체나 사회의 호흡이다. 즉 생生의 기관機關이다. 시대時代에 적응適應한 문물文物과 사조思潮를 때때로 주입注入하여 자는 자로 하여금 근면케하고, 쉬는 자로 하여금 동動하게 하여 그 사회 그 단체의 생명을 유지하게 한다. 다시 말하면 기관지는 사람의 정신을 이끄는 기관차다"라고 강조한다.15) 이는 혜산이 한 단체나 기관에서 발행하는 기관지의 역할이 얼마나 중요한지를 강조한 또 다른 사례 중 하나라고 할 수 있다.

이렇듯 혜산이 보기에 기관지는 사회나 단체의 호흡으로 설명되고 이해된다. 또한, 시대에 적응한 문물과 사조를 때때로 주입하여 잠자는 자로 하여금 일어나게 하고, 게으른 자로 하여금 근면하게 함으로써 사회나 단체의 생명을 유지하는 촉매제가 되고 있음을 그는 간파한 것이다. 여러모로 어려웠을 초기교단 사정에도 그는 끊임없이 기관지와 언론의 중요성을 인식하고 자각했던 셈이다. 혜산은 《월말통신》이 《월보》로, 다시 《회보》로 제호를 바꾸어 발행하는 동안에도 프린트로 발행하며 인쇄의 필요성을 더욱 역설한다. 혜산은 《회보》를 불법연구회의 힘줄과 피를 잘 활동하게 하는 촉매제로 판단하면서 자신의 의견에

---

15) 전음광, 『빛은 東方에서』, 289.

대해 「회보를 인쇄할 필요성에 대하여」를 통해 다음과 피력한다.

또 여러분의 자체에 있어서는 이 기관지가 능히 선생도 되고 듣는 귀도 되고 말하는 입도 됩니다. 되어도 보통 선생과 귀와 입이 되는 것이 아니라, 말할 수 없는 훌륭한 선생과 귀와 입이 됩니다.

보십시요, 여러분이 무엇을 배우고자 하여 선생을 정한다 하더라도 그 선생을 먼 지방에 두고 보면 아무리 열성 있는 선생일지라도 매월마다 찾아다니며 여러 가지 일을 가르쳐 주지 못할 것이요, 또 선생을 집에 데려다 둔다 하더라도 그 먹고 입는 수백원의 비용을 담당하여야만 되지 않겠습니까. 그러나 이 기관지의 선생이야말로 수백리 밖에 있다 하더라도 매월마다 여러분의 바라는 모든 법을 쫓아가서 가르쳐 드리게 되었으며, 그 선생을 한 집에 둔다 하더라도 의식 비용 걱정할 것 없이 단돈 이십전만 주면 만족할 것입니다. 오죽이나 허물 없고 편리한 선생입니까. 또 여러분의 귀는 아무리 잘 듣는다 하더라도 한 방에서 하는 말소리나 또는 몇 간 밖에서 하는 소리 밖에 못 듣게 되지요. 그러나 이 기관지를 통하여서는 몇 백 몇 천리 밖에 있는 사람의 말을 한 자리에서 듣게 되니 오죽이나 넓고 긴 귀입니다. 또 여러분의 입도 즉 말하면 한방안에 들릴 것이요, 고함을 친다 하더라도 몇 정町 외는 안 들릴 것입니다. 그러나 이 기관지를 통하여 하는 말소리는 능히 천 사람 만 사람을 대하여 한꺼번에 말할 수 있을 것이며, 그 고함 소리는 몇 천 몇 만리에 울릴 것이요 나아가 시방 세계를 우렁차게 흔들 것이니, 오죽이나 장한 일입니까. 그러므로 암매한 전 시대는 모른다 하더라도 20세가 문명시대에 있어서는 무슨 사업이나 대중을 집합하여 진행하기로 하면 반드시 먼저 이 기관지의 발간을 꾀하게 되는 것은 이러한 내용적 중대한 관계가 있는 까닭입니다.[16]

혜산은 대중의 계몽과 자각에 대한 열성이 이렇듯 강한 사람이다. 인용한 글에서도 알 수 있듯이 기관지는 그 글을 읽는 사람들의 훌륭한 선생인 동시에 문해 교육을 담당하는 교육자의 역할도 수행한다. 또한, 경제적으로나 공간적으로 제약될 수밖에 없는 교육의 환경을 이 기관지는 아주 효율적인 방식으로 해결한다. 물론 작은 시야에서 판단하면 그의 사유는 원불교도에게만 국한되어 있는 것처럼 보일 수도

---

16) 전음광, 『빛은 東方에서』, 286.

있다. 익히 알다시피 혜산은 《월말통신》 회설 주장에 앞서 「기관잡지 발행 제안의 이유」를 통해 "우리 회원의 지견 발달과 상식 보급을 도 圖키 위하여 월말통신보다 갱일층 구체적인 기관잡지를 발행하여 공부 사업 양 방면에 통일적 지도를 베풀자"[17]라는 의견을 제시한다.

기관지 발간을 통한 문해 교육의 방향성은 사실 역사적으로도 이미 논증된바 있는 이야기다. 일례로 인쇄물의 대량 보급은 사람들이 읽고 쓸 수 있는 능력을 요구하게 된다. 인쇄물의 발달에 따라 대중은 자연스럽게 교육의 필요성과 그 의미를 자각한다. 15세기에 있었던 독일의 문해 교육이 그 대표적인 예이다. 문해 능력을 강조하던 15세기 독일은 가톨릭에 저항하면서 동시에 프로테스탄트들의 의도와도 궤를 같이하게 된다. 프로테스탄트 개혁자들은 성직자 대신 일반 대중이 성경을 읽고 개인적인 신앙을 가질 수 있다고 판단한다. 이는 개인이 성경을 읽을 수 있다는 것을 의미했고, 일반인들에 대한 교육이 반드시 이뤄져야 함을 역설하는 시발점이 되기도 한다.

물론 15세기 독일의 상황을 일제강점기 우리의 상황에 그대로 적용하는 것은 무리가 따른다. 또한, 잡지가 지닌 긍정성을 단순히 특정 종교에 국한하여 판단하고 재단하는 것은 여러모로 편협한 판단을 부른다. 하지만 잡지는 일정한 이름을 가지고 호를 거듭해 가면서 그 다양성을 확보하며 간행 주기에 따라서도 대중의 관심과 호기심을 촉발할 수 있는 매개가 되기도 한다. 아울러, 다양한 내용을 다룬다는 점에서 융합적 성격을 지니게 되며, 어느 한 사람이나 특정 종교의 저술이 아닌 다양한 사람들의 시각을 반영한다는 점에서 이목을 끌 수 있다. 이러한 잡지의 다양성이 만나 민족계몽과 대중계몽의 결과로 이어질 수 있는 것이다.

일례로 일반 대중을 독자로 삼아 발행된 최초의 근대잡지 《소년》[18]

---

17) 전음광, 『빛은 東方에서』, 293-294.

을 보더라도 "소년에게 강건하고 견실하고 궁통窮通한 인물이 되기를 바라는 고로 결코, 연약·나타懶惰·의지依持 허위의 마음을 자극할 듯한 문자는 조금도 내지 아니할 터이요. 그러나 미적美的 사상과 심신 훈도薫陶에 유조有助할 것이면 경뢰輕賴한 것이라도 조금조금 게재하겠소"[19] 라는 말을 통해 잡지가 지닌 성격을 그대로 드러낸다. 혜산이 추구한 기관지를 통한 언론 계몽 활동 또한 이런 맥락과 크게 다르지 않다. 또한, 그가 초기교단의 기관지를 통해 시와 소설 그리고 감각 감상과 같은 글을 적극적으로 게재하고 있다는 점은 더욱 주목해 볼 사실이다. 시와 소설 그리고 감각 감상과 같은 글은 최남선이 이미《소년》의 창간호에서도 밝히고 있듯이 한 민족의 인물들이 강하고 튼튼하고 궁리를 잘하는 인물로 성장하기 위한 교육과 계몽의 목적의식과 부합되는 텍스트적 성질을 지닌다. 결과적으로 혜산이 잡지의 형태를 가진 기관지를 통해 우리에게 전달하려고 한 것은 대중을 문화적으로 계몽하고 새로운 지식을 훈도하려는 일제강점기 종교인의 유일한 민족문화 운동이었던 셈이다.

2) 문예지의 공공성과 공익기관 설립의 당위성 확립

혜산은 문예지의 공공성에 대해서도 깊은 통찰을 가진 인물이다. 여기에서 언급되는 '문예지의 공공성'이란 하버마스가 지적하고 있듯 '문예적 공론장'[20]의 개념에서 변용된 '문예적 공공성'의 부분집합과

---

18) 1908년 11월 1일 육당 최남선에 의해 발행된《소년》은 경영 및 편집이 체계를 갖춘 점, 체제나 내용이 혁신적인 점, 학회 및 단체의 기관지가 아닌 독립적 성격인 점, 불특정한 다수의 독자를 대상으로 한 점 등을 들어 근대 종합잡지의 효시라고 평가받는다. 전영표, 「육당 최남선의 출판행위와 소년지 연구」, 『출판잡지 연구』 12/1, 출판문화학회, 2004.
19)《소년》 창간호(1908. 11. 1.)

도 같다. 문예지의 공공성은 어찌 보면 이데올로기의 숭고한 대상이자 환상의 돌림병에 불과할 수도 있지만, 우리의 일상생활도 뿌리내릴 수 있는 의사소통의 구조이기도 하다. 따라서 문예지의 공공성은 '가상적 현실'인 동시에 언제든 사적 추구가 가능한 영역의 모순 구조를 지니기도 한다. 물론 위에서 언급하고 있는 문예지의 공공성을 객관적인 입장에서 확보하기 위해서는 기본적으로 종교문학의 개념을 정리하는 일이 선행되어야 한다. 하지만 지금까지도 제대로 원불교 문학의 개념이 정립되지 않은 상태에서 일제강점기의 문예지의 공공성과 그 정체성과 개념을 가리는 것은 사실 무리가 따른다. 다른 연구자도 이미 밝히고 있듯 이 문제를 해결하기 위해서는 그 기준이 필요한데, 범박하게는 사상, 소재, 용도, 작자 등의 검토가 요구된다.21) 또한, 일제강점기의 상황을 고려하지 않고 단순히 당대 사회 혹은 현대적 안목에서만 평가하는 일은 주의를 요하는 일이다. 이런 관점을 숙고한 후 종합적으로 판단해 볼 때 혜산이 주도했던 《월말통신》이나 《월보》, 《회보》는

---

20) 하버마스의 공론장 개념은 공론 영역, 공공성, 공론장, 공공권 등 번역자에 따라 혹은 문맥에 따라 다양하게 번역된다. 하버마스는 자신의 초기 저작인 『공론장의 구조변동』을 통해 근대사회의 등장 이후 점차 강화되어 온 공론장에 주목하면서 그 역사적 전개 과정과 정치적 의미를 살펴보고 있다. 이 글에서 언급하고 있는 '문예적 공론장'은 정치적 공론장에서 언어화되고 비판되는 고통의 반영물들이 종교와 예술 그리고 문학의 언어 속에 어떻게 함축성있게 표현되는지에 주목한 개념이다. 넓은 의미에서 문화적 또는 문예적 공론장은 종국적으로 생활세계에 뿌리를 내리고 있는 의사소통구조라는 점에서 주목할 필요가 있다. 김재현, 「하버마스에서 공론영역의 양면성」, 『하버마스의 비판적 사회이론』, 이진우 옮김, 문예출판사, 1996.

21) 이혜화는 『원불교의 문학세계』를 통해 이에 대한 네 가지 기준을 제시한다. 첫째, 원불교 문학에는 '작품의 흐름을 압도하고 주재하는 사상'으로서 원불교 사상이 담겨 있어야 한다. 둘째, 원불교적 소재가 '비중있게' 동원돼야 한다는 점이다. 셋째, 작품의 용도로 보아 그것이 원불교에 얼마나 쓸모 있게 기능하느냐는 것이다. 넷째, 작자의 종교적 소속이나 신분이 원불교 성직자나 교도이냐 여부다. 이혜화, 『원불교의 문학세계』, 원불교출판사, 2012.

교단의 기관지인 만큼 소수 참여라는 한계는 분명하게 드러나게 된다. 집필자로 참여한 대부분이 출가자이며, 이러한 이유로 재가자에게는 발표 기회가 적었다는 점은 아쉬움으로 남을 수 있다. 그럼에도 혜산의 행보에 우리가 주목하는 것은 기관지를 통해 끊임없이 대중과 소통하고 이를 공공성과 연결하려는 노력 때문이다.

혜산은 1932년 《월말통신》에서 《월보》로 이름을 바꾸어 간행하는 동안에도 눈에 띄게 많은 문예 작품들을 소개하고 개재한다. 그는 《월보》의 편집인이 되어 같은 해 음력 5월, 36호부터 이듬해 5월까지 47호를 발간(실제로는 48호까지 발간함)하기에 이른다. 이 과정에서 《월보》는 관청의 허가를 얻지 못했다는 이유로 모두 회수되기도 한다. 주목할 점은 《월말통신》에서 《월보》로 이어지는 호수는 그대로였다는 점이다. 이는 기관지의 발간형태는 달라졌으나 기관지의 성격은 그대로임을 암시한다. 아울러 묵사본이 인쇄본으로 바뀐 점도 눈여겨볼 필요가 있다. 프린트본의 발간 형태는 묵사본과는 달리 수백 부의 인쇄가 가능하다. 앞에서도 언급했다시피 인쇄의 발달은 기관지가 갖는 대중성과 공공성을 대변한다.

더욱 주목되는 것은 기존의 《월말통신》이 대종사 법문과 법회 상황 중심의 회설로 채워졌다면 《월보》에서는 문예지의 기능이 한층 강화되었다는 점이다. 회설과 법문 그리고 각지상황, 의견, 공익 단금(團金) 수입상황, 인사 동정, 광고뿐 아니라 시와 수필, 기행문 등의 문예 작품까지 적극적으로 개재하고 있다는 점은 여전히 눈에 띄는 대목이다. 물론 이 시기의 문학 잡지는 이광수가 주재한 《조선문단》이 문예잡지의 역할을 대표한다.[22] 《조선문단》은 1924년부터 1935년까지 통권 26호까지 발행되는 동안, 동인지 체제의 협소함과 폐쇄성을 넘어 개방적

---

22) 《조선문단》과 《시문학》에 대한 언급은 차혜영의 글을 참조함. 차혜영, 「《조선문단》 연구」, 『한국문학이론과 비평』 32, 2006, 한국문학이론과 비평학회, 195-208 참조

이고 범 문단적 공기公器 역할을 했다는 문단사적 위상을 확보한다. 또한, 《조선문단》은 작시법, 소설작법 및 문학개론류, 문학 교과서에 해당하는 입문 내용의 글들과 '각국 문학 개관'이라는 이름으로 국가와 국민문학 단위로 소개됨으로써 민족주의 경향을 부각하기도 한다.[23] 또 다른 문예잡지 《시문학詩文學》은 시 전문 잡지로 1930년 3월 5일 창간되어 1932년 3월 15일 통권 4호로 종간할 때까지 40~50면의 얇은 분량이었으나 당대 문단에 미친 영향이 상당했던 것으로 나타난다. 대표적으로 김영랑, 정지용, 이하윤, 박용철, 정인보, 변영로 등 참여한 동인들의 면면과 그들의 시편이 이전 시기의 시들과는 달리 개인의 감정을 자신의 운율과 언어로 표현되고 있다는 점에서 순수서정시의 확립이라는 의미를 지닌다.[24]

나라 안팎으로 문화정치가 시작되고 있는 기류 속에서 혜산은 초기교단 기관지의 성격과 방향성을 문예지의 공공성 확보와 동시에 교단의 공익에도 부합할 수 있는 기조로 이끈다. 그런 이유에서 《월보》에는 유독 많은 사람의 수필이 실리게 되는데, 대표적으로는 대종사 법문의 「사생과 육도」(36호, 서대원 수필), 「자기의 시비를 알지 못함은 상相에 가린 연고이다」(38호, 전음광 수필), 「선후본말을 알라」(40호, 송도성 수필), 「천상락과 인간락」(41호, 서대원 수필), 「미래세상에는 좋은 법문을 들으면 반드시 사례금을 내리라」(45호, 이공주 수필) 등이 이에 해당한다. 위에서 언급한 글들은 《월보》의 매호에 실리게

---

23) 《조선문단》은 「감자」(김동인), 「화수분」(전영택), 「B사감과 러브레터」(현진건), 「탈출기」, 「홍염」(최서해), 「물레방아」(나도향), 「백치 아다다」(계용묵) 등의 작품을 개재하였지만, 수차례 경영자가 변경되는 과정에서 1935년 12월 27일 통권 26호로 종간된다.

24) 《시문학》에 수록된 주요 작품들을 살펴보면 「동백잎에 빛나는 마음」, 「내 마음 고요히 고운 봄 길 위에」, 「내 마음 아실 이」(김영랑), 「선취船醉」, 「바다」, 「호수」, 「석류」(정지용), 「물레방아」(이하윤), 「떠나가는 배」(박용철) 등의 시작품과 예이츠, 하이네, 괴테, 블레이크 등의 번역시가 등장한다.

되고, 이후 대부분의 글들은《대종경》에 수록되기도 한다. 또한, 이 시기《월보》에는 문예작품 또한 많이 등장하는데, 대표적으로 「원각가圓覺歌」(38호, 정산종사), 「영산가靈山歌」(41호 송도성·이공주, 42호 박창기), 「익산지부가」(43호, 양혜성), 「교리송」(44호, 김기천), 「출가곡」(45호, 이공주), 「입회기념가」(47호, 유허일) 등 그것이다. 특히 장편가사인 「원각가」는 정산종사의 오도송悟道頌으로 오늘날 '성가' 106장 '망망한 너른 천지'로도 널리 애창된다.[25] 덧붙여 혜산은《월보》가 지닌 종교 기관지의 역할도 잊지 않고 글을 수록한다. 익히 알다시피 회설은 '불법연구회 기관지《월보》의 사설'이다. 이 말은 기관지에 실리는 글들의 내용과 그 무게 중심을 균질하게 잡아야 한다는 뜻이 포함된다. 따라서 혜산은 이러한 뜻을 잘 살려 「현대문명과 미래도덕」(36호), 「범부로서 할 수 있는 일과 없는 일」(37호), 「도덕과 도인」(39호), 「예회를 존중히 하라」(40호), 「정신의 위력」(41호), 「빛은 동방에서」(44호), 「과학과 도학」(46호) 등의 글도 꾸준히 게재한다.

지금까지 논의한 혜산의《월보》의 편집 방향은 종교 기관지로서의 가치와 문예적 공론장으로서의 가치 모두를 확보하는 수단으로 작용하고 있음을 알게 한다. 양적으로도《월말통신》이 월 1회 발간이었다면,《월보》는 1년간 48호까지 발간하는 특징을 지닌다. 이는 기관지에 실린 글 속에 교도로서의 깨침과 문학적 반응의 양태가 함께 어우러질 수 있도록 하는 혜산만의 기관지에 대한 편집 방향이 집중되어 있음을 가늠하게 한다.

혜산의 이러한 편집 방향과 글의 수록에 따른 자각의 지향점은 결국 초기교단에서 추구하고자 했던 공공성에 대한 물음과 연계된다. 지속하여 강조하듯 혜산은 기관지를 통한 대중계몽 활동에 큰 관심을

---

25) 이 밖에도《월보》에는 「종법원宗法院 중수의연인 방명기」(38호), 「제10회 임신 동선冬禪 입선기」(42호) 등이 실리게 된다.

가졌던 인물이다. 그는 대중계몽 활동과 훈도의 방향성이 종국에는 공공기관의 창립으로 이어져야 함을 지속해서 간파한다. 이러한 혜산의 생각은 「공익기관의 창립을 두고」라는 글에 나타난 비유를 통해 한층 쉽게 이해할 수 있다.

> 한 포수가 있어 기어가는 꿩을 겨냥하여 쏜 탄환이 달리는 노루까지 잡으니 옆에 있어 보는 자 그 포수를 일러 용한 재주 있다 하리라.
> 한 사람이 있어 바다 속에 흐르는 모래를 모아 섬을 만들어 살곳을 차지 못하여 헤매는 인간들을 살게 하고, 뭇 사람이 코 풀어 버린 종이 조작과 떨어져 버린 옷토막이 거름 속으로 들어가 장차 흔적없이 사라지려 할 때 그것을 모아 훌륭한 종이로 다시 만들어 팔며 그 돈을 모아 부자가 되고 그 돈으로써 사회 상 공익 사업을 이루었다면 그 사회 안에 있는 자 칭송하여 마지 않으리라.26)

혜산이 공공기관 창립의 당위성에 관해 관심을 갖게 된 이유는 전통적으로 지금까지의 허식으로 낭비하던 물질을 절약하여 이소성대의 정신으로 공익사업을 전개해야 함이 묻어있다. 혜산은 공익부 설립의 목적에 대한 대표적인 예로 보화당을 들어 설명하는데, 그는 「보화당의 발전을 보고 그 전도前途를 축祝함」이라는 회설에서 공익부라는 것은 개인을 위해 설립되는 것이 아니며, 적어도 본회 전체 회원을 위하여, 나아가 일반사회의 빈곤자를 위하여 조선 재래의 관혼상제나 시대에 뒤떨어진 허례 폐식에 소모되고 낭비되는 금전을 절약할 것을 강조한다. 또한, 보화당이 소기의 사업을 잘 수행할 수 있도록 축하하면서 소태산이 이야기하고 있는 사회참여 정신을 수용할 것을 강력히 촉구한다. 혜산은 이때 이미 소태산의 경륜을 어떻게 실현할 것인가를 고심하면서, 구체적인 방안의 하나로 유아 양생소와 유치원, 학교, 양로원, 병원 등의 설립과 같은 실천 방안을 제안하기도 한다. 이러한 혜

---

26) 전음광, 『빛은 東方에서』, 275.

산의 구체적인 실천 방안은 불법연구회에서 기본적으로 지향하고 있던 근검 사상의 내면화와 그대로 일치한다. 1919년 3·1운동이 일어나던 해에도 불법연구회는 기성조합을 조직하고 불법에 기초한 교단 형성을 선언한다. 기성조합은 일종의 교단 결성을 위한 준비 모임으로 조선 지배를 가혹하게 행하던 물질문명 앞에서 조선의 민중운동을 폭력적으로 진압하고 지배하던 일본에 대한 비판이 함의된 것으로 추측된다. 하지만 일본에 대한 비판을 소태산은 민족적 분노의 방식을 다른 방식으로 깨우치면서, "민족적 분노를 인내로 극복하고, 그 정력精力은 근검과 성심誠心의 내성주의적 방향"27)으로 향해야 한다는 종교적 확신을 강조하게 된다. 당연히 이러한 기조는 1919년의 3·1운동의 적극적인 참여보다도 불법연구회를 통한 실천과 창립에 주목할 수밖에 없는 양상으로 흐른다. 혜산 또한 소태산의 의견을 수용하면서 불법연구회의 교리라 할 수 있는 사은四恩을 통해 피은被恩의 방식을 이해한다. 여기에서 말하는 사은이란 천지은天地恩, 부모은父母恩, 동포은同胞恩, 법률은法律恩이다. 이중 동포은과 법률은은 분分의 사상이 그대로 암시되어 나타난다. 그 의미를 잠깐 살펴보면 동포은은 세상 사람들이 사농공상士農工商으로 각각 일함으로써 자리이타自利利他로 서로 도우면서 생활하는 피은이다. 법률은은 개인과 가정 그리고 사회와 국가에 따라 차원이 다른 법이 존재하는 데 사람이라면 그 법이 없이는 살 수 없기에 이것 또한 피은으로 인식한다.28)

여기에서 말하는 사은은 혜산이 인식하고 있는 바와 같이 일상생활의 궤적인 실천 방안으로서 사요四要로 제시된다. 사요는 남녀의 차별 없이 자기의 직업에 근엄실적謹嚴實直의 실천을 설한 것으로서 '자력양성自力養成'을 의미한다. 지자본위智者本位란 계몽사상의 하나로 과거처

---

27) 조경달, 「식민지 조선에 있어 불법연구회의 교리와 활동」, 283-284.
28) 조경달, 「식민지 조선에 있어 불법연구회의 교리와 활동」, 285-286.

럼 차별할 것이 아니라 지혜로운 자는 어리석은 자를 잘 가르쳐 인도해야 한다는 것이다. 타자녀교육他者女敎育은 교육이 만인에게 열려 있으니 모든 사람이 힘을 다해 교육을 실천할 것을 강조한다. 이것 또한 교육을 통한 계몽사상의 일종으로써 교육의 중요성이 강조되고 있는 대목이다. 마지막으로 공도자숭배公道者崇拜는 전문 교육을 통해 공도公道 헌신하는 사람을 칭송해야 함을 설명하고 있다.

지금까지 설명한 바와 같이 혜산이 담당했던 초기교단 기관지 발행은 단순히 물질적인 행보만을 의미하지 않는다. 좁게는 교단의 확장이지만 넓게는 불법연구회를 통한 또 하나의 원불교의 민족문화 운동이자 대중 계몽운동인 셈이다. 또한, 문예지의 공공성을 통해 국가와 사회의 공익성을 확립할 수 있는 공공기관 설립의 당위로도 이어진다. 이 외에도 평생에 걸친 혜산의 문화적, 교리 실천적 행보는 일제강점기의 민족운동이나 문화 운동이 반드시 투쟁의 성격을 통해서만 이루어지는 것이 아님을 다시금 상기시킨다.

4. 맺음말

이 글은 원불교 초기교단 언론의 선구자이자 문화활동가였던 혜산 전음광 대봉도에 대한 관심과 이해를 일제강점기 문화 운동의 관점에서 바라보고 다시금 재고하고자 하는 의미를 지니고 있다. 혜산은 원불교의 전신인 불법연구회의 문자보급운동을 시작으로 초기교단의 기관지 발행을 맡아 적극적으로 추진한 인물로 평가된다. 또한, 문화활동가와 교리 해설가로서 교단의 공도 정신을 실천한 대표적인 인물이라 할 수 있다.

특히 그가 일제강점기에 편찬한 《월말통신》과 《월보》,《회보》는 단순히 종교적 맥락에서뿐 아니라 대중계몽의 성격에서도 재고할 필요성이 재확인된다. 그는 《월말통신》과 《회보》 등의 다양한 회설을 통해 교단과 인류의 방향성을 제시하였으며, 소태산의 사상과 경륜을 교도들에게 보급하는 일을 적극적으로 전개하고 도모한다. 또한, 교단의 조직과 제도상에 나타나는 문제를 보완하고 개혁해 나가면서 소태산을 보필하는 조력자의 역할 또한 충실하게 담당해낸다. 이러한 혜산의 모습은 단순히 원불교 교도로서의 공도 정신 뿐만 아니라 미셸 푸코가 언급한 바 있는 '파르헤지아'의 면모로도 해석될 수 있다. 파르헤지아는 자신을 위해 삶에 대한 위험을 감수하지만, 궁극적으로는 대중을 계몽하고 깨우침을 주는 존재로서의 자화상의 모습을 갖추기도 한다.

이러한 혜산의 모습은 기관지의 발행을 통한 대중계몽의 훈도薰陶로 연계된다. 1919년 3·1운동을 기점으로 일본의 문화통치가 시작된 후 우리 민족 잡지발간의 사정은 그리 녹록하지 않았다. 이때에도 혜산은 1940년 《회보》가 폐간될 때까지 교단의 비전과 대중계몽을 위해 회설 95편 중 83편에 달하는 글을 집필한다. 특히 인쇄 방식에 대한 깊은 고심과 그의 편집 방향은 단순히 초기교단의 포교를 넘어 사회와 단체의 계몽에까지 그 사상이 이르게 된다. 또한, 대중이 쉽게 이해하고 깨칠 수 없는 '난문난자難文難字'보다는 대중성이 있는 평범한 문구를 통해 문해 교육의 실천적 방향성을 제시하기도 한다.

결과적으로 혜산의 기관지 편찬에 대한 통찰과 실천은 문예지의 공공성을 통한 의사소통의 구조를 확립하고 나아가 원불교 교리라 할 수 있는 사요四要의 인식과 함께함으로써 공공기관 설립의 당위성과 교육을 통한 대중 계몽적인 헌신을 강조하게 된다. 이러한 혜산의 공도와 헌신의 모습은 단순히 원불교 초기교단의 언론인 모습이나 교리 해설가의 역할로 한정할 게 아니라, 그 시절 종교인이 실천할 수 있었던 대중계몽과 문화 운동의 일환으로 재평가해야 하지 않을까 한다.

참고문헌

전음광, 『빛은 東方에서』, 원불교출판사, 1986

김경희, 「미셸 푸코의 '진실의 용기'에 대한 소고」, 『여성연구논집』 26, 신라
    대학교 여성문제연구소, 2015
김성철, 「혜산 전음광의 생애와 사상」, 『원불교 인물과 사상』1, 원광대학교출
    판국, 2000
김재현, 「하버마스에서 공론영역의 양면성」, 『하버마스의 비판적 사회이론』,
    이진우 옮김, 문예출판사, 1996
김홍철, 『한국 신종교사상연구』, 집문당, 1989
아리엘 수아미, 『스피노자의 동물 우화』, 강희경 옮김, 열린책들, 2010
양윤모, 「해방이전 한국 근대 잡지의 전개 과정 연구」, 『한국융합인문학』 4/3
    호, 한국융합인문학회, 2016
이혜화, 『원불교의 문학세계』, 원불교출판사, 2012
전영표, 「육당 최남선의 출판행위와 소년지 연구」, 『출판잡지 연구』 12/1, 출
    판문화학회, 2004
조경달, 「식민지 조선에 있어 불법연구회의 교리와 활동」, 『원불교사상과 종
    교문화』 6, 박맹수 옮김, 원불교사상연구원, 2016
차혜영, 「『조선문단』 연구」, 『한국문학이론과 비평』 32, 한국문화이론과 비평
    학회, 2006.

《경성일보》(1941. 10. 22.)
《매일신보》(1935. 5. 9.)
《사상휘보》 22, 1940
《소년》(1908. 11. 1.)

《조선일보》 (1934. 8. 3.)

[www.wonnews.co.kr]
[www.i815.or.kr]

동양의 정신문화와 오리엔탈리즘*

오리엔탈리즘적 불교관과 유교관의 비판을 겸함

한자경
이화여자대학교 철학과 교수

1. 오리엔탈리즘, 무엇이 문제인가

1978년 사이드E. Said(1935~2003)의 저서『오리엔탈리즘』이 출간되고 나서 정치 경제 및 철학 문학 예술 등 거의 모든 분야에서 오리엔탈리즘과 그 극복에 대한 논의가 활발하게 일어나고 있다. 사이드는 "오리엔탈리즘은 동양을 지배하고 재구성하며 억압하기 위한 서양의 방식"[1]이라고 말하며, 그것을 푸코의 "지배담론", 그람시의 "헤게모니(문화적 주도권)" 개념을 갖고 설명한다.[2] 서양은 동양 여러 나라를 무력으로 식민지화하였으며 팔레스타인 사람을 고향으로부터 쫓겨나게 만들었고 그러면서도 이라크와 이란과 북한을 악의 축으로 규정하였다. 그런 서양이 동양에 대한 자신들의 침략과 횡포, 지배와 억압을

---

* 이 글은 〈한자경,「서양화의 물결과 우리의 시선-오리엔탈리즘적 불교관과 유교관의 비판을 겸함」,『원불교사상과 종교담화』제81집, 원불교사상연구원, 2019〉에 수록된 내용을 수정·보완한 것임.
1) 사이드,『오리엔탈리즘』, 박홍규 옮김, 교보문고, 2018(1991초판), 18.
2) 그 책이 중점적으로 다룬 서양은 18세기 이후의 영국과 프랑스 그리고 2차 대전 이후의 미국이며, 동양은 그의 고향 팔레스타인을 포함한 중동과 북아프리카의 아랍사회이다.

정당화하기 위해 만들어내는 이야기(담론)가 '오리엔탈리즘'이다. 동양의 전통 경제 체제를 서양의 노예제나 봉건제와 동일시하면서 혁명을 위해 서양의 간섭이 불가피하다고 본 마르크스는 "그들(동양)은 스스로 자신을 대변할 수 없고 다른 누군가에 의해 대변되어야 한다"고 말하였고, 인도 식민화에 앞장선 영국의 제국주의 정치가 디즈레일리는 "동양이라고 하는 것은 평생을 바쳐야 하는 사업이다"라고 말하였다.3) 서양은 자신들이 기본적으로 합리적·논리적이고 개방적·진보적이며 관용적·박애적이고 도덕적·자율적인데 반해, 동양은 비합리적·비논리적이고 폐쇄적·보수적이며 억압적·이기적이고 비도덕적·타율적이라는 견해를 철학과 문학, 영화와 예술을 통해 전 세계에 퍼트린다. 이처럼 동양을 침탈한 서양 제국주의자들이 제멋대로 만들어 퍼트리는 왜곡된 동양관을 '오리엔탈리즘'이라고 한다.

그런데 한 세력이 다른 지역, 다른 민족, 다른 문화를 공격하고 약탈하고 파괴시킨 경우가 어찌 근대의 서양 제국주의뿐이겠는가? 페르시아(키루스)는 바빌로니아를 무너뜨렸고, 마케도니아(알렉산더)는 페르시아를 멸망시켰다. 훈족으로 인해 이동한 게르만족이 서로마를 멸망시켰고, 이슬람은 한때 이베리아반도와 북아프리카와 중앙아시아를 점령하였으며, 몽고족(징기스칸)도 한때 아시아와 유럽까지 세력을 확장하였었다. 나아가 군사적으로 우월한 지위를 가진 세력이 자신에게 밀린 주변을 폄하하고 무시하고 멸시하는 것이 어디 근대 서양뿐이겠

---

3) 위의 두 인용은 사이드가 '오리엔탈리즘'의 동양관을 제시하기 위해 그 책 서두에서 제시한 문장이다. 사회주의이든 자본주의이든 오리엔탈리즘을 함축한 서양사상임을 알 수 있다. 마르크스는 "(동양의) 목가적인 촌락공동체는 언제나 동양적 전제정치의 견고한 기초가 되었으며, 인간정신을 가장 좁은 범위로 속박하고 미신에 대한 무저항으로, 전통적 규범의 노예로, 인간의 모든 존엄과 역사 발전의 에너지를 박탈하였다"(271쪽)고 말한다. 그는 영국의 인도 지배를 분석한 후 서양이 아시아의 질서를 파괴함으로써 아시아가 사회혁명의 길로 나아가는 것이 아시아를 구제하는 것이라고 생각하였다.

는가? 강대국 로마는 그 주변 집단을 미개한 '야만인(바바리안)'이라고 불렀고, 중화주의에 빠진 중국은 그 주변을 '오랑캐'라고 불렀다.

다른 침략자들과 마찬가지로 근대 서양은 무력으로 전 세계를 장악하였다. 무력으로 아메리카와 호주의 원주민을 학살하고 아프리카 대륙의 흑인을 사로잡아 노예로 삼았으며 중국에 아편을 팔아먹으려고 전쟁을 일으키고 인도에 동인도 회사를 세워 식민지화하였다. 서양의 과학 기술은 첨단의 무기 제작술을 통해 발전하였고, 경제는 본토와 식민지에서의 노동력과 자원 착취를 통해 발전하였으며, 정치는 그렇게 확보한 개인의 사적 소유를 공고히 하는 국가 체제로 완성되었다. 그리고 그러한 과학과 경제·정치 체제를 갖고 있지 않은 동양을 무기력한 후진 집단으로 간주하며 멸시하였다. 자신의 권력을 믿고 주변을 무시하는 침략자의 전형적 모습이다.

그러므로 서양이 동양에 대해 만들어 내는 멸시적 담론, '오리엔탈리즘'은 전혀 놀라울 것이 없다. 서양인의 동양에 관한 지식 체계가 동양을 있는 그대로 묘사하는 것이 아니라 동양을 자신들의 권력 구조에 맞춰 관리하고 생산해 내기 위해 만들어 낸 지배담론에 불과하다는 사이드의 주장은 어찌 보면 너무나 당연한 말이다. 오리엔탈리즘은 침략자의 변, 깡패의 변, 독재자의 변이기 때문이다. 그러니 동양에서 우리가 굳이 오리엔탈리즘을 논할 필요가 사실 없다. 오리엔탈리즘은 서양인의 사유의 한계를 보여 주는 것이고, 서양이 극복해야 할 문제이기 때문이다.

그런데도 우리가 오리엔탈리즘을 논하는 이유는 무엇인가? 문제는 전 세계가 서양화되어감에 따라 서양중심적 담론인 오리엔탈리즘이 서양인들에게만 회자되는 것이 아니라 동양인 스스로도 그렇게 믿고 그렇게 생각한다는 것이다. 서양이 동양을 바라보는 시선인 오리엔탈리즘이 동양이 자기 자신을 바라보는 시선이 되어버리는 것을 '오리엔탈리즘의 내면화' 또는 '복제 오리엔탈리즘'이라고 부른다.4) 어째서 동양은 자신의 시선으로 세계를 바라보지 않고, 자기 자신까지도 타인(서양)의 시선을 빌려 바라보게 된 것일까?

무력의 강압에 눌리면 스스로도 그런 힘을 가져야겠다는 생각을 하게 된다. 스스로를 지키기 위해 강자의 과학 기술과 재산 축적의 방식을 배우고 따라할 수밖에 없다. 그래서 서양의 무자비한 침략에 공포를 느끼면서 한국은 '동도서기東道西器'를 생각했고 중국은 '중체서용中體西用'을 생각했다. 동양의 정신은 지키되 서양의 문물은 수용하자는 것이다. 만약 그 구호대로 동양이 동양의 정신, 동양의 시선을 지켰다면, 동양에서 서양 오리엔탈리즘의 내면화는 일어나지 않았을 것이다. 서양중심적 지배 담론의 거침없는 확산, 복제 오리엔탈리즘은 없었을 것이다.

우리가 놓지 말았어야 할 동양의 정신은 과연 무엇일까?5) 서양은

---

4) 이옥순은 『우리 안의 오리엔탈리즘』(푸른역사, 2002)에서 서양 오리엔탈리즘을 동양에 대한 왜곡된 관점에 고착되었다는 의미에서 '박제 오리엔탈리즘'이라고 부르고, 그런 관점이 동양의 우리에게까지 내면화된 것을 '복제 오리엔탈리즘'이라고 부른다. 정진농, 『오리엔탈리즘의 역사』, 살림, 2003, 30에서 재인용. 정진농은 그 책에서 오리엔탈리즘에는 동양을 비하하는 지배담론적 오리엔탈리즘('세속적 오리엔탈리즘') 외에 동양을 이상으로 삼는 오리엔탈리즘('구도적 오리엔탈리즘')도 있다고 하면서, 그 둘을 통합하는 복합적 성격의 오리엔탈리즘('혼성적 오리엔탈리즘')을 주장한다. 그러나 그가 '구도적 오리엔탈리즘'에 속한다고 여기면서 서양인들의 동양예찬, 즉 중국이나 인도, 유교나 불교에의 열광을 논하지만, 그것 또한 사실은 서양식 동양 해석, 제국주의적 지배 담론에 불과하다는 것을 간과해서는 안 된다고 본다. 본고는 이 점을 밝히려고 한다.

5) 사이드는 오리엔탈리즘의 과오가 '동양은 이러이러하다'라고 판단하는 '본질주의적 규정'이라고 말한다. 그러나 상대주의로 빠지지 않고 무엇이 동양적인 것이고, 무엇이 서양적인 것인가를 제대로 밝히는 작업은 필요하다. 서로 영향을 받았다는 것이 그러니까 구분할 수 없다는 것은 아니기 때문이다. 결국 사이드의 한계는 '동양적인 것'이 무엇인가를 제대로 밝히지 않는 것이라고 본다. 설준규는 「담론의 감옥 또는 트로이의 목마: 에드워드 사이드의 《오리엔탈리즘》」

동양의 정신, 동양의 시선을 탈취하기 위해 어떤 전략을 편 것일까? 오리엔탈리즘은 왜 끝없이 확산되고 우리는 오늘날까지도 그 덫을 피하지 못하고 있는 것일까? 본고에서는 이 문제를 검토해 보고자 한다. 이를 위해 우선 서양이 제국주의적 확산을 위해 기독교를 전파하면서 동양의 종교인 유교와 불교를 어떤 식으로 해석하였는지를 살펴본다. 2절에서는 서양인들은 자신들의 신만 유일한 신이고, 타문화 타민족의 신은 우상이며 미신에 불과하다는 배타적 신관을 가지고 있으며, 유교나 불교의 종교적·형이상학적 측면을 애써 배제하면서 상식적·도덕적 수준의 가르침으로 읽어내려 하고, 따라서 공맹이나 석가의 교설 중 종교적·형이상학적 측면을 더욱 강조한 성리학이나 대승불교를 원시유학이나 초기불교의 왜곡이나 변형으로 간주하였다는 것을 논한다. 이는 결국 동양에는 없는 종교를 기독교로 채워 넣겠다는 제국주의적 선교 전략에 다름 아니. 이어 3절에서는 대승의 여래장 내지 일심사상은 초기불교 무아사상의 완성이라는 것, 성리학이 밝히는, 태극의 리理에 입각한 인간의 본연지성은 공맹이 논한 인간의 선한 본성의 형이상학적·종교적 심화라는 것을 밝힌다. 이로써 대승불교 또는 성리학을 국교로 삼았던 우리나라 전통 철학과 종교의 위상을 바르게 정립하고자 한다. 이어 4절에서는 서양 오리엔탈리즘이 부정하고 따라서 우리도 쉽게 간과하는 '동양적인 것'이 과연 무엇인지, 그 동양적인 것에 기반한 우리의 시선은 어떤 것인지를 생각해 본다. 그리고 마

___

에서 《오리엔탈리즘》은 오리엔탈리스트의 경우와는 다른 대안적 동양상의 필요성과 가능성을 당위적으로 내세우는 데 그치고 있으며, 그 결과 《오리엔탈리즘》의 서술방식이 독자에게 주는 느낌은 전반적으로 풍성함보다는 갑갑함에 가깝다. 대안적 동양상의 부재라는 이 같은 문제는 《오리엔탈리즘》이 푸코의 담론이론을 주된 방법론상의 틀로 원용하고 있다는 사실과 깊이 연관되어 있다"(김상률 편, 『에드워드 사이드 다시 읽기』, 책세상, 2006, 147)고 말한다. 본고는 바로 이 동양적인 것이 무엇인가를 밝혀 보고자 한다.

지막 5절에서 그러한 우리의 시선을 지키기 위해서는 어떤 노력이 있어야할지를 생각해 보며 글을 마치도록 한다.

2. 서양의 제국주의적 동양관

1) 기독교의 배타적 신관

근대의 서양 제국주의가 남의 나라 땅에서 강탈해가고자 한 것은 금과 은, 차와 향료와 비단, 값싼 노동력 등 주로 경제적 이익이었으며 그러기 위해 무력으로 강제조약을 맺고 식민지화해 나갔다. 그런데 그런 조약에는 늘 '포교의 자유'가 포함되어 있었다. 그만큼 서양 제국주의는 기독교(천주교 포함) 포교와 함께 했다. 다른 나라와의 관계에서 지속적이고 안정적인 지배적 권력 구조를 유지하기 위해서는 군사적 경제적인 물질적 차원을 넘어 정신적 차원에서까지 우위를 점해야 하기 때문이다.6) 영혼을 종속시켜야 문화가 종속되고 나라가 종속된다. 기독교는 그 영혼을 자신의 세력 안으로 불러오기 위해 포교에 목숨을 건다.

선교사들의 기독교 전도는 단순한 사상 교류나 문화 교류 활동이 아니다. 그들의 기독교는 타민족 타문화의 종교에 대해 수용적이지 않다. 정통 기독교는 타민족과 타문화의 영성과 종교성을 부정하며, 자신들이 숭배하는 신만 참된 신이고 다른 민족이 숭배하는 신은 모두

---

6) 서양 제국주의가 정신적으로 타문화보다 우위를 점하는 데에 기여한 것은 기독교 전도뿐만이 아니었다. 서양식 병원을 지어 서양식 의술로 병든 자를 치료하고, 서양식 교육 기관을 건립하여 일반인과 여자와 어린이까지 서양 학문을 가르치니, 서양이 앞서 있다는 인상을 주었을 것이다. 서양식 병원과 학교는 대부분 선교사들이 지은 것으로 선교의 일환이라고 할 수 있다.

우상에 불과하다는 배타적 신관을 갖고 있다. 오직 유대민족에게만 자신을 계시한 신, '야곱과 아브라함의 신', 예수로 육화한 신, 그만이 유일한 신이라는 '유일신'을 주장한다.

우주의 근원, 궁극의 절대가 다수가 아니고 하나이며 일자라는 생각은 기독교만의 생각이 아니고 수많은 민족이 자연스럽게 가졌던 생각이다. 궁극의 일자를 우리는 '하늘님', '하느님'이라고 부르고 중국은 '상제上帝'라고 불렀으며, 무슬림은 '알라'라고 부르고 유대인은 '야웨'라고 불렀다. 언어가 다르기에 이름은 다 다르지만, 그 다른 이름 아래 마음이 생각한 것이 결국 같은 하나라고 보면, 그것은 '포괄적 유일신' 사상이다. 인도 경전『우파니샤드』에서 신은 "너희가 어떤 이름으로 신을 부르든 그것은 결국 다 나를 부르는 것이다"라고 말하는 것과 같다. 반면 기독교는 유일신을 주장하면서도 오로지 유대민족이 알았던 그 신만이 신이고, 다른 민족이나 다른 문화가 섬겨 온 신은 모두 다 우상일 뿐이라고 주장한다. '배타적 유일신' 사상이다. 그 배타성을 갖고 다른 문화의 신을 부정한다. 그들의 십계명 중 첫 번째 계율이 "나 이외의 다른 신을 섬기지 마라!"이다. 기독교 전도와 상관없이 너와 나 모두가 알고 있는 신은 신이 아니고, 신은 오직 서양 기독교인들만이 알고 있고 서양 선교사들이 새롭게 알려줘야 하며, 다른 문화의 사람은 그 복음을 듣고 그 말씀을 따라야 한다.

기독교가 배타적 신관을 고수하는 한, 기독교의 포교 대상이 된 지역에서 기독교인이 된다는 것은 우주 및 인간 삶의 근원, 생명의 근원에 대한 전통적 사상과 종교는 모두 미신이고 우상 숭배라는 서양의 주장을 받아들이는 것을 의미한다. 자신이 속한 문화의 역사성과 진지성을 부정하는 것이다. 결국 자신의 영혼의 닻을 자신의 전통이 아닌 다른 전통, 기독교 문화에 내리는 것이다. 그렇게 함으로써 동양의 정신, 우리 자신의 시선을 잃어버리고 대신 서양의 시선을 수용하게 된다.

2) 서양인들의 유교관

서양 제국주의의 포교 정책은 철저했다. 명말에 예수회 소속 마테오 리치Matteo Ricci(1552~1650)는 중국에서 포교 활동을 하면서 1603년에 『천주실의』를 펴냈다. 예수회는 중국에서의 기독교 선교 전략으로 '보유론補儒論'을 주장하였다. 중국 공맹의 초기유학은 상제를 알았는데, 중간에 인도에서 유입된 불교의 영향을 받아 송대 성리학에 와서는 상제에 대한 신앙을 잃어버렸다는 것이다. 중국 본래의 상제신앙을 기독교가 보완해 주니 기독교의 하나님을 믿으라는 것이다. 이런 식으로 선교사들은 공맹의 초기유학과 송대의 성리학(신유학)을 서로 대립하는 것으로 간격을 벌려 놓고 후자를 전자의 변형과 왜곡으로 간주한다. 동양 사상의 일관성, 발전성, 역사성을 부정하면서, 그 사상의 흐름을 끊어 놓고 그렇게 단절된 곳에다 기독교를 심어 놓으려는 것이다. 정신적 식민화 전략이라고 볼 수 있다.

이러한 보유론을 주장하기 위해 마테오리치는 태극 내지 리를 우주의 근원으로 보지 않고, 물리적인 사물들로부터 이끌어 내지는 이차적인 원리, 추상적 이치로 간주한다. 성리학에서의 형이상학적·종교적 측면을 탈각시키고 그 자리를 기독교의 창조신으로 채워 넣는 것이다. 이것은 유교를 완전히 탈종교화하고 세속화하여 상식적 차원의 이야기로 해석하는 것이다. 그 후 서양의 학문 체계에서 유교는 윤리도덕 이야기로만 간주될 뿐, 그 형이상학적 내지 종교적 차원은 배제된다.

기독교를 전도하기 위해 그나마 유학과의 연결점이라도 찾으려고 했던 예수회의 이러한 선교 전략에 로마 교황청은 만족하지 않았다. 청나라에 파견된 도미니크 교단과 프란체스코 교단은 예수회의 보유론이 기독교를 순수하게 지키지 못하고 동양 사상과 타협한 것이라고 비판한다. 그들은 성리학을 오로지 물질적 기와 물질의 추상적 원리인

리로만 세계를 설명하는 유물론이라고 해석한다. 동양은 우주의 실상이나 생명의 근원에 대한 형이상학적 탐구 또는 종교적 사유를 하지 못한다고 여긴 것이다.

그들은 중국 유학자들이 조상에 제사지내는 것을 미신이나 우상숭배라고 여겨 로마 교황청에 제사를 허락해도 되는지를 물었고 로마 교황청은 제사를 금하였다. 중국 안에서 예수회와 도미니크 교단과 프란체스코 교단이 서로 다툼을 보이자 청나라 옹정제는 선교사들을 추방하고 가톨릭을 금지하였다.

그 후 중국에 아편을 판매하여 수입을 챙기려는 영국은 중독의 심각성 때문에 그것을 막으려 하는 청에 맞서 1·2차 아편전쟁(1840/1857)을 일으켜 수도 북경을 점령하고 원명원을 불태우면서 겁박하여 남경조약과 천진조약을 맺었다. 그 조약에는 중국에서 기독교 활동의 자유가 포함되어 있었다. 우리가 확인할 수 있는 것은 '한손에는 총, 한손에는 성경'을 든 서양 제국주의의 모습이다. 우리에게 익숙한 말 '한손에는 칼, 한손에는 코란'은 서양이 기독교 대신 이슬람교를 폭력적 종교로 몰아가기 위해 퍼뜨린 말이라고 한다.

3) 서양인들의 불교관

서양인들이 근대에 불교를 접하게 된 것은 인도를 점령함으로써 이다. 17세기 초반부터 영국·프랑스·네덜란드의 서양 상인들이 동양 무역권을 갖고자 동인도에 무역회사 '동인도 회사'를 설립하였는데, 그 중에서도 영국의 지배권이 점차 강화되더니 결국 1876년 영국이 인도를 영국령 식민지로 만들었다.[7) 그러는 와중에 인도의 힌두교와 불교

---

7) 영국은 프랑스와의 플라시 전투(1757)에서 승리한 후 인도 지배권을 공고히 하였고, 이후 인도인들의 세포이 항쟁(1857)을 진압하면서 1876년 동인도 회사를

를 서양식 학문 연구의 대상으로 삼기 시작한 사람들은 동인도 회사의 월급을 받으면서 인도에서 활동하던 영국 관리들이었다. 그들에 의해 연구되고 정리된 불교는 불교를 믿는 현지 사람들의 마음에 살아 있는 신앙으로서의 불교가 아니라 외부 연구자의 탐구 시선으로 객관화된, 고정된 학문 대상으로서의 불교, 문헌상의 불교라고 할 수 있다.

1780년대 동인도 회사 소속의 영국 관리 윌리암 존스William Jones (1746~1794)는 캘커타의 대법원 판사로 일하면서 산스크리트어 및 힌두교를 연구하여 서양식 인도학의 창시자가 되었다. 그는 1784년 〈뱅갈아시아학회〉를 창립하고, 그곳에서 최초의 동양학 연구학술지 『아시아연구』를 발행하였다. 불교는 서양에서 19세기 들어 본격적으로 연구되기 시작했는데, 네팔의 동인도 회사 소속 영국 관리였던 브라이언 허드슨Brian Hudson(1800~1896)이 산스트리트어와 티벳어로 씌어진 400여 권의 불교 원전을 입수하여 1837년 캘커타·런던·파리로 보낸 것이 계기가 되었다. 프랑스인 외젠 뷔르누프Eugne Burnouf(1801~1852)가 그것들을 불어로 번역하고, 『인도불교사개론』(1844)을 써서 불교를 소개하였다. 19세기 후반 더 많은 불교경전이 유입된 후 1881년 영국의 라이스 데이비스Rhys Davids(1843~1922)는 1881년 〈팔리어경전학회〉를 창립하여 팔리어로 된 초기불교 경전의 영역을 시작하였다. 독일의 막스 뮐러F. Max Müller(1832~1900)는 산스크리트어로 된 경전들을 번역하여 『동양의 성전들』 시리즈를 간행하면서 인도학 및 불교학의 최고 권위자로 평가받게 되었다.

서양인들에게 불교는 종교가 아니라 언어학적, 역사학적, 문헌학적 연구 대상이었다. 불교에서 종교성을 배제하면서 학문적 관점의 연구 대상으로만 삼으므로 서양인들은 쉽사리 불교를 무신론적 사상, 허무주의적 사상이라고 단정한다. 불교에서 현상분석론에 해당하는 고성

폐지하고 인도를 영국령으로 식민지화하였다.

제·집성제의 유전문流轉門만 보고, 수행·해탈론에 해당하는 멸성제·도성제의 환멸문還滅門의 참뜻을 간과하는 것이다. 쇼펜하우어A. Schopen-hauer(1788~1860)는 불교를 일체 가치를 부정하는 허무주의, 이 세상 삶의 의미를 부정하는 염세주의로 읽었으며, 그를 이어 니체F. W. Niet-zsche(1844~1900)도 불교를 무의미에 빠져 있는 '부정적(소극적) 허무주의'로 규정하면서, 삶의 의지를 긍정하는 자신의 철학, '긍정적(적극적) 허무주의'에는 미치지 못하는 미숙한 것으로 평가한다. 정신의학자 프로이트S. Freud(1856~1939)는 인간 내지 생명체의 본능을 '삶의 본능'과 '죽음의 본능'으로 구분한 후, 전자는 '쾌락의 원칙'을 따르고 후자는 '열반의 원칙'을 따른다고 설명한다. 불교의 '열반'을 마치 생명체가 무기물로 화해 고통 감각이 모두 멸한 상태와 동일한 것처럼 논하는 것이다. 서양 철학 또는 서양 의학을 공부한 동양의 학자들이 그들을 따라 불교를 그런 식의 허무주의 사상, 단멸론의 사상으로 이해한다면 이 또한 서양의 눈으로 자신을 읽는 '복제 오리엔탈리즘'이라고 할 수 있다.

오늘날 대승불교 전통의 우리들이 소위 소승인 남방 상좌부불교를 정통 불교라고 주장하며 스스로 대승의 핵심 사상 및 그 수행법을 폄하하는 것 또한 오리엔탈리즘적 시선과 무관하지 않다. 불교를 학적으로 연구하기 시작한 뷔르누프는 남방불교와 북방불교를 구분하면서 남방불교가 더 오래되고 따라서 더 순수한 것이라고 주장하였는데, 이런 주장이 오늘날 서양을 넘어 동양에서도 당연한 것처럼 받아들여지고 있는 것이다. 남방 팔리어 경전(니까야)의 상좌부 불교가 석가의 가르침에 충실한 불교의 원형이며, 북방 티벳어역이나 한역의 대승불교는 석가 사상의 핵심을 이탈한 변형이고 왜곡이라고까지 주장된다. 심지어 대승불교 전통의 일본에서 '여래장사상은 불교가 아니다'라고 주장하는 비판불교가 등장하고, 한국의 불교계나 학계도 이런 주장을 반복한다. 서양의 불교관이 우리의 주체적인 역사 의식이나 비판 의식 없이 쉽게 수용되고 확산되는 것이라고 할 수 있다. 우리의 역사를 그들의 시선으로 보는 것이다. 서양은 불교에서 종교성을 배제하고 서양의 합리성과 일치하는 부분들만 취해서 불교를 유의미한 '삶의 지혜'로 간주한다. 불교를 낱낱이 분해해서 현대 과학과 상통하는 부분들만 석가 교설로 인정하고 나머지 부분, 윤회와 그로부터의 해탈, 법신·진여, 불성·여래장, 일심·본래면목 등은 불교에 덧붙여진 반불교, 힌두교나 중국 사상이라고 논변하는 것이다.

이처럼 서양은 동양의 불교나 유교를 상식이나 과학 또는 도덕의 차원으로만 읽으려고 하며 그 안에 담긴 종교성은 보려고 하지 못한다. 타문화의 타종교를 상식 내지 과학의 시선, 합리적 이성의 시선으로 걸러 내는 것이다. 불교가 현대 과학과 상통한다는 점을 들어 불교의 위대함을 증명하려는 시도는 이러한 서양식 불교관과 무관하지 않다.

3. 동양의 정신문화: 불교와 유교

1) 초기불교와 대승불교: 무아와 일심

동·서 종교관의 차이는 현상 세계 우주 만물에 대한 이해의 차이에서 온다. 서양은 우주만물을 각각 분리된 개별적 실체 또는 실체적 입자의 결합물로 간주한다. '입자적 사고'이다. 반면 동양은 우주만물을 각각으로 분리된 개별자이기에 앞서 내적으로 서로 연결된 에너지, 기운, 기氣의 발현으로 간주한다. 유교는 개별자를 기氣의 산물로 설명하고, 불교는 개별자를 연기緣起의 산물, 업의 에너지인 업력業力의 산물로 본다. 기의 비국소적 존재 방식을 인정하는 '파동적 사고'라고 할 수 있다.

이처럼 우주 만물이 기·기운 내지 연기로 서로 연결되어 있다는 것은 곧 각각의 개별자가 서로 안에 서로를 담고 있음을 의미한다. a로 인해 b가 있다는 것은 곧 b안에 a가 담겨 있다는 말이다. 그리고 다시 b로 인해 c가 있으면, c안에 b와 a가 담겨 있게 된다. 그러한 연기고리가 계속 이어지면서 마지막 항 z로 인해 거꾸로 첫째 항 a가 있다면, 연기고리는 순환을 이루어 결국 각 항은 나머지 모든 항을 자신 안에 가지게 된다. 이로써 '일즉일체一即一切 일체즉일一切即一'이 성립한다. 석가가 깨달은 연기법, 불교의 12지연기는 이점을 표현한다.

```
a      b           c …                                      … x      y       z
무명 → 행 → 식 → 명색 → 육입처 → 촉 → 수 → 애 → 취 → 유 → 생 → 노사
↑_____↓
```

모든 행(업)은 그 업력(종자)을 식(심층 아뢰야식)에 남기며, 그 식으로부터 명색(5온), 즉 6근根을 갖춘 유근신이 형성된다. 우리가 경험하는 세계(기세간)인 경境 또한 우리 자신의 근根에 상응하여서만 존재하므로 결국 근과 경, 자아와 세계는 업력으로부터 형성되는 것이다. 그 근과 경, 자아와 세계 간의 접촉(촉)과 느낌(수)으로 다시 업(애·취)을 짓고, 그 업력이 또 식에 축적된다. 이런 식으로 연기 순환의 반복 속에서 모든 개별자는 자신 안에 우주 전체를 담게 되며, 바로 그 업력으로 우주 전체를 형성한다. 개별자가 그대로 우주 창조자인 것이다.

그러므로 연기법은 곧 개별자들 너머 우주 창조자인 범천(신)이 따로 없다는 것을 의미한다. 모든 개별자는 천(신)에 의해 만들어진 개체(아트만)가 아니라, 그 자체가 본래 천이다. 석가는 우주창조자 범신이 존재하지 않는다는 무신無神과 개별 실체인 아트만이 존재하지 않는다는 무아無我를 주장하였지만, 이것은 물리적 현상 세계 이외에 아무것도 없다는 물리주의, 신도 없고 정신도 없다는 유물론의 선포가 아니

다. 오히려 창조자와 피조물의 질적 구분, 절대와 상대, 무한과 유한의 분리, 진眞과 속俗, 일─과 다多의 이원론을 비판하며, 그들의 불이不二를 주장하는 것이다. 각각의 개별자는 우주 창조자라는 점에서 보면 모두 진여법신眞如法身이다. 개별자는 현상의 연기법을 성립시키되 그 자체 는 연기의 산물, 만들어진 것이 아닌 것, 자성청정심이고 진여법신이 며 불이의 일심─心이다.

이와 같이 초기불교의 무아사상은 대승의 일심사상으로 이어진다. 그러므로 대승불교는 석가의 깨달음의 형이상학적·종교적 측면이 분 별적 지성과 이원적 논리를 따라 약화되어 점차 일반 상식적 세계관, 실재론적 세계관, 법유法有의 세계관으로 바뀌어 가는 것을 비판하며 일어난 운동이라고 할 수 있다. 자아와 세계를 객관 실재라고 여기는 범부의 집착을 깨기 위해 아공·법공을 설하고(중관), 자아와 세계가 심층마음(아뢰야식)에 축적된 업력(종자)의 산물이라고 논하며(유식), 모든 개별자가 표층에서는 각각 상이한 존재로 나타나지만 심층에서 는 모두 서로 다르지 않은 한마음, 일심, 진여라고 논하는 것(여래장사 상)은 모두 석가의 연기법에 포함된 형이상학적·종교적 의미를 여실 하게 드러낸 것이라고 할 수 있다.

2) 공맹유학과 성리학: 인간성과 본연지성

공자는 "인간의 본성은 서로 비슷한데, 습관이 서로 다르게 만든다 (성상근 습상원)"고 하여 인간 간에 드러나는 현상적 차이를 본성의 차이가 아닌 경험 내지 습관의 차이로 설명하지만, 아직 본성의 유사 성 너머 동일성을 주장하진 않았다. 반면 맹자는 인간의 본성은 모두 같으며, 나아가 그 본성이 본래 선하다고 주장한다. 맹자는 성은 그냥 타고난 것(생지위성)으로서 선도 아니고 불선도 아니라는 고자의 주장을 비판하며, 성을 그렇게 타고나는 식색지욕으로 볼 경우 인간성이 소나 말의 본성과 다르지 않게 되는 문제가 있다고 지적한다. 인간성은 인간만이 가지는 인의예지의 도덕성이며, 따라서 인간의 본성은 본래 선하다는 것이다. 인간의 보편적인 선한 본성을 강조한 것이다. 이처럼 인간의 본성을 선험적인 선한 도덕성으로 보는 것이 공맹유학의 특징이다.

순자는 인간이 다른 동물과 마찬가지로 식색지욕을 타고 나며 욕망을 따르는 인간의 본성은 따라서 악하다는 '성악설'을 주장한다. 그렇지만 인간은 교육을 통해 악한 본성을 극복하고 예의를 갖춰 인간다운 사회와 문화를 만들어야 한다고 논함으로써 유가의 계승자로 간주된다. 인간을 여타 동물과 구분하고, 동물을 다시 여타 생명(식물)과 구분하는 분석적 분류 방식으로 인간의 특성을 이해하는 것이나,8) 인간의 본성은 악하므로 예로써 교육해야 한다고 하는 것 등은 우리의 현실의 논리를 반영한 것이라고 할 수 있다. 그리고 이러한 현실의 논리를 보다 철저히 밀고 나간 철학자가 한비자이다. 한비자는 현실 사회를 안정되게 이끌기 위해서는 일관적인 상벌 체제의 법法이 있어야 하고 백성은 법으로 다스려야 한다고 주장한다. 공자의 인, 맹자의 의, 순자의 예는 도덕적 가치의 점진적 외화 과정을 보여준다. 도덕성이

---

8) 순자의 이러한 분류 방식은 서양 아리스토텔레스의 종차에 따른 인간 규정 방식과 상통하는 바가 있다. 물론 둘의 인간 규정은 종차에 따른 규정이라는 점에서는 같지만, 그 구체적 내용에 있어서는 적지 않은 차이를 보인다. 순자는 동양철학자로서 일체 존재는 기로 이루어 졌다고 보며, 인간의 종차를 도덕성인 의義로 본다. 반면 아리스토텔레스는 인지중심적 서양철학자답게 인간의 종차를 이성으로 본다.

	순자가 본 종차	아리스토텔레스가 본 종차
인간	의(義)	이성
동물	지(知)	운동성
식물	생(生)	생명성
광물	기(氣)	존재

완전히 외화되면 그것은 더 이상 덕德의 문제가 아니고 법法의 문제가 되며, 그렇게 해서 유가는 법가法家로 바뀌게 된다.

이에 송대 유학자 주희는 다시금 공맹유학의 정신을 되살려 인간 내면의 도덕성을 강조한다. 그는 인의예지의 도덕성을 인간의 내재적인 선한 본성으로 강조한 공맹사상을 계승하여 '인간 본성이 곧 리'라는 '성즉리性即理'의 성리학性理學을 완성한다. 성즉리의 '리理'는 곧 천리天理의 리이고, 태극太極의 리이다. 인간 본연의 성(본연지성)의 형이상학적 근거를 우주 만물의 근원인 천의 리, 태극의 리에서 구한 것이다. 따라서 그는 인간 본성의 보편성을 확장하여 그 본연지성이 인간만의 본성이 아니라 우주 만물의 본성이라고 논한다. 즉, 인간의 본성을 자연과 구분되는 인간만의 특징으로 보지 않는다. 다른 존재와 구분되는 종차에 따른 규정은 차이를 통한 분별적 규정이라면, 성리학은 그와 달리 인간을 자연의 공통성을 따라 이해한다. 일체 우주 만물이 모두 자연 본연의 성품, 본연지성을 갖고 있다는 것이다. 이 본연지성이 곧 태극의 리이다. 무수한 만물 안에는 하나의 태극이 내재해 있다. 성리학은 이것을 '월인천강月印千江'으로 비유한다.

이와 같이 송대 성리학은 인의예지의 덕이 무엇에 근거한 것인지, 인간의 도덕성의 근거가 무엇인지를 설명하는 과정에서 공맹의 인간 본성론을 형이상학적·종교적으로 더욱 심화한 것이라고 할 수 있다. 공맹이 강조한 인仁의 정신을 보편적 자연원리로 확대한 것이다. 한마디로 송대 성리학, 주자학은 공맹의 원시유학 정신 안에 내포되어 있던 형이상학적·종교적 의미를 보다 더 철저하게 전개한 것이라고 할 수 있다.

4. 동양의 정신: 내적 초월주의

서양은 왜 동양의 대승불교를 초기불교의 왜곡으로 간주하고, 동양의 성리학을 공맹 원시유학의 변형으로 여기는 것일까? 동양 사상이 지향하는 궁극지향점을 이해할 수 없고 수긍할 수 없기 때문이다. 석가 교설의 핵심을 계승한 대승불교나 공맹 유학의 사상을 발전시킨 성리학이 궁극적으로 말하고자 하는 것은 모두 '일즉일체 일체즉일'의 진리이다. 즉 우주의 근원이 무수한 우주 만물 안에 하나의 근원으로 내재해 있다는 것이다. 일체 존재의 근원은 경험적인 현상을 넘어섰다는 의미에서 '초월'인데, 동양 철학 내지 동양 종교의 특징은 우주의 근원인 절대의 일자(초월)를 개별자 내면에서 찾는 '내적 초월주의'이다.9) 서양이 우주의 근원인 일자를 개별자들 외부에서 찾아 '하나의 신神'이라고 부르며 '신의 우주 창조'를 말하는데 반해, 동양은 그 일자를 바로 개별자들 내면에서 찾아 '일심一心'이라고 부르며 '일체유심조一切唯心造'를 말한다. 절대 무한의 근원을 개별자 바깥에 두면 개별자는 근원과 질적으로 구분되는 유한한 피조물로 간주되지만, 그 근원을 개별자 내면에 두면 개별자는 자신 안에 우주의 근원을 간직한 절대 무한의 존재로 간주된다. 개별자는 현상적으로는 서로 다른 모습으로 나타나지만, 근본에 있어서는 우주의 근원으로서 서로 다르지 않은 하나이다. 각각의 개별자는 표층에서는 전체의 일부분에 그치지만, 심층에서는 우주 전체를 담고 있는 전체로서의 일자이며, 그 점에서 '일즉일체 일체즉일'이 성립하게 된다.

동양과 서양의 차이는 우주의 근거를 우주 내 개별자 내면에 두는

---

9) 이에 반해 절대적 근원을 개별자 외부에 두는 사고는 '외적 초월주의'라고 할 수 있다. 서양 기독교의 기본 입장이 '외적 초월주의'이기에, 초월적 근거인 신神을 내면화하는 신비주의를 이단으로 배척한 것이다.

가 아니면 우주 바깥에 두는가의 차이, 즉 내적 초월주의와 외적 초월주의 차이이다. 동양의 내적 초월주의는 서양의 눈으로 보면 개별자 너머를 따로 상정하지 않는다는 의미에서 우주의 근원을 알지 못하는 것으로 간주되지만, 서양의 외적 초월주의는 동양의 눈으로 보면 자신 안의 근원을 자각하지 못하고 객관화하고 외화한 것이다. 서양이 생각하는 우주 바깥의 근원적 일자가 진정한 신이라면, 그 신을 아는 인간은 바로 동양이 생각하는 인간, 즉 우주의 근원을 자기 자신으로 자각하는 그 인간이어야 한다. 일자에 관한 한, 아는 자와 알려지는 것이 둘일 수 없기 때문이다. 동양은 인간과 신, 중생과 부처, 범부와 성인이 둘이 아닌 그 불이(不二)의 경지를 수행의 목표로 삼아 왔다. 반면 서양은 근원적 이원성, 절대적 분별과 분리를 벗어나지 못한다. 근대를 휩쓴 제국주의, 현대를 이끌어 가는 경쟁과 투쟁, 분리와 불화, 이것은 절대의 근거를 우주 바깥에 두고 일체 존재를 현상적 차이, 드러난 상(相)의 차이에 따라서만 이해하는 서양 정신의 표출이다.

서양이 개별자를 각각의 별개의 실체로 간주하고 그들의 근거를 그들 바깥의 외적 신으로 간주하는 것은 마치 나무에 핀 꽃이 자신을 그냥 한 송이 꽃으로만 아는 것과 같다. 반면 동양이 개별자를 자신 안에 우주 전체를 담고 있고 우주 전체를 발현해 내는 한마음으로 간주하는 것은 마치 꽃이 자신을 심층 뿌리로 아는 것과 같다. 나무에 핀 꽃은 그냥 단지 한 송이 꽃으로 그치는 것이 아니다. 꽃이 피기 위해서는 땅과 물, 태양과 바람 등 온 우주의 에너지가 함께해야 하며, 그렇게 한 송이 꽃 안에는 우주 전체가 담겨 있다. 꽃은 뿌리에서 나오지만 그 꽃의 씨 안에는 다시 나무 전체로 자라날 뿌리의 에너지가 담겨 있다. 꽃의 존재 근거인 뿌리는 꽃 자체 안에 들어 있는 것이다. 그러므로 꽃은 자신을 뿌리로, 나무 전체로 의식할 수 있다. 그렇듯 우주 내 모든 개별자는 자신 안에 우주를 담고 있으며, 자신을 우주 전체의 근거로, '일체유심조'의 심으로 자각할 수 있다.

꽃이 자신을 한 송이 꽃으로만 알면 꽃들은 서로를 각각 서로 무관한 별개의 실체라고 여기면서 서로 대립할 것이다. 반면 꽃이 자신을 심층 뿌리로 알면 그 뿌리로부터 자라난 모든 꽃이 자신과 다를 바 없는 하나라는 인仁과 자비慈悲의 마음을 갖게 된다. 동양은 개별자의 의식이 꽃의 의식에 제한되지 않고 본래 뿌리의 의식이라는 것을 강조한다. 동양은 우주 만물을 객관적인 죽은 물질로 대상화해서 연구하는 것이 아니라, 만물을 나와 다를 바 없는 살아 있는 생명으로서 하나로 공감하고 공명하며 하나로 소통하는 존재라고 여긴다. 극기克己로써 소아小我를 이기고, 무아로써 자신을 비워 일체를 포용하는 무외無外의 마음이 되고자 한다. 유학이 강조하는 '인仁'은 우주 만물을 나 아닌 것이 없다고 느끼는 마음이고, 불교가 강조하는 '자비慈悲'는 모두를 하나로 아는 동체대비同體大悲의 마음이다.

이렇듯 동양의 시선은 뿌리의 시선이지만, 서양의 시선은 꽃의 시선이다. 그들에게는 뿌리는 오직 신의 영역이며 인간이 넘볼 수 없는 것으로 간주되기 때문이다. 그래서 자신들의 예수 신앙을 제외하고는 뿌리에 접근하는 모든 사상을 미신이나 신성 모독으로 간주하며 배척한다. 반면 동양은 인간의 시선이 궁극적으로는 뿌리에서 온다는 것을 알며, 따라서 불이不二와 일심一心을 주장해 왔다. 우리가 이러한 동양의 정신을 바로 알고 동양의 시선을 지키지 못하면, 우리는 결국 서양의 시선으로 우리 자신을 보게 된다. 우리 자신을 각각의 꽃으로 여기면서, 결국 우리가 갖고 있었던 우리의 시선, 우리 내면의 종교성을 잃어버리게 된다. 이것은 우리의 본래 모습, 우리의 뿌리를 잃어버리는 것과 같다. 우리를 꽃으로만 여기는 동안 우리는 접붙이기 당하게 된다. 서양은 개별자 너머의 신을 자신들만이 알고 믿어 온 일자라고 여긴다. 결국 인류 전체가 서양화되면 우리 모두가 그렇게 각자를 개별적 실체로 알고 우주의 근거는 우리 바깥의 외적 신이라고 여기게 될 것이다. 우리 내면의 절대를 잊어버리고 결국 우리의 역사와 문화와 전통을 잃어버리게 될 것이다. 이것은 우리가 우리 자신으로 의식하던 뿌리를 잃어버리는 것이고, 결국 자기 뿌리 대신 다른 문화의 뿌리에 접붙이기 당하는 것이 된다.

5. 시선의 주체되기

우리의 시선, 어떻게 되찾을 수 있는가? 서양화·국제화·세계화가 이 시대의 흐름이 되어버린 오늘날, 그 물결을 타고 밀려오는 오리엔탈리즘을 우리는 어떻게 극복할 수 있을까? 쉽지 않다고 생각한다. 우리가 타인의 시선, 서양의 시선을 빌려 우리 자신을 바라보는 것이 아니라, 우리 자신의 시선으로 우리를 바라보기 위해서는 우리의 정신을 되찾아야 한다. 정신을 되찾고 시선을 되찾기 위해서는 스스로 그 정신이 되어 그 시선을 갖는 길밖에 없다.

그 정신이 되는 것은 그 정신에 대해 배우면서 그 정신을 갖는 습관이 축적되어야 한다. 근根이 곧 축적된 종자·습기의 발현이듯이, 능력은 습習을 통해 형성된다. 동양의 정신이 무엇이고 동양의 시선이 어떤 것인지를 스스로 생각하고 스스로 그런 정신으로 되자면, 문학·역사·철학에 관한 한, 동양과 한국의 것, 우리 자신에 관한 것을 지금보다는 훨씬 더 많이 배우고 가르쳐야 할 것이다. 대학에서도 동양 사상, 동양 철학, 동양 예술, 동양 역사 등에 대해 더 많이 다뤄야 한다. 그런데 실제 우리나라 대학의 개설과목 편성표를 보면 동양 내지 한국 관련 강의보다 늘 서양 관련 강의가 많다. 철학에서는 한국 철학, 불교 철학은 겨우 한두 과목만 개설되고, 서양 철학에 대해서는 시대별, 지역별, 주제별로 다양하게 배운다. 음악이나 미술도 서양 예술에 치중해있고, 모든 대학의 건축과에서 한옥 건축에 대해서는 배우지도 않는다고 들었다.

나라 전체가 경제 중심, 산업 중심으로 되니까, 모든 것을 경제적 가치에 따라 판단하고, 경제적 가치에 기여하는 데 더 적합한 서양학문이 더 많이 가르쳐지는 것은 그럴 수 있다. 그러나 우리 삶의 다른 다양한 가치가 경제적 가치 하나로 획일화되거나 그 가치를 따라 평가되어서는 안 된다. 기술이나 산업의 측면은 수용하되 정신이나 사상에 있어서는 자기주체성을 잃어버리지 않는 것이 중요하다. 동도서기, 중체서용은 우리에게 아직도 과제로 남아 있는 셈이다. 그래야 우리가 남의 시선의 대상이 아니라, 스스로 시선의 주체가 되기 때문이다.

주체의 자리를 지키기 위해서는 무엇보다 먼저 언어를 지켜야 한다. 정신을 지키고 시선을 지키는 가장 기본은 주체적 언어 사용이다. 언어는 사유를 규정한다. 오늘날 너무나 많은 일상 용어가 영어로 바뀌고 있다. 아파트 이름도 영어여야지 더 고급이라는 인상을 준다고 여겨 새로 짓는 아파트는 대부분 영어 이름을 짓는다. '푸르지오' '타워팰리스' '파크팰리스' 등이다. 홈쇼핑 홈페이지에는 색깔이 모두 칼라이다. 화이트, 블루, 레드 등으로만 나온다. 동네 상점이고 커피점이고 모두 영어다. '카페베네', '엔젤리너스', '탐앤탐스' 등. 우리는 손발 씻는 물은 '찬물'이라고 부르고, 마시는 물은 '냉수'라고 부르며, 돈 주고 사 먹는 고급 물은 '아이스워터'라고 부른다. '정류소'는 버스 멈추는 곳이고, '터미널'은 고속버스나 비행기 멈추는 곳이다. 영어로 부르면 더 격이 높아진다고 여기는 것이다.

학문을 한다는 대학조차도 정신이 없기는 마찬가지이다. 우리말로 사유하기보다 영어로 사유하는 것이 더 낫다고 여기면서 영어 사용을 강요한다. 대학의 우수함을 영어 강의수로 평가하고, 서양이 인정해

주는 잡지에 실린 논문은 한글 논문의 서너배 이상으로 높이 평가한다. 발표도 국내가 아니라 국제학술대회에 참여해야 높이 평가해 준다. 대학에서도 중요 개념을 번역 없이 영어로 쓰면서 그것이 더 국제화된 바람직한 것이라고 생각한다. 교양학부를 새로 만들면서 이대는 '호크마 교양대학', 연대는 '언더우드 국제대학', 경희대는 '후마니타스 칼리지'라고 부른다. 대학까지 영어일색으로 바뀌는 것은 우리의 주체성이 그만큼 상실되어 간다는 뜻이다. 오리엔탈리즘이 엄청난 힘을 가졌다는 말이다.

요즘 누구나 다 쓰고 있는 말들, 선진국, 후진국, 주변국 등의 개념에서도 오리엔탈리즘의 흔적을 여실하게 볼 수 있다. 서구와 미국을 제외하고는 많은 나라들이 스스로 자신을 주변국, 후진국, 제3세계, 타자라고 칭하면서, 중심, 선진, 제1, 주체의 자리를 서양에 내준다. 실상은 제국주의적 침략으로 경제적 부를 누린 나라인데, 그런데도 엄청난 존중과 명예까지 차지한다. 그러나 우주의 별들에도 특정한 중심은 없으며, 지구도 둥글어서 제1의 중심은 없다. 각자가 서 있는 바로 그 자리가 나라의 중심이고 지구의 중심이고 우주의 중심이다. 그런데도 서양을 중심에 놓고 자국을 후진국, 주변국이라고 칭하는 것은 오리엔탈리즘에 빠져 우리의 주체적 시선을 상실한 탓일 것이다. 하루 빨리 스스로 중심을 잡고, 나의 시선, 우리의 시선을 주체적으로 확립하는 것이 절실하게 필요하다고 본다.10)

---

10) 논문에서 부족한 부분, 오해의 소지가 있는 부분들에 대해 합당하게 지적해 주신 심사위원분들께 감사드린다. 해당 부분에서 각각 수정하거나 보충 설명하다 보면, 논문에서 말하고자 한 논지의 일관성이 흐려질 수 있을 것 같아 이곳에서 일괄적으로 보완하고자 한다. ① '외적 초월주의'와 '내적 초월주의'로 서양 사상과 동양 사상을 대비시키는 것이 지나치게 단순한 일반화가 아닌가? 그렇게 보일 수 있다. 그러나 '외적 초월주의'로서 서양 사상 전체를 총괄하여 말하려는 것이 아니라, 서양 중세의 기독교 정통사상 및 거기에서 파생된 서양 근대 사상을 그렇게 본 것이다. 제국주의 시대에 동양에 전파된 기독교 사상이

그렇다는 것이다. 논자도 고대 플로티노스나 중세 신비주의자 에카르트의 유출설 등은 외적 초월주의라고 말하기 어렵고 오히려 동양의 내적 초월주의와 상통하는 면이 더 있다고 본다. ② 서양지배 담론의 내면화를 문제삼기 전에 우리에게 문제가 되는 '근대 서양문명의 특수성'을 좀 더 비판적으로 밝혀야 하는 것이 아닌가? 맞는 말씀이라고 생각한다. 바로 그래서 서양 근대적 사유의 특징을 외적 초월주의에 기반한 실체론적 사고, 분별적 사고, 경쟁과 투쟁, 분리와 불화로 나아가는 이원성의 사고라고 논하였다. 바로 그것이 서양화된 오늘날 우리를 지배하는 사고이기도 하다고 본다. ③ 복제 오리엔탈리즘이 동양인들에게 구체적으로 어떤 모습으로 나타나는지에 대한 설명이 더해져야 하는 것 아닌가? 본고에서 그것을 논하지 않은 것이 아니다. '서양인의 유교관'과 '서양인의 불교관'을 논할 때, 논자는 그것이 서양인만의 유교 이해와 불교 이해에 그치는 것이 아니라, 오늘날 동양인인 우리 자신이 유교와 불교를 바라보는 시선 또한 바로 그러하다고 생각하였다. 그런 방식으로 오리엔탈리즘을 내면화하였다고 논한 것이다. ④ 서구적 근대성을 비판한 사람들, 전통 사상에 대한 주체적 시선을 얻고자 한 사람들이 많은데, 예를 들어 중국의 태허, 한국의 소태산 박중빈 등이 있는데, 왜 그들에는 주목하지 않고 마치 동양이 모두 주체적 시선을 상실한 것처럼 논하는가? 그런 점에 주목하지 못한 것이 본고의 한계일 수 있다. 한국 현대의 전반적인 사상 기류를 비판적으로 논하다 보니, 정작 중요하고도 의미 있는 지점들을 놓친 것이라고 본다. 그런 부분이 더 많이 주목 받아 그에 대해 더 많은 연구가 쏟아져 나오기를 논자도 희망한다.

참고문헌

강상중, 『오리엔탈리즘을 넘어서』, 이산, 1998
김상률 편, 『에드워드 사이드 다시 읽기』, 책세상, 2006
발레리 케네디, 『오리엔탈리즘과 에드워드 사이드』, 김상률 옮김, 갈무리, 2011
에드워드 사이드, 『오리엔탈리즘』, 박홍규 옮김, 교보문고, 2007
이옥순, 『우리 안의 오리엔탈리즘』, 푸른역사, 2002
정진농, 『오리엔탈리즘의 역사』, 살림, 2011

3부   동북아 평화 사상의 구축

전봉준의 평화 사상*

박맹수
원광대학교 총장

1. 머리말

1894년 '동학농민혁명'을 이끈 '녹두장군' 전봉준은 1855년 지금의 전라북도 고창군 고창읍 당촌 마을의 천안 전씨天安 全氏 집안에서 태어났다. 어렸을 때 이름은 철로, 자는 명숙, 동학농민혁명 당시에는 '녹두장군'이라는 애칭으로 불렸다.

'동학농민혁명' 주무대의 하나인 전북 김제군 일대에 전승되어 오는 구전에 의하면, 전봉준은 어려서 금산사가 있는 김제 원평 부근의 서당에 다녔다고 한다.[1] 동학농민혁명 최대 전투인 우금치 전투에서 패한 뒤 전북 순창에서 체포된 전봉준이 재판 과정에서 진술한 내용을 담고 있는 『전봉준공초全琫準供草』에 따르면, 거주지를 전라도 태인현泰仁縣 산외면山外面 동곡東谷으로 진술하고 있다. 이 사실로 보아 그는 한때 동곡에 거주한 것이 확실하다. 동곡은 원평에서 지근거리에 있

---

* 이 글은 〈박맹수, 「전봉준의 평화사상」, 『통일과 평화』 제9호 1집, 서울대학교 통일평화연구단, 2017〉에 수록된 내용을 수정·보완한 것임.
1) 전봉준이 어린 시절에 서당에 다녔던 원평은 동학농민혁명 과정에서 군량 조달 등의 책임을 맡았던 김덕명金德明 대접주의 출신지이자, 동학농민혁명 최후 전투의 하나인 '구미란 전투'가 있었던 곳이기도 하다. 지금도 원평에 가면 전봉준이 다녔던 서당 터를 확인할 수 있다.

다. 또한 동 공초에 따르면, 1880년대 후반 즉 그의 나이 30대에는 태인 산외면 동곡에서 고부군 이평면 조소리鳥巢里로 이주했다고 한다.

이렇듯 고창에서 태어나 김제 원평과 태인 동곡을 거쳐 동학농민혁명 수년 전, 고부 조소리에 자리를 잡은 전봉준이 여기저기 거처를 옮겨가며 체험하고 목격했던 현실은 과연 어떤 것이었을까? 밖으로는 '서세동점'과 안으로는 '삼정문란'으로 대표되는 탐관오리들의 가렴주구에 시달리고 있는 민초들의 신산辛酸한 삶, 바로 그 자체였다. 이는 동학 창시자 수운 최제우가 일찍이 '민무사시지안民無四時之安'이라고 지적한 현실, 바로 그것이었다. '백성들이 단 하루도 편안한 날이 없다'고 표현될 만큼 대내외적으로 어지러운 시대에 태어난 전봉준, 그가 각지를 전전하며 목격한 현실은 한마디로 당대 민중의 생명, 생업, 생활이 파괴되면서 세상 전체가 이른바 '반평화적' 상태에 놓여 있었다는 것을 의미한다.

당대의 '반평화적' 시대 상황을 타파하여 민중의 생명과 생업, 생활이 보장되는 세상을 열고자 하는 민중들의 열망을 집대성하여 등장한 새로운 사상, 새로운 학문이 바로 1860년 수운 최제우가 창도한 동학이었다. 동학은 1870년대에 강원도 산악지대에서 비밀리에 포교되다가 1880년대 후반부터 전라도 일대(전주, 삼례, 익산, 고산, 부안, 태인, 고부, 정읍, 무장)에도 널리 전파되고 있었다. 전봉준은 동학이 전라도에 급격하게 전파될 무렵, 특히 태인 동곡에서 고부 조소리로 이사를 오면서 동학에 입도했던 것으로 보인다. 그렇다면 그는 왜 당시 조선왕조 지배층이 이단사술異端邪術로 배척, 탄압하는 동학에 빠져들게 되었을까? 그 이유의 일단을 알 수 있는 내용이 『전봉준공초全琫準供草』에 고스란히 남아 있다. 관련 내용을 인용한다.[2]

---

2) 국사편찬위원회, 『동학란기록』하, 탐구당, 1971, 534.

문: 소위 동학이라는 것은 어떤 주의이며 어떤 도학인가?

　(所謂東学 何主義 何道学乎)

답: 마음을 지켜 충효로 본을 삼고, 보국안민하고자 하는 것이다.

　(守心 以忠孝爲本 欲輔国安民也)

문: 너도 역시 동학을 대단히 좋아하는 자인가?

　(汝亦酷好東学者耶)

답: 동학은 수심경천의 도이기 때문에 대단히 좋아한다.

　(東学是守心敬天之道 故酷好也)

　'보국안민輔国安民'과 '수심경천守心敬天'의 도인 동학은 전봉준에게 서세동점에 시달리는 조선이라는 나라와, 탐관오리들의 가렴주구에 시달리던 조선의 민중들을 건질 '새로운 도학'이었다. 그는 동학을 '혹호酷好(대단히 좋아함)'할 수밖에 없었고, 그리하여 동학에 입도하지 않을 수 없었던 것으로 보인다.

　한편 이르면 1888~1889년경, 적어도 1890~1891년경 동학에 입도한 전봉준은 1892년 7월경 준비되어 전개된 동학의 '교조신원운동' 시기부터 동학 교단의 유력한 지도자로 부상하게 된다. 구체적으로는 1892년 음력 11월 초부터 전개된 삼례집회에서 전봉준은 두드러진 활약을 보이기 시작하였다.[3] '교조신원운동'은 동학 교단이 중심이 되어 '교조의 신원(동학 공인 요구), 지방관의 가렴주구 금지, 척왜양' 이라는 세 가지 요구를 내걸고 전개되었는데, 전봉준은 그중에서도 특히 서양 열강과 일본의 경제적 침탈에 반대하는 '척왜양' 운동을 주도했다.[4] 삼례집회에서 지도력을 발휘한 전봉준은 1893년 2월의 서울 복합상소와, 같은 해 3월 10일부터 이루어지기 시작한 충청도 보은집회에 호응하기 위하여 그가 어린 시절에 서당에 다녔던 원평을 중심으로 동학 신자 등을 결집하였다. 그러나 '교조신원운동'은 조선왕조 지배층의

---

3) 崔炳鉉, 『南原郡 東學史』, 1924, 3-8.

4) 崔炳鉉, 『南原郡 東學史』, 3-8.

강경 탄압책과 외국 열강의 간섭으로 좌절되고 말았다. 교조신원운동 좌절 이후, 전봉준은 고부 조소리에 칩거하면서 고부군수 조병갑의 악정惡政에 반대하는 진정서를 여러 차례 제출5)했지만 번번이 거절당하였고, 진정서를 제출한 대표자들과 함께 탄압을 받았다. 이에 전봉준은 '사발통문 모의'를 해서라도 고부군수 조병갑으로 상징되는 조선 팔도의 악정을 개혁하고자 했지만 이 역시 실패로 돌아간다. 1894년 음력 1월 10일, 익산 군수로 전임 발령이 난 조병갑이 다시 고부군수로 눌러 앉게 된 날, 전봉준은 무력을 통한 '악정' 개혁의 길로 나아가는 첫발을 내디뎠다. 고부농민봉기를 주도한 것이다. 하지만 고부농민봉기 역시 2개월여에 걸친 장기간의 항쟁에도 불구하고 끝내 실패로 귀결되었다. 이에 전봉준은 자신과 운명을 함께 하고자 남은 50~60명의 동학 신자들과 함께 고부로부터 이웃 무장茂長으로 피신하여, 수천 명의 연비聯臂(자신이 동학에 입도시킨 제자)를 거느리고 있던 대접주 손화중을 설득해, 1894년 음력 3월 21일에 마침내 동학농민혁명의 봉화를 힘차게 올렸다. 학력과 사회적 경력이 보잘 것 없던 전봉준은 과연 어떻게, 어떤 심경으로 동학농민혁명의 불길을 당겼던 것일까? 그리고 혁명이 실패한 뒤에는 어떤 심경으로 죽음을 맞이했으며, 후세에 무엇을 남기고자 했던 것일까?

본 글에서는 동학농민혁명기 전봉준의 활동 및 그의 사상을 드러내고 있는 대표적인 1차 사료를 중심으로 전봉준에게 평화가 어떤 의미를 지니고 있는가를 해명해 보고자 한다. 구체적으로 먼저, 제1차 동학농민혁명 당시(1894년 음력 3월 21일) 전봉준이 작성하여 전국 각지에 포고한 것으로 알려진 「무장포고문茂長布告文」에 나타난 평화의

---

5) 『전봉준공초』에 따르면 1893년 11월에는 고부군수에게, 같은 해 12월에는 전라 감영의 전라감사에게 진정서를 제출했지만 투옥당한 후 퇴출당했다고 한다. 국사편찬위원회, 『동학란기록』하, 526.

의미를 규명하기로 한다. 다음으로는 동학농민군 진영을 전면적으로 개편되던 때, 전봉준이 농민군 최고 지도자로 추대되는 '백산대회白山大会 또는 白山結陣(1894년 음력 3월 25일경)' 당시 선포된 것으로 추측되는 농민군의 「사대명의四大名義 및 12개조기율十二個条規律」에 나타난 평화의 의미를 검토해 보기로 한다. 세 번째로는 제1차 동학농민혁명 기간 내내 전봉준이 이끄는 동학농민군 진영에서 제출한 각종 폐정개혁 요구를 집약한 「폐정개혁안弊政改革案 27개조」을 통해 평화의 정신이 어떤 것인지를 밝혀 보고자 한다. 그리고 마지막으로는 전봉준이 체포되었을 당시 재판 과정에서 이루어진 심문 내용을 담고 있는 「전봉준공초全琫準供草」에 드러난 평화 관련 내용을 재조명해 보고자 한다.

2. 「무장포고문」에 나타난 평화

「무장포고문」은 1894년 음력 3월 20일경 전라도 무장현茂長縣에서 전봉준이 이끄는 동학농민군이 조선왕조 전체의 폐정弊政 개혁을 위하여 전면 봉기를 단행하기 직전에 전국 각지에 포고布告한 글로, 재야의 유교지식인, 지방 수령 및 하급관리, 일반 민중들의 광범위한 호응을 촉구하는 내용이다.

일본 교토대 가와이문고河合文庫에서 발견된 제1차 동학농민혁명 관련 1차 사료 『수록隨錄』등에 따르면, 전봉준이 이끄는 동학농민군은 1894년 음력 3월 21일에 '무장현 동음치면 당산마을(현재 고창군 공음면 구암리 구시내마을)'에서 전면 봉기를 단행하여 정읍 방면으로 북상하고 있었다. 그러므로 이 무장포고문은 적어도 전면 봉기가 있기 하루 전인 3월 20일, 아니면 그 이전에 포고되었던 것으로 짐작된다.

「무장포고문」은 동학농민혁명 최고 지도자인 전봉준이 직접 쓴 것으로 널리 알려져 있으나, 일설에는 당시 농민군 지도부 내에서 전봉준 장군의 참모 역할을 했던 인물이 썼다는 주장도 있다. 그러나 작성자가 누구였든 포고문 속에는 전봉준을 비롯한 농민군 지도부의 당면한 시국인식時局認識, 무장봉기武裝蜂起를 단행하지 않을 수 없는 필연적 이유, 민중의 삶을 파탄으로 몰아넣고 있는 조선왕조 지배 체제의 모순을 개혁하고자 하는 강력한 개혁의지, 그리고 이같은 취지에 공감하는 지지층의 연대와 협조를 촉구하는 내용이 대단히 사실적이고 감동적으로 서술되어 있다. 특히 이 포고문에서 농민군 지도부가 지적하고 있는 내용은 오늘의 시대적 모순과 너무나 똑같은 부분이 많아 읽는 이들의 가슴을 친다.

　종래 학계에서는 이 「무장포고문」을 농민군이 고부에서 전면 봉기를 단행한 뒤 정읍, 흥덕을 거쳐 전라도 무장을 점령했던 1894년 4월 12일경에 포고한 것으로 잘못 이해하여 왔다. 예를 들면, 후래 연구자들에게 상당한 영향을 끼친 김의환의 『전봉준 전기』(정음사, 1981)의 97~100쪽에 실린 내용이라든지, 재일在日 사학자 강재언의 『한국근대사연구』(한울, 1982) 168~169쪽에 실린 내용이 그것이다. 이같은 잘못은 익산 출신 동학접주였던 오지영에게서도 발견된다. 그는 자신의 체험을 바탕으로 쓴 『동학사』에서 「무장포고문」 포고 시기를 갑오년 3월이 아닌 1월에 포고된 것으로 잘못 서술하고 있다(『동학사』, 영창서관, 1940, 108-109). 연구자들이 포고 시기를 3월이 아닌 4월로 오해한 이유는 첫째, 관련 사료에 대한 치밀한 검토 없이 농민군의 전면봉기 장소를 무장茂長이 아닌 고부古阜로 잘못 이해한 데서 비롯되었으며, 둘째, 갑오년 1월 10일의 '고부민란古阜民亂', 즉 고부농민봉기를 3월 21일의 '무장기포茂長起包', 즉 제1차 동학농민혁명과 별개의 봉기로 이해하지 못하고 1월에 이미 전면봉기가 시작된 것으로 잘못 이해한 데서 비롯된 것이다.

동학농민군의 전면 봉기를 알리는 「무장포고문」의 관련 사료로는 오지영의 『동학사』를 비롯하여, 매천 황현의 『오하기문』, 경상도 예천 유생 박주대의 『나암수록』, 관변 측 기록인 『동비토록』, 1893년에서 1894년에 걸쳐 충청도 보은 관아에서 농민군의 동정을 탐지하여 수록 한 관변 기록 『취어』, 전라도 무주 관아에서 수집하여 남긴 관변 기록 『수록』, 1894년 동학농민혁명 당시 서울 명동성당에 주재하며 농민군 관련 문서를 광범위하게 수집했던 뮈텔 주교가 남긴 「뮈텔문서」(천주 교 한국교회사연구소 소장), 일본인 파계생이 쓴 「전라도고부민요일기」 등이 있다. 이들 사료 가운데 『동학사』에는 국한문國漢文으로, 「전라도 고부민요일기」에는 일본어로 실려 있으며, 나머지 사료에는 모두 한문 漢文으로 수록되어 있다. 관변 기록 『취어』에는 405자, 『수록』에는 400 자의 한자로 되어 있으나 내용은 거의 동일하다. 『오하기문』과 『동비 토록』, 『취어』등에 실린 「무장포고문」을 서로 대조하여 원문을 소개 하면 다음과 같다.

〈 茂長 布告文(原文) 〉

人之於世最貴者以其有人倫也君臣父子 人倫之大者 君仁臣直 父慈子孝然後 乃成家國 能逮無疆之福今我聖上 仁孝慈愛 神明聖睿 賢良正直之臣翼贊佐明則堯舜之化 文景之治 可指日而希矣

今之爲臣 不思報國 徒竊祿位 掩蔽聰明 阿意苟容 忠諫之士 謂之妖言 正直之人 謂之 匪徒內無輔國之才 外多虐民之官 人民之心 日益渝變 入無樂生之業 出無保軀之策 虐政 日肆 惡聲相續 君臣之義 父子之倫 上下之分 遂壞而無遺矣

管子曰 四維不張 國乃滅亡 方今之勢 有甚於古者矣 自公卿以下 至方伯守令 不念國 家之危殆 徒肥己潤家之計 銓選之門 視作生貨之路 應試之場 擧作交易之市 許多貨賂 不納王庫 反充私藏 國有積累之債 不念圖報 驕侈淫佚 無所畏忌 八路魚肉 萬民塗炭 守宰 之貪虐良有以也 奈之何民不窮且困也

民爲國本 本削則國殘 不念輔國安民之策 外設鄕第 惟謀獨全之方 徒竊祿位 豈其理哉 吾徒雖草野遺民 食君土服君衣 不可坐視國家之危 而八路同心 億兆詢議 今擧義旗 以輔 國安民死生之誓 今日之光景 雖屬驚駭 切勿恐動 各安民業 共祝昇平日月 咸休聖化 千萬 幸甚

〈 무장 포고문(한글 번역문) 〉

이 세상에서 사람을 가장 존귀하게 여기는 까닭은 인륜이란 것이 있기 때문이다. 임금과 신하, 아버지와 자식 사이의 윤리는 인륜 가운데서도 가장 큰 것이다. 임금은 어질고 신하는 정직하며, 아버지는 자애롭고 자식은 효도를 다한 후에라야 비로소 한 가정과 한 나라가 이루어지며, 한없는 복을 누릴 수 있는 법이다.

지금 우리 임금님께서는 어질며 효성스럽고 자애로우며, 귀신과 같은 총명함과 성인과같은 예지를 갖추셨으니, 현명하고 정직한 신하들이 보좌하여 돕기만 한다면 요堯 임금과 순舜 임금 때의 교화敎化와, 한漢 나라 문제文帝와 경제景帝 때의 다스림에 도달하는 것은 마치 손가락으로 해를 가리키는 것처럼 그리 오래 걸리지 않을 것이다. 그러나, 지금 이 나라의 신하라는 자들은 나라의 은혜에 보답할 생각은 하지 않고 한갓 봉록俸祿과 벼슬자리만 탐내면서 임금님의 총명을 가린 채 아첨만을 일삼고있으며, 충성스러운 마음으로 나라의 잘못을 충고하는 선비들의 말을 요사스러운 말이라 하고 곧고 바른 사람들을 가리켜 도적의 무리라 하고 있다. 또한, 안으로는 잘못되어가는 나라를 바로잡을 인재가 없고 밖으로는 백성들을 수탈하는 관리들만 많으니 사람들의 마음은 날로 거칠고 사납게 변해만 가고 있으며, 백성들은 집에 들어가도 즐겁게 종사할 생업이 없고 집을 나오면 제 한 몸 보호할 방책이 없건마는 가혹한 정치는 날로 심해져 원망의 소리가 끊이지 않고 있으며, 임금과 신하 사이의 의리와 아버지와자식 사이의 윤리, 윗사람과 아랫사람 사이의 분별은 마침내 다 무너지고 남은 것이라곤 하나도 없는 실정이다.

일찍이 관자管子께서 말씀하시기를 "사유四維, 즉 예의염치禮義廉恥가 떨치지 못하는 나라는 결국 망한다"고 하였는데 지금의 형세는 그 옛날보다도 더 심하기 그지없으니, 예를 들면 지금 이 나라는 위로 공경대부公卿大夫로부터 아래로 방백수령方伯守令들에 이르기까지 모두가 나라의 위태로움은 생각하지 않고 그저 자기 몸 살찌우고 제 집 윤택하게 할 계책에만 몰두하고 있으며, 벼슬길에 나아가는 문을 마치 재화가생기는 길처럼 생각하고 과거시험 보는 장소를 마치 돈을 주고 물건을 바꾸는 장터로 여기고 있으며, 나라 안의 허다한 재화財貨와 물건들은 나라의 창고로 들어가지 않고 도리어 개인의 창고만 채우고 있다. 또한 나라의 빚은 쌓여만 가는데 아무도 갚을 생각은 하지 않고, 그저 교만하고 사치하며 방탕한 짓을 하는 것이 도무지 거리낌이 없어 팔도八道는 모두 어육魚肉이 되고 만 백성은 모두 도탄에 빠졌는데도 지방 수령들의 가혹한 탐학貪虐은 더욱 더하니 어찌 백성들이 곤궁해지지 않을 수 있겠는가. 백성들은 나라의 근본인 바, 근본이 깎이면 나라 역시 쇠잔해 지는 법이다. 그러니 잘못되어가는 나라를 바로잡고 백성들을 편안하게 만들 방책을 생각하지 않고 시골에 집이나 지어 그저 오직 저 혼자만 온전할 방책만 도모하고 한갓 벼슬자리나 도둑질하고자 한다면 그것을 어찌 올바른 도리라 하겠는가. 우리 동학농민군들은 비록 시골에 사는 이름 없는 백성들이지만 이 땅에서 나는 것을 먹고 이 땅에서 나는 것을 입고 사는 까닭에 나라의 위태로움을 차마 앉아서 볼 수 없어서 팔도가 마음을 함께 하고 억조億兆 창생들과 서로 상의하여 오늘의 이 의로운 깃발을 들어 잘못되어가는 나라를 바로잡고 백성들을 편안하게 만들 것을 죽음으로써 맹세하노니, 오늘의 이 광경은 비록 크게 놀랄 만한 일이겠으나 절대로 두려워하거나 동요하지 말고 각자 자기 생업에 편안히 종사하여 다 함께 태평성대를 축원하고 다 함께 임금님의 덕화를 입을 수 있다면 천만다행이겠노라.

위 무장포고문에서 필자가 가장 주목하고자 하는 내용은 바로 '보국안민'이라는 네 글자이다. 요컨대, 무장포고문에 나타난 '평화'는 '보국안민'이라는 네 글자로 요약된다고 하는 것이 필자의 주장이다.

3. 「사대명의 및 12개조 기율」에 나타난 평화

종래 동학농민혁명 연구자들 대부분이 간과해 온 중요한 문제 가운데 하나인 동학농민군의 「사대명의 및 12개조 기율」에 나타난 평화의 의미에 대해 살펴보기로 한다. 1894년 음력 3월 21일에 전라도 무장茂長에서 전면 봉기한 동학농민군은 3월 25일을 전후로 오늘날의 전북 부안 백산성白山城에 결진結陣하여 진영을 확대 개편하고, 행동 강령과 함께 12개조 기율을 발표한다. 그 내용은 아래와 같다.

동도대장東道大將(동학농민군 대장; 번역자 주)이 각 부대장에게 명령을 내려 약속하기를,

"1) 매번 적을 상대할 때 우리 농민군은 칼에 피를 묻히지 아니하고 이기는 것을 가장 으뜸의 공으로 삼을 것이며, 2) 비록 어쩔 수 없이 싸우더라도 사람

의 목숨만은 해치지 않는 것을 귀하게 여겨야 할 것이다. 3) 또한 매번 행진하며 지나갈때에는 다른 사람의 물건을 해치지 말 것이며(또는 민폐를 끼쳐서는 아니 될 것이며), 4) 부모에게 효도하고 형제간에 우애하며 나라에 충성하고 사람들 사이에 신망이 두터운 사람이 사는 동네 십리 안에는 절대로 주둔해서는 아니 될 것이다"

(東道大將 下令於各部隊長 約束日 每於對敵之時 兵不血刃而勝者爲首功 雖不得已戰 切勿傷命爲貴 每於行陣所過之時 切物害人之物 孝悌忠信人所居村十里內 勿爲屯住)라고 하였습니다.

〈 12개조 군호(기율) 〉
항복하는 자는 사랑으로 대한다 곤궁한 자는 구제한다
탐관은 쫓아낸다 따르는 자는 공경하며 복종한다
굶주린 자는 먹여준다 간교하고 교활한 자는 (못된 짓)을 그치게 한다
도망가는 자는 쫓지 않는다 가난한 자는 진휼賑恤한다
충성스럽지 못한 자는 제거한다 거스르는 자는 타일러 깨우친다
아픈 자에게는 약을 준다 불효하는 자는 벌을 준다

"이 조항은 우리의 근본이니, 만약 이 조항을 어기는 자는 지옥에 가둘 것이라"고 하였습니다.

동학농민혁명 전개 과정에서 가장 빛나는 시기는 1894년 음력 3월 21일의 제1차 동학농민혁명(=茂長起包)으로부터 동학농민군이 전주성을 무혈無血 점령하는 음력 4월 27일까지라고 할 수 있을 것이다. 이 기간에 동학농민군은 전라도 무장茂長에서 봉기하여 고부古阜, 정읍井邑, 흥덕興德, 고창高敞, 영광靈光, 함평咸平, 무안務安, 장성長城 등 전라도 서남해 연안의 여러 고을을 파죽지세로 점령하였고, 황토재 전투(음력 4월 7일)와 황룡촌 전투(음력 4월 23일)에서 각각 전라감영군과 경군京軍(서울에서 파견된 군대 - 필자 주)마저 연달아 격파하여 승리하였으며, 4월 27일에는 마침내 전라도의 수부首府 전주성마저 무혈점령하기에 이른다.

이같이 동학농민군이 제1차 봉기과정에서 대승리를 거두는 배경으

로는 여러 가지를 들 수 있을 것이다. 승리를 거두는 가장 중요한 배경의 하나는 바로 동학농민군 지도부가 내건 '보국안민輔國安民(잘못되어 가는 나라를 바로잡고, 도탄에서 헤매는 백성을 편안하게 한다)'이라는 혁명의 기치旗幟가 일반 백성들의 폭발적인 지지를 받았다는 데에 있다고 할 것이다. 동학농민군은 왜 봉기했는가? 그들은 안으로는 부패한 조선왕조 지배층의 가혹한 수탈에 시달리고 있던 일반 민중들을 도탄으로부터 살려 내고, 밖으로는 외세의 침탈로부터 일반 백성들의 목숨과 생활을 보호하기 위해 봉기했다. 요컨대 일반 백성들의 입장에서 볼 때, 동학농민군은 자신들의 목숨과 생활을 지켜 주는 이른바 '백성의 군대' 또는 '살림의 군대'였다. 그렇기에, 그들은 동학농민군을 절대적으로 지지했던 것이다. 동학농민군 역시 위에 인용한 바와 같이 엄격한 행동 강령과 기율紀律을 통해 백성들의 목숨과 생활, 그들의 재산을 보호하고자 애썼다.

이처럼, 제1차 동학농민혁명 당시 농민군이 파죽지세로 승리할 수 있었던 데에는 '백성의 군대'로서 농민군이 발휘했던 높은 도덕성道德性에서 비롯된 평화 추구가 자리하고 있었다. 그에 따라 제1차 동학농민혁명 당시, 동학농민군이 각 고을을 지날 때마다 해당 고을의 수령을 비롯하여 뜻있는 지식인과 부자들은 다투어 식량을 제공하였고, 잠자리를 제공하였다. 또한 각 군현의 하급 관리들은 자진하여 성문을 개방하고 동학농민군을 맞이했다. 그 덕분에 동학농민군은 40일이 넘도록 계속된 제1차 동학농민혁명을 승리로 장식할 수 있었던 것이다. 이렇게 동학농민군이 지니고 있던 높은 도덕성과 평화를 추구하고자 했던 사상적 배경에 동학이 있었고, 그 동학의 핵심 사상이 바로 '시천주侍天主'와 '보국안민輔國安民'이었다고 본다.

4. 「폐정개혁안 27개조」에 나타난 평화

1894년 '동학농민혁명'은 1892년 음력 10월부터 1893년 4월 초까지 전개된 교조신원운동, 교조신원운동에 이은 1893년 음력 11월의 사발통문 모의 및 1894년 음력 1월의 고부농민봉기를 전사前史로 하여, 1894년 음력 3월 21일 전라도 무장茂長에서 전봉준이 이끄는 동학농민군이 전면 봉기함으로써 시작되었다.

동학농민혁명의 전사前史인 교조신원운동 과정에서 운동 지도부는 "척왜양斥倭洋, 지방관의 가렴주구苛斂誅求 금지, 동학 교조의 신원伸寃" 등 세 가지 슬로건을 앞세우고 약 2년여에 걸쳐 충청도 공주, 전라도 삼례, 서울 광화문, 충청도 보은 및 전라도 금구 원평 등지에 적게는 수천 명 많게는 수만 명이 모인 집회를 열었다. 특히 1893년 음력 3월 10일 경부터 4월 초까지 충청도 보은報恩에서 열린 보은집회 지도부는 그 목적을 '척왜양창의斥倭洋倡義'라고 선언함으로써 동학교조 수운이 일찍이 제시한 바 있는 '보국안민輔國安民'의 구체적 방도를 "왜(일본)와 양(서양)의 침탈로부터 국권을 수호"하는 데서 찾고자 하였다. 이 같은 보은집회 슬로건은 당시 조선 민중들로부터 광범위한 지지를 받았음은 물론이거니와, 민중들의 정치 의식을 배양하고 민족 의식을 고취하는 데 기여하였다.

또한, 1893년 음력 11월의 사발통문 모의 과정에서 전봉준 등 지도부는 "고부성을 격파하고 군수 조병갑을 효수하며, 군기창과 화약고를 점령한 다음, 전주영을 함락하고 경사京師(서울-필자 주)로 직향하려는" 계획을 세우고 그 실행을 모의한 바 있었다. 이는 고부군수 조병갑의 갑작스런 전임轉任 소식에 일시 중지되었다가, 1894년 음력 1월 10일경 조병갑이 다시 고부군수에 잉임仍任(계속해서 임무를 수행한다는 뜻-필자 주)한다는 소식에 고부농민봉기를 통해 사발통문 모의 계획을 실행에 옮기기에 이른다.

동학농민혁명의 전사前史인 교조신원운동, 사발통문 모의, 고부농민 봉기 등은 모두 동학 교단의 지도부 또는 동학의 접주接主급 지도자들이 중심이 되어 민중들의 정치 의식을 고양하는 한편, 부패한 조선왕조의 정치를 '혁명'하려는 민중들의 움직임이라 평가할 수 있다. 그리고 이같은 움직임은 마침내 1894년 음력 3월 21일의 '무장기포茂長起包', 즉 제1차 동학농민혁명이라는 형태로 총괄總括되기에 이른다.

주지하듯이, 제1차 동학농민혁명은 1894년 음력 3월 21일부터 '전주화약全州和約'이 체결되어 동학농민군이 전주성으로부터 자진 철수하는 음력 5월 8일경까지 전개된 바, 이 시기에 동학농민군 지도부는 포고문布告文 및 격문檄文, 4대 명의名義, 원정原情 등의 형태로 부패한 조선왕조의 정치에 대해 근본적인 '혁명'을 요구하는 문건을 지방관 또는 조선왕조 지배층에게 기회 있을 때마다 제출하였으며, 그 같은 요구는 마침내 전주화약 당시 초토사 홍계훈에게 전봉준이 제출한 「폐정개혁안 27개조」로 집성集成되었다. '폐정개혁안'을 통해 농민군 지도부가 가장 역점을 두고 정치 혁명을 시도한 내용은 부패한 집권자執權者의 교체 바로 그것이었다. 즉, 온갖 부정부패를 일삼으며 '안민安民'이라는 유가적 통치의 이상理想을 저버린 민씨閔氏 정권을 타도하고, 민심民心의 강력한 지지를 받고 있던 대원군大院君을 추대할 것을 요구하였다. 뿐만 아니라, 농민군 지도부는 민씨 정권에 빌붙어 아첨을 하며 '안민'과는 달리 학민虐民 행위를 일삼고 있던 조정朝廷의 관리와 가렴주구를 일삼는 탐관오리의 숙청을 통한 정도政道의 일신, 즉 정치 혁명을 시도하였다.

동학농민혁명 당시 농민군 지도부가 지향했던 정치 혁명의 궁극적 목표는 제 2차 동학농민혁명이 일본군의 개입 및 불법적인 탄압으로 인해 좌절된 직후 체포된 전봉준의 최후 진술에서 명료하게 확인되고 있다. 농민군 최고지도자 전봉준은 1894년 음력 12월 초에 전라도 순창에서 체포된 직후 나주를 거쳐 서울로 압송되어, 1895년 3월(양력) 말까지 전후 4차례에 걸친 심문을 받았다. 심문 과정에서 전봉준이 남긴 진술 내용은 『전봉준공초』로 남아 있으나, 정치 혁명에 관한 내용은 당시 일본영사의 취조 내용을 자세히 보도한 《도쿄아사히신문東京朝日新聞》 1895년 3월~5월분 기사 속에서 확인할 수 있다.6) 《도쿄아사히신문》 1895년 3월 5일자 5면의 「동학당 대거괴와 그 구공口供」에 의하면, 전봉준은 "나의 종국의 목적은 첫째 민족閔族(민씨 정권)을 타도하고 간신들을 물리쳐서 폐정을 개혁하는 데 있었다"라고 하면서, 이어서 민심民心을 잘 아는 몇 사람의 명망가를 선출하여 임금을 보좌함으로써, '안민'의 정치를 이룩하고자 했다고 진술하고 있다. 이 진술에 의하면, 전봉준은 끝까지 왕조王朝를 부정하지는 않았던 것으로 확인된다. 다만 임금이 민심을 잘 파악하고 수렴하여 안민安民의 정치를 할 수 있는 '정도政道의 일신一新'7), 요컨대 입헌군주제立憲君主制에 가까운 구상을 지니고 있었던 것으로 확인된다. 여기서 주목되는 것은, 비록 농민군 최고지도자 전봉준이 구상했던 정치 혁명이 조선왕조를 부정하지 않는 입헌군주제에 가까운 것이었다고는 해도, 제1차 혁명 당시 이미 '집권자의 교체'를 목표로 한 정치 혁명을 시도하고, 다시 제2차 혁명에서는 안민安民의 이상을 달성하기 위한 구체적 방도로서 민심을 대변하는 명망가를 선출하여 임금을 보좌하게 하려 했다는 점이다. 따라서 동학농민혁명에서 드러나는 정치 혁명적 측면을 결코 과소평가해서는 안 된다고 판단된다.

---

6) 《도쿄아사히신문》의 「동학당 대거괴와 그 구공」(1895. 3. 5.), 「동학당 대거괴 심문 속문」(1895. 3. 6) 및 같은 날짜의 「동학 수령과 합의정치」, 「동학당 거괴의 재판」(1895. 5. 7.), 「동학당 거괴 선고 여문」(1895. 5. 8.)등 참조.

7) 《도쿄아사히신문》(1895. 3.)

5. 『전봉준공초』에 나타난 평화

전봉준은 1892년 11월, 전라도 삼례에서 약 2개월에 걸쳐 전개되었던 교조신원운동[8] 단계부터 동학 교단 내의 유력한 지도자의 1인으로 부상하고 있다. 전봉준이 지도자로 부상한 삼례집회의 특징 가운데 하나는 이른바 '척왜양斥和洋'이라는 반외세적 요구가 집회의 주된 요구로 등장하였고, 그 운동의 주도자 가운데 1인이 바로 전봉준이라는 사실이다. '척왜양'에 대한 지금까지의 이해는 '일본과 서양 세력을 배척하는' 배외주의排外主義 또는 폐쇄적인 민족주의적 요구로 보는 경향이 지배적이었다. 그러나 이 글에서 필자는 동학 교조신원운동 단계에서 등장한 '척왜양', 특히 1892년 11월의 삼례집회 단계부터 1894년 동학농민혁명 기간 내내 일관되게 동학농민군들이 주장했던 '척왜양'이 단순한 배외주의적 요구이거나 폐쇄적인 민족주의적 요구가 아닌, 당시의 '만국공법萬國公法', 즉 근대 국제법을 준수하는 가운데 주창되어진 열린 민족주의적 요구였다는 점을, 전봉준의 활동과 그의 진술을 통해 해명하고자 한다. 전봉준이 주도한 동학농민혁명은 1894년 음력 3월 21일의 제1차 봉기(무장기포)와 음력 9월 15일경의 제2차 봉기(삼례기포)로 대별되며, 1차 봉기는 주로 조선왕조 지배체제의 모순을 무력을 통해 제거하고자 했던 반봉건적 성격의 봉기이며, 2차 봉기는 일본군의 '불법적인' 경복궁 점령(음력 6월 21일)으로 초래된 조선의 '국난'을 타파하기 위해 일본군 구축을 명분으로 봉기한 항일 봉기로 이해하는 것이 일반적이다. 이 2차 봉기와 관련하여 전봉준의 명확한 진술이 아래와 같이 남아 있다.[9]

---

8) 이것을 일러 삼례집회參札集会라 부른다. 삼례집회는 1892년 음력 11월 초에 시작되어 약 1개월 뒤에 공식 해산했으나, 일부 해산하지 않은 동학지도자 및 신자들에 의해 이듬해 1월까지 산발적인 집회가 계속 이어지고 있었다는 사실이 최근의 연구에서 밝혀진 바 있다.

9) 국사편찬위원회, 『동학란기록』하, 529.

문: 다시 기포(제2차 봉기–필자 주)한 것은 무엇 때문이냐?

    (更起包 何故)

답: 그 후 들으니, 귀국貴国(일본–필자 주)이 개화開化(내정개혁–필자 주)를
한답시고 처음부터 민간에게 일언반구 알림도 없고, 또 격서激書(선전포
고–필자 주)도 없이 군대를 거느리고 도성都城(서울–필자 주)으로 쳐들
어와 야반에 왕궁王宮(경복궁–필자 주)을 격파하여 주상主上(고종 임금
을 말함– 필자 주)을 경동케 하였다는 말을 들었기 때문에 나와 같은
시골 선비와 일반 백성 들은 충군애국忠君愛国의 마음으로 분개를 이기
지 못하여 의병義兵을 규합하여 일본군과 싸우되, 일차적으로 이러한 사
실을 청문聽聞하고자 하였다.

    (其後聞則 貴国称以開化 自初無一言半辞伝布民間 且無激書率兵入都城　夜半撃
破王宮驚動主上云 故草野士民等 忠君愛国之心不勝慷慨 糾合義旅 与日人接戦
欲一次請問此事実)

    전봉준은 일본이 조선의 백성들에게 일언반구 알린 일도 없이 제
멋대로 남의 나라의 내정개혁을 하겠다고 하고, 그것을 거부한 조선왕
조 정부에 대해 '격서', 즉 선전포고도 없이 불법으로 군대를 동원하여
왕궁을 점령하고 임금을 포로로 삼은 사실에 대해 '충군애국'의 마음
을 이기지 못해 '의병'을 규합하여 일본군과 싸우되, 왜 불법을 저지르
는가를 '청문'하고자 했다고 분명하게 말하고 있다. 전봉준이 당시의
만국공법을 알고 있었다거나, 또는 읽었다는 증거는 전혀 알려져 있지
않지만, 위의 진술 내용은 그 어디를 읽어 보아도 당시의 국제법에 어
긋나는 조항이 전혀 없다. 일본과 관련된 전봉준의 진술은 또 있다.10)

문: 재차 기포(제2차 봉기; 인용자 주)는 일본군이 왕궁을 침범했기 때문에 다
시 봉기했다고 하였는데, 다시 봉기한 후 어떻게 행동하고자 하였는가?

    (再次起包 因日兵犯闕之故再挙云 再挙之後 於日兵欲行何挙措耶)

답: 왕궁을 침범한 이유를 따지고자 하였다.

    (欲詰問犯闕縁由)

---

10) 국사편찬위원회, 『동학란기록』하, 538.

문: 그렇다면 일본군은 물론이고, 경성에 주둔하고 있는 다른 외국인도 모두
  몰아내려고 하였는가?
  (然則 日兵与各国人留住京城者 欲尽駆逐耶)
답: 그렇지 않다. 다른 나라의 외국인은 다만 통상만을 할 뿐인데, 일본인만
  은 유독 군대를 거느리고 경성에 주둔하는 까닭에 우리 국토를 침략하고
  자 하는 것이 아닌가 의심이 들었다.
  (不然 各国人但通商而已 日人則率兵留陣京城 故疑訝侵掠我国境土也)

위 진술에서 전봉준은 2차 봉기를 한 후에 무엇을 하고자 하였는가
하는 질문에 대해, 불법으로 왕궁을 침범한 일본군의 행위를 따지고자
하였으며, 서울에 거주하는 다른 외국인에 대해서는 별도의 행동을 취
하고자 하지 않았다고 대답하고 있다. 전봉준은 특히 일본만이 오직
군대를 서울에 주둔시키는 까닭을 조선의 국토를 '침략'하려는 의도
가 있기 때문이라고 믿고 일본군을 '구축駆逐'하기 위해 2차 봉기를 단
행했음을 명확히 밝히고 있는 것이다. 이미 널리 알려져 있듯이, 동학
농민혁명 당시 메이지 일본은 정부건 군부건, 이토 히로부미를 필두로
한 내각이건 자유당自由党 등을 필두로 하는 야당이건, 후쿠자와 유키
치로 대표되는 지식인이건 일반 민중이건 간에 이구동성으로 일본군
의 조선 출병과 조선왕궁 점령을 지지한 바 있다. 예컨대, 전봉준이 재
판 과정에서 그 불법성을 지적하고 있는 1894년 음력 6월 21일(양력
7월 23일) 미명未明에 일본군이 조선 왕궁을 침범한 사실에 대해, 그것
이 당시의 국제법을 위반한 행위였다고 그 부당성을 지적한 메이지
일본인은 사실상 없었다.[11]

---

11) 1894년 동학농민혁명 당시 일본은 음력 6월 21일에 일본군이 경복궁을 불법
  점령한 행위가 국제법 위반이라는 사실을 이미 알고 있었다. 그래서 사건 당초
  부터 은폐에 급급하였다. 경복궁 불법 점령 사실의 진실은 100년이 지난 1994
  년에 나카츠카 아키라 교수의 사료 발굴을 통해 밝혀졌다. 中塚明, 『歴史の偽
  造をただす』, 高文研, 1997.

참고문헌

국사편찬위원회, 『동학란기록』하, 탐구당, 1971

中塚明, 『歴史の偽造をただす』, 東京: 高文研, 1997
崔炳鉉, 『南原郡 東學史』, 1924

《도쿄아사히신문》

톨스토이의 평화론과 노자 사상*

문준일
원광대학교 동북아시아인문사회연구소 HK교수

1. 머리말

우리나라에서 레프 톨스토이Лев Николаевич Толстой (1828~1910)가 가지는 명성과 문학적 의미는 대단하다.[1] 러시아 작가로는 처음으로 국내에 번역 소개된 작가이며[2], 21세기 작금의 한국에서도 러시아 작가 중 여전히 가장 많이 소비되는 작가이다. 우리나라에서 톨스토이는 그의 대작들 『전쟁과 평화』, 『안나 카레니나』, 『부활』로 러시아 문학의 굳건한 대표자 역할을 하고 있으며, 또한 「바보 이반 이야기」, 「사람에겐 얼마만큼의 땅이 필요한가」, 「사람은 무엇으로 사는가」 등의 교훈적 이야기로 인생에 가르침을 주는 스승으로 자리매김하고 있다. 그의 『참회록』과 『인생독본』을 읽고 나서 삶의 방향이 바뀌었다는 식의

---

* 이 글은 〈문준일, 「톨스토이의 평화론과 동양사상 – 노자의 사상을 중심으로」, 『문화와 융합』 42권 5호, 2020〉에 수록된 내용을 수정·보완한 것임.

1) 박노자의 평가에 따르면 한국은 "톨스토이가 가장 잘 알려지고 가장 큰 권위를 지닌 나라들 중 하나"이다. 박노자, 『우리가 몰랐던 동아시아』, 한겨레출판, 2007, 74-75.

2) 한국에 소개된 최초의 러시아 문학 작품은 1908년 최남선이 번역하여, 『소년』지에 실은 톨스토이의 「사랑의 승전」이다. 엄순천, 「한국문학속의 러시아문학 – 한국 근대문학으로의 러시아문학 수용 현황 및 양상」, 『인문학연구』 35/1, 충남대학교 인문과학연구소, 2008, 95.

후일담은 어렵지 않게 접할 수 있는 것이 그것을 증명한다. 한국에서 톨스토이는 곧 러시아 문학과 동격이며, 참된 인생을 어떻게 살아야 하는지 보여 주는 '인생의 스승'이다.

이러한 스승의 이미지는 한국에 국한되지 않는다. 간디는 25살에 『신의 나라는 네 안에 있다』라는 책을 읽은 후, 말할 수 없이 큰 감명을 받는다. 이 책으로 말미암아 아직 비폭력에 대한 확신을 갖지 못하던 간디는 '아힘사ahimsa'[3]를 자신의 가장 중요한 원칙의 하나로 삼게 되었다. "역사적 인물을 통틀어 누가 20세기에 가장 크고 유익한 영향을 끼쳤다고 생각하나"라는 질문에 간디는 "톨스토이, 오직 그뿐이다"라고 답한 바 있다.[4]

위에서 보듯 톨스토이는 문학가 톨스토이와 사상가 톨스토이로 나뉜다. 정신적 위기 뒤에 온 회심回心을 기점으로 톨스토이를 둘로 나누는 방식은 연구자들 사이에서 많이 접할 수 있다. 심성보는 러시아의 톨스토이 연구자들인 오풀스카야Л.Д. Опульская, 로무노프К.Н. Ломунов, 마이민Е.А. Маймин의 견해를 소개하는데, 1880년대 정신적 위기를 맞은 이후 시기를 '후기 톨스토이', 그 이전의 시기를 '전기 톨스토이'로 나누는 방식이다.[5] 이문영은 톨스토이 속에 여러 차원에 걸쳐 많은

---

3) 불살생不殺生을 의미하는 인도 종교의 기조 사상으로 힌두교·불교·자이나교를 아우르는 인도 종교문화의 중요한 덕목이다. 살아 있는 모든 생물에 대한 불살생·비폭력·동정·자비를 뜻한다. 고대 『베다』의 제식에서 동물이 희생되는 관행에 대한 반대에서 유래했다. 불타佛陀는 이처럼 무고한 생명체가 도살되는 것을 막기 위해 아힘사를 주장했다. 인과 법칙을 믿는 인도인들은 아힘사를 행하지 않으면 다른 생명체의 영적 진보를 방해하고, 자신들은 그에 따른 과보와 고통을 입는다고 믿는다. 두산백과, '아힘사' [https://terms.naver.com/entry.nhn?docId=1122081&cid=40942&categoryId=31491.] (검색일 2020. 1. 20.)

4) 이문영, 『톨스토이와 평화』, 모시는 사람들, 2016, 122, 124.

5) 심성보, 「레프 똘스또이의 민화에 나타난 노자의 무위사상 ─ 바보 이반 이야기를 중심으로」, 『러시아어문학연구논집』7, 한국러시아문학회, 2004, 137.

'두' 톨스토이가 있는데, 가장 대표적인 것은 작가 톨스토이와 평화사상가 톨스토이라고 한다. 그리고 평화사상가 톨스토이 속에는 다시 인생의 스승, 삶의 지혜를 전해 주는 현자의 이미지가 덧 씌워진, 성자聖子 톨스토이, 그리고 인간에 대한 인간의 폭력을 제도화하는 국가, 인간에 의한 인간의 노동 착취를 합법화하는 경제 질서, 그리고 그러한 폭력을 신의 법칙으로 정당화하는 기성 종교 등을 만악의 근원으로 여기고 그것에 대항한 전사戰士 톨스토이의 모습이 존재한다고 구분한다.6)

심성보는 대문호 톨스토이와 '비폭력 무저항주의'를 설교한 도덕, 종교사상가로서의 톨스토이로 나누고, 1880년대 이후 후기 톨스토이를 다시 예수의 가르침을 중심에 두고 인류의 도덕 윤리 회복을 호소한 영성적 종교사상가로서의 모습과 사회의 불평등, 전쟁에 반대한 비폭력 평화운동 실천가, 사회운동가의 모습으로 나눈다.7)

한국에서의 톨스토이 수용도 이 대목에서 매우 흥미로운 지점이 있다. 박노자는 「너희가 '톨스토이'를 아느냐」라는 글을 통해 1990년대 후반부터 식민지 말기까지 이어진 톨스토이 붐의 이유를 근대 미증유의 폭력성에 환멸과 절망을 느낀 이상주의적 젊은 지식인들에게 살육과 증오가 없는 '대안적 근대'의 길을 보여 주었기 때문이라고 이야기한다. 하지만 최남선과 이광수에 의해, 즉 근대 지상주의를 벗어나지 못하는 '온건' 지성인들에 의해 종교화된 톨스토이는 '개인 수양의 이념'으로 탈바꿈되는 과정을 통해 '영靈의 철학가 톨스토이' 이미지로 고정되었다고 그는 생각한다. 그래서 1920년대 조선 아나키스트들이 스승으로 생각했던 사회·정치사상가로서의 톨스토이, 국가와 국가를 지탱하는 모든 폭력적 구조에 대항하고, 병역과 조세 거부를 주

---

6) 이문영, 『톨스토이와 평화』, 14-24.
7) 심성보, 「레프 톨스토이와 아나키즘」, 『러시아어문학연구논집』 28, 한국러시아문학회, 2008, 9.

장했던 톨스토이, 국가와 폭력을 '과도기의 필요악'으로 생각했던 100년 전의 '주류' 사회주의자보다도 훨씬 더 철저했던 '근대의 이단아' 톨스토이는 '개량된 기독교 윤리'로 수용되었던 것이다. 한국에서 톨스토이 사상의 핵심인 국가와 군대를 부정하는 논문들은 생소하다. 그러면서 최남선과 이광수 식의 톨스토이 이해의 한계를 언제 넘을 수 있을 것인지 안타까움을 표시한다.[8] 박노자의 이러한 안타까움, 즉 '사상가 톨스토이'에 대한 본질적인 이해의 부족은 어느 정도 정당해 보인다. 한국의 출판 시장에서 러시아 문학작품의 판매는 톨스토이와 도스토옙스키라는 두 거인이 양분하고 있다. 그중 톨스토이는 그의 대작 장편소설보다는 잠언적 성격의 책들과 『참회록』, 『인생독본』 등 삶의 의미를 다룬 책들로 더 많이 팔리고 있고, 이문영이 안타깝게 지적하는 것처럼 톨스토이는 한국에서 힐링으로 소비되고 있는 것이 사실이다.

이러한 현상들은 '거인 톨스토이'가 우리에게 보여 주는 두 모습의 톨스토이 – 문학가 톨스토이와 사상가 톨스토이 – 에서 기인하는 것일 테다. 그리고 이 두 모습의 톨스토이는 서로 상반되는 것처럼 보인다. 후기 톨스토이(사상가 톨스토이)는 전기 톨스토이(문학가 톨스토이)가 이룬 문학적 업적들, 세계적인 불후의 명작들을 모두 쓰레기로 간주하고 '삶속에서 죽음에 의해서도 파괴되지 않을 가치'를 찾아 고통스럽고 긴 탐색의 길을 떠났기 때문이다.

2. 회심回心: 두 모습의 톨스토이와 그 경계

물론 톨스토이를 전기, 후기 톨스토이로 구별하기보다 하나의 톨스

---

8) 박노자, 『우리가 몰랐던 동아시아』, 72-75.

토이로 인식하고자 하는 경향도 있지만, 이렇게 톨스토이를 둘로 구분하는 경향이 보다 일반적인 이유는 그만큼 문학가 톨스토이와 사상가 톨스토이의 경계가 확실하기 때문일 것이다. 그 경계는 그의 인생에 '회심回心'이라 불리우는 하나의 사건이다. 회심을 불러온 그의 정신적 위기는 세상이 줄 수 있는 모든 것을 가진 듯한 삶의 정점에 섰을 때 찾아 왔다. 유서 깊은 가문의 아들로 태어난 톨스토이는 이미 10대에 부유한 영지 "야스나야 폴랴나"의 상속자가 되었고, 젊은 시절부터 작가로서의 명예를 얻었다. 그리고 불후의 명작이 된 그의 작품들―『전쟁과 평화』(1869), 『안나 카레니나』(1877)를 통해 이미 쉰 살 무렵에 문학으로 세계적 명성을 지닌 작가가 되어 있었다.

그는 언젠가 편지에서 인간으로서 할 수 있는 가장 오만한 말을 쓴 적이 있다고 한다. "이보다 더 행복할 수 없다." 그런데 하룻밤 사이 그가 가진 모든 것이 의미와 가치를 잃는다. 톨스토이에게 온 이러한 변화의 원인은 무엇인가. 츠바이크는 그것이 소리 없이 그의 인생을 갉아먹는 어떤 병 때문이라고 한다. 그리고 톨스토이가 사물의 배후에서 무無를 보았다는 사실에 주목한다. 그의 영혼에 균열이 생겼고, 균열된 틈은 가늘고 어둡게 내부를 향해 나 있다. 무엇에 홀리기나 한 듯 동요된 눈은 따뜻한 피가 흐르는 삶의 배후에 자리 잡은 공허를 바라본다. 이렇게 츠바이크는 톨스토이가 겪은 허무와 내면의 위기의 시작을 '삶의 배후에 있는 공허'를 경험하게 된 것으로 본다. 그것의 원인은 죽음과의 체험적 대면이다.9) 당시 그의 가까이에서 정신적 토대가 되어 주었던 사람들이 연이어 죽음을 맞았다. 어머니의 자리를 대신하였던 숙모, 그리고 그의 형이 세상을 떠났다. 그가 사랑하는 형이 죽었을 때 그 죽음을 어떻게 설명하고 정당화할 수 있을까, 적절한 대답은 없었다. 그에게 있어서 인간에게 불가피한 죽음은 삶을 완전히

---

9) 슈테판 츠바이크, 『츠바이크가 본 카사노바, 스탕달, 톨스토이』, 필맥, 2005, 202.

불합리 한 것으로, 잔인하고 어리석은 농담으로 만드는 것이었다.[10] 그리고 그에 따른 삶의 의미에 대한 작가의 고통스러운 물음이 이어진다. "명성은 바람처럼 허망하게 변하고, 예술은 바보들의 놀음이 되었고, 돈은 누런 종잇조각이 되었다. 또한 살아 숨쉬던 건강한 신체는 벌레들의 서식처가 되었다."[11]

죽음은 모든 의미의 부정이다. 그것은 오래전부터 느껴 왔던 것이지만, 그때까지는 그의 강력한 생명력에 억눌려 감춰져 있었던 생각이었다.[12] 이때까지 그의 강력한 생명력에 감추어져 있던 죽음과 공허가 그의 성공의 정점에 찾아온 것이다. 그러자 자살에의 충동이 강렬히 그를 찾아왔다. 목을 맬까 두려워 장롱 속의 옷끈을 치웠고, 너무 쉬운 방법으로 삶에서 해방되고 싶은 유혹을 느끼지 않게 총을 들고 사냥을 나가는 것도 그만 두었다. 그가 이제껏 쌓아 온 세속적 영광의 두터운 표피를 뚫고 그의 강인한 육체적 생명력 아래에서 존재하던 허무가 한순간에 그의 모든 것을 장악하였다. 그 당시의 심경이 『참회록』(*Исповедь*)에 고스란히 나타나 있다.

> 나는 행위 하나에도 나의 모든 인생에도 아무런 합리적 의미를 부여할 수 없었다. 어떻게 애초에 이런 사실을 깨닫지 못했는지 놀라울 뿐이었다. 이 모든 것은 아주 오래전부터 모든 사람이 알고 있던 사실이었다. (…) 인간은 단지 삶에 취해 있는 동안만 살 수 있을 뿐이며, 깨어나는 순간 이 모든 것은 기만, 어리석기 짝이 없는 기만에 지나지 않는다는 것을 깨닫지 않을 수 없다는 사실! 그야말로 재미있고 기발한 것은 하나도 없고, 그저 참혹하고 어리석은 것만이 있을 뿐이다.[13]

---

10) 안드레이 발리츠키, 『계몽사조에서 마르크스주의까지: 러시아사상사』, 슬라브연구사, 1988, 393.

11) 슈테판 츠바이크, 『츠바이크가 본 카사노바, 스탕달, 톨스토이』, 202.

12) 미셸 오쿠튀리에, 『톨스토이: 러시아의 위대한 영혼』, 시공사, 2014, 62.

13) 레프 톨스토이, 『참회록』, 뿌쉬낀하우스, 2019, 37.

정신적 위기를 맞은 그는 죽음이 파괴하지 못할 삶의 어떤 가치를 찾기 시작한다. 삶의 의미가 무엇인지, 왜 사는지에 대한 근본적이고 존재론적 질문이 그를 온통 잠식한다. 이후 그는 자신이 성장한 환경 속에서 일반적으로 받아들인 세계관, 자신이 속한 계급의 행동 양식들과 결별하면서 '생의 의미'를 찾는 데 1880년 이후부터 그의 삶을 바친다. 이 질문에 체계적으로 접근하기 위해 톨스토이는 인류가 삶에 대해 쌓아 온 모든 지식들을 점검한다. 하지만 인류의 축적된 지식들인 과학과 철학은 삶의 의미라는 문제에 답을 주지 못한다. 결국 톨스토이는 이 문제에 대한 해답을 신앙에서 찾으려 한다.

『참회록』에서 톨스토이는 16세 때 기도하는 것도 그만두고 교회에도 나가지 않게 되었다고 쓰고 있다. 하지만 톨스토이 평전을 쓴 로맹 롤랑은 이런 모습을 톨스토이가 무신론자가 된 것은 아니라고 본다. 톨스토이는 신앙을 버린 것이 아니라 다만 모습을 잠시 감추었던 것이다. "그러나 나는 무엇인가의 존재를 믿고 있었다. 그것이 무엇이냐고 누가 물으면 나로서는 무엇이라고 대답할 수 없었다. 나는 아직 신의 존재는 믿고 있었다. 신을 부정하지 않았다고 하는 것이 더 정확할 것이다. 그러나 그게 어떤 신이냐고 물으면 나는 알 수 없었다."14)

젊은 시절 그의 인생에 자취를 남긴 사건들인 카프카즈 체류와 크림전쟁 세바스토폴 방어전의 경험에서 공통적으로 발견되는 한 가지는 종교와 신앙에의 이끌림이다. 카프카즈는 무엇보다도 톨스토이에게 자기 속에 깊이 숨겨 둔 종교심의 깊이를 계시해 주었다. 그는 1859년 5월 3일, 청춘 시절 마음의 벗이었던 젊은 숙모 알렉산드라에게 부친 편지 속에 비밀을 지켜 달라며 '신앙 고백'을 하고 있다.

"그것은 카프카즈에 있을 때였습니다. 내가 이 2년 동안만큼 자신을 깊이

---

14) 로맹 롤랑, 『톨스토이의 생애』, 범우사, 2008, 17-18.

바라본 일은 없었습니다. 그때 내가 발견한 모든 것은 나의 신념으로 남을 것입니다. (…) 나는 하나의 아무 특색도 없는 낡아빠진 진리를 발견했습니다. 즉 불멸의 존재가 있다는 것, 사랑이 있다는 것, 영원히 행복하기 위해서는 다른 사람을 위해서 살아야 한다는 것을 발견했던 것입니다. (…) 그리하여 나는 나의 종교와 함께 오직 혼자가 될 수 있었던 것입니다."

톨스토이는 1854년 크림전쟁에서 세바스토폴 방어전에 참가한다. 그는 열광하였고 애국적 충성심에 불탔다. 몇 달을 죽음에 직면하여 끝없는 흥분과 공포 속에서 살았기 때문에 종교적 신비주의가 되살아났다. 그의 인생의 목적, 그것은 예술이 아니라 종교였다. 1855년 3월 5일에 그는 이렇게 적고 있다.

"나는 위대한 이념에 이끌렸다. 그 이념의 실현에 전 생애를 바칠 수 있다고 나는 느꼈다. 그 이념이란 새로운 종교의 창설이다. 그리스도의 종교이기는 하나 교리나 신비성으로부터 순화된 종교이다."[15]

『참회록』의 내용으로 보면 신에 대한 톨스토이의 관심은 갑작스러운 것으로 보일 수 있다. 1870년대 후반 정신적 위기의 결과로 종교적 인간으로 탈바꿈한 모습으로 생각할 수 있는 것이다. 그래서 정신적 위기 이전의 문학가로서의 톨스토이와 위기 이후의 종교사상가로서의 톨스토이는 구분하는 것이 대다수 학자들의 견해이다. 하지만 앞서 언급한 카프카즈 체류와 세바스토폴 방어전의 경험에서 보듯이 위기 이전의 톨스토이에게 인생의 분수령마다 초월과 종교에 대한 이끌림은 항상 있어 왔다. 올랜도 파이지스가 지적하듯이 톨스토이는 자신의 삶과 예술에서 끊임없이 신앙에 대한 탐구를 지속해 왔던 것이다.[16]

삶의 의미에 대한 답을 신앙에서 찾으려 한 톨스토이는 교회의 모든 행사에 열정적으로 참가하면서 러시아 정교의 모든 의식과 교리를

---

15) 로맹 롤랑, 『톨스토이의 생애』, 26-27.

16) 올랜도 파이지스, 『나타샤 댄스 − 러시아문화사』, 이카루스미디어, 2005, 499-500.

검토한다. 그리고 톨스토이는 교회의 신학이 삶의 의미에는 관심을 두고 있지 않다는 결론에 도달했다. 난해하고도 모호한 교리는 어떤 심오한 의미를 감추고 있는 것이 아니라, 단지 대중의 관심을 다른 곳으로 향하게 하는 수단에 불과하다는 것이다. 왜냐하면 일반 민중이 본능적으로 이해할 수 있는 종교적 신앙의 간명한 진리가 지배자에게는 불편한 것이 될 수 있기 때문이다. 그러므로 톨스토이는 이성을 자신의 지표로 삼고 신학에 대한 비판에 착수하였다. 그가 요구했던 신앙은 이성 자체의 본성이 수용할 수 있는 것들과는 무관한, 이해할 수 없거나 또는 초합리적 진리를 배제한 믿음이었다.[17]

이러한 그의 신앙은 전혀 새로운 방식의 기독교였다. 기존의 기독교에서 초월적 성격을 모두 배제하고, 윤리적 실천적 성격만을 취한 그의 기독교는 교회의 울타리 안에서 수용하기 힘든 것이었다. 톨스토이는 자신이 정교회라 불리는 교회를 버렸음을 기꺼이 인정한다. 그러나 "신을 거역해서 버린 것이 아니라, 영혼의 온 힘을 다해 그를 섬기기 위해서 버렸다"고 항변한다.[18] 또한 1903년 인도인 다스 샤르마 P.M. Dass Sharma에게 보내는 편지에서 톨스토이는 그가 기독교인인지 밝혀달라는 질문에 대해 자신은 일반적으로 사회에서 통용되는 의미의 기독교인이 아니며, 그 어떤 교회에도 소속되어 있지 않다고 대답한 바 있다.[19]

1884년 「내 신앙은 어떤 것인가?」에서 그가 정의한 신앙은 두 가지 원칙, 곧 하느님과 이웃에 대한 사랑에 근거한 것이고, 그것은 산상교훈의 다섯 가지 명령으로 요약된다. 분노하지 마라, 간음하지 마라, 판단하지 마라, 악인에게 맞서지 마라, 원수를 사랑하라. 톨스토이는 특

---

17) 안드레이 발리츠키, 『계몽사조에서 마르크스주의까지: 러시아사상사』, 39.

18) 이문영, 『톨스토이와 평화』, 43.

19) 심성보, 「레프 톨스토이의 작품에 나타난 부처의 형상」, 『러시아어문학연구논집』26, 한국러시아문학회, 2007, 63,

히 네 번째 계명을 강조했다. 그는 그 계명에서 그리스도의 정수를 보았다. "악인에게 저항하지 않는다는 주제는 모든 교리를 하나로 집약시킨 것이다." 그는 그 원리만이 폭력의 확대에 종지부를 찍고, 사람들 사이에 평화를 가져올 수 있다고 믿었다. 그에게 무저항은 실현 가능성 없는 소원이 아니라, 진정한 계명이었다. 그래서 그는 문자 그대로 해석된 무저항은 군대와 경찰 등 악을 억압하는 제도들뿐 아니라, 때로는 인간의 정의까지도 규탄할 수 있어야 한다고 믿었다.[20]

톨스토이는 점차 진정한 기독교인은 예수가 산상 설교에서 가르친 대로 살아야 한다고 생각하게 되었다. 그는 재산을 팔아 가난한 사람에게 나누어 주고 기독교적 형제애로 그들과 함께 살겠다고 맹세한다. 본질적으로 그의 믿음은 일종의 기독교 사회주의—혹은 그가 모든 형태의 교회와 국가의 권위를 거부하는 한에 있어서 다소 무정부주의—에 이르게 된다. 하지만 톨스토이는 혁명가는 아니었다. 그는 사회주의자들의 폭력을 거부한 평화주의자였다. 그의 관점에서 부정의不正義, 억압과 싸우는 유일한 방법은 그리스도의 가르침에 복종하는 것이었다.[21] 하지만 톨스토이가 이해하고 받아들인 그리스도는 러시아 관제 정교의 그리스도와는 많이 달랐다. 로맹 롤랑은 톨스토이가 그리스도를 유일신이 아니라 "현자들 중 최고의 위치를 차지하고 있는 존재"로 받아들이고 있다고 설명하고 있다. 톨스토이가 세상에 기독교 진리로 선포한 것과 이를 해석해 나간 방식은 기독교인의 진리라기보다는 톨스토이 자신의 진리이다. 그는 기독교의 교리를 설명하기 위해 기독교 이외의 가르침, 즉 마호메트와 공자, 노자, 석가의 계명에 도움을 받고 있다. 톨스토이는 기독교의 허위를 벗겨 내고 본래의 참된 신앙을 사람들에게 일깨우기 위해 동서양 성현들의 가르침을 다양하게 수용하

20) 미셸 오쿠튀리에, 『톨스토이: 러시아의 위대한 영혼』, 68.
21) 올랜도 파이지스, 『나타샤 댄스 ― 러시아문화사』, 501.

고 있는데, 그중 동양 사상의 영향이 그의 비폭력 무저항주의와 평화론을 형성하는 데 매우 큰 역할을 하였다.[22] 또한 톨스토이는 인류의 삶 속에서 중요한 변환의 시기가 도래할 것을 믿고 있었는데, 그는 중국이 바로 이러한 역할을 맡을 수 있다고 생각했다. 그래서 톨스토이는 그의 글에서 참다운 자유에 이르는 길은 도에 다름 아니라고 말한다. 그토록 절박하게 찾으려 했던 신앙과 사회의 문제에 대한 해답을 찾기 위해 그는 이제 동양으로 눈을 돌린다. 톨스토이에게 동양 사상은 하나의 새로운 정신적 출구였던 것이다.[23]

3. 톨스토이와 노자 사상

중국에 대한 톨스토이의 애정은 특징적이다. 톨스토이의 비서인 불가코프Ф.Б. Булгаков는 "그는 만약 조금만 더 젊었더라면 중국에 갔을 거라고 이야기했다"라고 전한다. 그의 중국에 대한 애정을 엿볼 수 있는 언급이다. 흥미로운 사실 하나는 톨스토이와 중국과의 인연은 청년 시절인 27살부터 시작되었다는 것이다. 그의 비서였던 마코비츠키Д.П. Маковицкий의 기록에서 재미있는 일화를 엿볼 수 있다. 톨스토이는 1855년 중국 군대를 훈련시킬 교관으로 초대받는다. 당시 그는 용맹스러운 장교라는 평판을 받고 있었다. 몇 번의 전쟁들에 참전해서 그는 무공훈장과 몇 개의 포장을 받기도 했기 때문이다. 하지만 톨스토이는 이 제안을 거절하였다. "크림 전쟁 후에 중국으로 사람들을 파견할 때

---

22) 박혜경, 「톨스토이의 작품에 나타난 동양적 세계관」, 『인문학연구』 7, 한림대학교 인문학연구소, 2000. 105.

23) 이덕형, 「똘스또이의 선에 반영된 동양사상의 현재적 맥락」, 『비교문화연구』 1, 경희대학교 비교문화연구소, 1994, 121-122.

였다. 내 지인들은 나에게 포병장교를 훈련시키는 교관으로 가라고 설득했다. 나는 매우 주저했다. 내 동료 중 한 명은 중국으로 갔다. 하지만 그에겐 다른 임무들이 있었다. 동방의 민족들을 매우 교묘하게 대했다. 그는 나중에 대사가 되었다." '다른 임무들'이라는 말은 첩보 활동을 이르는 것이다. 톨스토이는 중국으로 가지 않았지만 그 일 이후로 중국에서 벌어지는 정치적 사건들에 주목하고 중국에 관심을 가지기 시작했다. 6천 년이 넘는 고대의 세련된 문화를 가진 이 나라에 대한 관심이 톨스토이에게서 첨예화된 것은 1870년대 말이다. 그 이유는 앞서 이야기한 그의 정신적 위기 때문이었다. 고통 속에서 육을 위해 사는 것이 아니라 영을 위해 살아야 된다는, 지상에 신의 왕국을 세워야 한다는 삶의 새로운 의미가 그에게서 생겨났다. 그리고 자신의 '새로운 세계관에 대한 확인'이 필요했다. 이 시기 그의 서재에는 중국 철학자들의 서적들이 모습을 보이기 시작했다. 중국어에서 유럽어로 번역된 노자, 공자, 맹자, 묵자의 책들이었는데, 이 책들은 당시 프랑스, 영국, 독일의 저명한 중국학자들이 작업한 것들이었다.[24] 톨스토이는 그들의 저작들에서 그를 흥분시키는 이상들인 '박애', 악에 대한 무저항, 형제애와 비슷한 공명을 발견하였다. 자신의 친구이자 출판인이었던 체르트코프B.Г. Чертков에게 보낸 편지들을 보면 "나는 중국의 지혜를 읽느라 매우 분망하오. 당신과 모든 이들에게 이 책들이 나에게 준 도덕적 교훈을 알리고 싶어 죽을 지경이오"라고 쓰고 있다.

톨스토이는 동양의 정신적 유산을 다양한 측면에서 이해하려 한 첫 번째 러시아 사상가라고 말할 수 있다. 당시 러시아 철학자들의 노자사상에 대한 태도를 살펴보면 톨스토이의 위치가 매우 독특함을 알

---

24) М.Е. Суровцева, "Лев Толстой и философия Лао−цзы", *Вестник Центра международного образования Московского государственного университета. Филология. Культурология. Педагогика. Методика* 1, 2010, 85.

수 있다. 톨스토이는 러시아 민중들을 위해서 중국의 고대 철학을 계속 연구하고 접목시키려 하였다. 하지만 당시의 러시아 중국학자들은 중국의 사상을 그다지 중요하지 않게 받아들였다. 이러한 비판적 관점을 가졌던 학자들 중에는 뛰어난 철학자 블라디미르 솔로비요프Влади мир Соловьев나 중국학의 권위자 바실리 바실리예프Василий Васильев도 있었다. 심지어 솔로비요프는 노자를 "황인종의 포교사"로 부르기도 했다. 이것은 물론 쉬프만А.И. Шифман이 그의 기념비적인 책『톨스토이와 동양』(Лев Толстой и Восток)에서 말한 바와 같이 노자 사상에 대한 명백한 이해와 평가 부족 때문이었다고 볼 수 있다. 하지만 톨스토이는 1880년대부터 노자를 동양과 서양 문화의 위대한 대표자들 중 한 사람으로 생각하고 있었다.

근대화를 추진하는 아시아에게 유럽은 이정표가 되었으며 서구 진보주의자들은 '정체된' 동양으로부터 얻을 것이 아무것도 없다고 여겼다. 그들은 동양의 문화를 경시했다. 하지만 동양에 대한 톨스토이의 태도는 원칙적으로 이와 달랐다. 그의 태도는 쌍무적이었으며, 진정한 상호성으로 구별되었다. 톨스토이는 동양의 정신적 유산에 다가간 것이다. 톨스토이 연구자 김려춘은 이러한 이유를 톨스토이에게는 아시아에 대한 '문명화된 우월성'이라는 콤플렉스가 없었던 것으로 들고 있고, 동양을 바라보는 톨스토이의 시선에는 러시아 문화가 지닌 유라시아적 독특함이 반영되어 있다고 지적한다.[25]

중국 철학자들 중 톨스토이에게 가장 깊은 인상을 심어 준 사람은 노자였다. 노자의『도덕경道德經』은 톨스토이가 정신적 위기를 겪은 이후로 그의 곁에 항상 있었다고 해도 과언이 아니다. 1891년 톨스토이는 장년기의 그에게 큰 영향을 끼친 사상가들을 열거한 적이 있다. 서양과 동양의 철학자들 중 그는 공자와 맹자를 "매우 큰 영향을 받은

---

25) 김려춘,『톨스토이와 동양』, 인디북, 2004, 17.

철학가"로 분류했다. 그리고 노자는 "엄청나게 거대한 영향을 받은 철학가"로 등급을 매겼다(Шифман 1971:41).[26]

동서양이 숭배하는 위대한 작가 톨스토이는 고대 중국의 이 철학자를 자신의 도덕적 표본으로 삼는다. 톨스토이 주변인들의 증언에 의하면 노자는 항상 작가의 수중에 있었으며, 그의 일상생활을 통해 구현된 듯했다. 톨스토이가 무엇인가에 대한 자신의 태도를 표명하고자 할 때, 노자로부터 인용했다고 마코비츠키는 회상한다. 톨스토이는 19세기 70년대에 노자론을 알게 된 후, 이 중국 철학자의 심오한 사상에 충격을 받는다. "이것은 놀라운 책이오. 나는 오직 이 책을 번역할 것이오. 비록 그것이 원본 텍스트와 동떨어진 것이 될지라도 말이오. 나는 중국어를 배우려 하오."

1909년 5월 5일자 작가의 일기는 이런 맥락에서 주목할 만하다. "노자를 읽는다는 것은 나에게 매우 의미심장했다. 심지어 노자의 가르침에 직접적으로 대립되는 혐오스러운 감정, 즉 자만심과 노자와 같이 되고 싶다는 열망이 생겨나는 것이었다." (T.57, 1952, 57).[27]

톨스토이는 인생의 의미를 고통스럽게 탐색하던 시기에 노자를 알게 되었다. 이 시기는 그의 세계관에 전환이 일어나던 때였다. 자연으로서의 인간을 확고하게 믿고, 인간 속에 영원한 자연의 본질을 높이 평가하는, 도교의 가르침은 톨스토이의 지적 경향에 어울렸다.[28]

---

26) 이러한 톨스토이의 언급이 나오게 된 계기는 페테르부르크의 출판인인 레데를 레M.M. Ледерле가 1891년 10월 톨스토이에게 어떠한 작가와 사상가가 성년기에 가장 큰 영향을 끼쳤는지 물어 보았기 때문이다. 레데를레는 1895년 "독서를 위한 훌륭한 책들에 대한 러시아인들의 의견"이라는 책을 출간했다. А. И. Шифман, *Лев Толстой и Восток*, М.: Наука, 1971, 41.

27) 이후 톨스토이의 원문 인용은 다음의 판본에 따른다. Толстой Л.Н. Полное собрание сочинений в 90 т. М.: Художественная литература, 1928~1964. 출처 인용은 먼저 권 호수, 그리고 그 다음 그 권의 출판년도와 인용페이지 순으로 쓰도록 한다. (T.57, 1952, 57)

톨스토이가 『도덕경』을 접한 것은 1877년이었다. 노자의 번역들을
보내달라는 톨스토이의 부탁을 받은 스트라호프 H.H. Страхов가 그 해
에 그의 영지 야스나야 폴랴나 Ясная Поляна로 몇 권의 책을 보냈고,
톨스토이는 노자의 번역을 시도한다. 하지만 노자의 사상은 신비적이
고 이해가 힘들었고, 중국어를 모르는 톨스토이는 유럽언어에서 러시
아어로 중역을 하느라 엄청난 집중을 해야만 했다. 이 작업을 잠시 중
단했다. 그 후 스타니슬라스 줄리엥의 프랑스어 번역본(파리, 1841),
빅토르 슈트라우스의 독일어 번역본(라이프치히, 1870), 그리고 제임
스 레게의 영어 번역본(런던, 1875)『도덕경』을 읽고 난 후 인 1884년
에 다시 번역작업을 시작한다. 야스나야 폴랴나의 서재에는 위에서 언
급한『도덕경』번역 외에도 1888년 시카고, 1898년 필라델피아에서 발
간된 영어본 2종이 더 있는데, 모두 톨스토이의 독서 흔적들이 남겨져
있다.

위에서 언급한 바와 같이 톨스토이는 도덕경을 번역해야만 한다고
자신의 일기에 쓴다. 하지만 번역 작업의 진척은 힘들었다. 1886년 3
월 6일의 일기를 보면, "노자를 번역했다. 내가 생각한 것이 나오질 않
았다"라고 쓰여 있다. 톨스토이는 힘든 문맥을 최대한 이해하기 위해
위에 언급한 세 종류의 번역본, 프랑스, 독어, 영어 번역을 일일이 대
조하면서 진행했기 때문이다. 그래서 결국 번역 작업은 다시금 중단되
었다. 하지만 1893년 톨스토이는『도덕경』의 번역을 다시 시도하게
된다. 그의 친구 포포프 Е.И. Попов가 그가 번역한『도덕경』을 검토하
고 편집해달라는 부탁을 했기 때문이다. 톨스토이는 흔쾌히 동의했고
그 작업에 정말로 몰두해서 그의 삶의 마지막 순간까지 그 작업을 놓
지 않았다. 하지만 여러 이유로 포포프의 번역은 결국 세상에 나오지
못했고 대신 1910년『톨스토이가 선별한 중국 현자 노자의 잠언집』(Из

28) 김려춘,『톨스토이와 동양』, 19-20.

речения китайского мудреца Лао-тзе, избранные Львом Толстым)이라
는 이름으로 도덕경의 축약본이 출판된다.[29] 톨스토이 생전에 출판된
도덕경의 러시아어 완역본은 일본인 고니시 마스타로小西增太郎의 번역
본이다. 이 번역본은 1894년 출판되었다.[30] 이렇게 보듯이 톨스토이는
정신적 위기 이후의 인생을 노자의 연구에 거의 다 바쳤다고 해도 과
장이 아닐 것이다. 그러면 톨스토이는 왜 이렇게 노자에게 매혹되었을
까. 그것은 정신적 위기 이후 그가 고통스럽게 찾으려한 해답에 공명
되는 것을 노자에게서 찾았기 때문일 것이다. 그래서 노자의 사상, '도
道'와 '무위無爲' 사상은 그의 사상 체계에 매우 큰 영향을 미쳤다.

1) 노자의 도道와 톨스토이의 도道

노자의 사상을 탐구하면서 톨스토이는 '도'와 '무위'라는 두 가지
핵심적인 개념에 주목하였다. '도'는 노자뿐만 아니라 중국의 거의 모
든 철학들에서 쓰이는 개념이다. 흥미로운 것은 톨스토이가 노자의 가
르침 속에서 도에 대해서 이야기할 때, 이 개념에 대한 해석이 다양하
게 변하는 것을 볼 수 있다는 것이다. 이 과정을 살펴보기 위해 톨스
토이가 노자에 대해 썼던 글들을 시간대별로 나열해 보면 다음 5개 정
도로 대별해 볼 수 있다. ①『중국의 현자 노자가 쓴 길과 진리의 책』
(*Книга пути и истины, написанная китайским мудрецом ЛАОЦЫ*, 1884)
②『무위』(*Неделание*, 1893) ③『톨스토이가 모은 매일을 위한 현인들

---

29) М.Е.Суровцева, Указ.соч., 85-86.

30) 이 번역본은 톨스토이 생전 러시아어로 완역된 유일한 『도덕경』 번역이다. 하지만
    그렇게 뛰어나지는 않았던 것 같다. 톨스토이 자신도 도덕경에 깊이 빠져들수록
    코니시 번역본의 불충분함이 느껴진다고 말했다. 그의 비서 마코비츠키가 기록한
    것을 보면 톨스토이는 코니시가 노자를 피상적으로 번역했고, 내용을 뚫고 들어
    가지는 못했다 라고 말했다고 한다. М.Е. Суровцева, Указ. соч., 86.

의 사상들』(*Мысль мудрых людей на каждый день. Собраны Л.Н. Толст ым*, 1903) ④『중국인들에게 보내는 편지』(*Письмо к китай цу*, 1906) ⑤ 『톨스토이가 선별한 중국 현자 노자의 잠언집』(*Изречения китай ского мудреца Лао-тзе, избранные Львом Толстым*, 1910).

1884년 톨스토이는 스타니슬라스 줄리엥의 프랑스어 번역『도덕경』을 읽었다. 줄리엥이 '길la Voie'이라고 번역한 '도'의 개념을 톨스토이는 '신'으로 받아들였다. 이러한 해석이 나오게 된 맥락은 아마도 톨스토이가 당시에 기독교 신앙의 교의를 한참 연구하고 있던 것과 관련이 있을 것 같다.『교의신학비판』(*Критика догматического богословия*, 1879~1884),『4복음서의 주해와 해석』(*Соединение и перевод четырех Е вангелий*, 1880~1881),『나의 신앙』(*В чём моя вера?*, 1882~1884)등이 당시 이 시기(1880~1884년)와 관련되는 그의 저작들로 전통 신앙의 교의에 대한 연구, 복음서의 이성적인 해석, 이성적 신앙의 근거에 대한 내용을 다루고 있다.

잘 알려져 있듯이 톨스토이는 공식 정교에서 받아들이는 개념과는 다른 식으로 신을 이해하였다. 그에게 신은 누구도 보지 못하고, 알지 못하는 존재이다. 하늘에는 누구도 없다. 그래서 '신'은 인간 영혼의 어떤 원칙으로 이해해야한다.

당시 톨스토이에게 신은 이성으로 받아들일 수 있는 어떤 보편적 원칙이고, 자신 속에서 신을 인식하는 것, 신 속에서 자신을 인식하는 것은 절대적으로 개인의 문제라고 생각했다. 그리고 개별 인간의 영혼만이 신의 존재의 가능한 형태라는 것이다. 톨스토이 종교 도덕적 사상의 기본은 기독교의 기본적 원칙을 이용하여 인간은 삶의 고귀한 의미 없이는 살아갈 없으며 그 삶의 의미는 신의 이념과 연결되어 있다는 것이다. 이 바탕에서 1884년의 톨스토이는 노자의 사상을 기독교 사상의 유사물로 받아들였다.[31]

1893년 톨스토이는 그의 가까운 친구인 포포프에게 노자의 도덕경을 번역해 달라고 부탁한다. 포포프는 유럽어 판본들로 도덕경을 러시아어로 번역하였다. 이 번역본을 읽고 톨스토이는 그해 「무위」라는 글을 쓴다. 톨스토이는 이때 도를 신으로 받아들였던 이전의 입장에서 새로운 개념으로 도를 받아들이는데, 이때의 해석은 도가 '길', '덕', '진리'라는 것이다.

> 노자의 가르침의 핵심은 이것이다. 지고의 선은 개별적 인간이든 특히 인간의 총합인 인민이든 '도'를 앎으로만이 획득할 수 있다. '도'는 "길, 덕, 진리"로 번역되어지는데, '도'를 아는 것은 줄리엥이 번역한 대로 "le non agir", 무위를 통해서만이 획득된다(T.29, 1954, 185).

행위를 하지 않으면 도를 알게 되고, 도를 알게 되면 지고의 선을 획득한다. 지향해야 할 목표는 지고의 선이고 거기에 이르는 수단이 도이다. 그리고 도를 얻기 위한 수단이 '무위'이다. 1893년까지 톨스토이는 「무위」라는 글 말고도 「요약복음서」(1885~1886), 「신의 왕국은 당신 안에 있다」(1890~1893), 「우리는 무엇을 해야만 하는가?」(1882~1886), 「인생에 대하여」(1887) 등의 글을 썼다. 이러한 글들이 당시 톨스토이의 도에 대한 개념에 영향을 미쳤을 것이다.[32]

1903년 『톨스토이가 모은 매일을 위한 현인들의 사상들』이라는 책이 나온다. 1월 1일부터 12월 31일까지 매일 동서양 현인들의 경구를 짧게 모아 놓은 이 책에 노자의 글 35편이 들어가 있는데, 여기서 톨

---

31) Н.В. Волохова, "Лев Толстой и его "путь" к синтетической религии: влияние учения Лао-Цзы", *Известия Юго-Западного государственного университета. Серия: Экономика. Социология. Менеджмент*, 8/1, 2018. 170; А.Л. Мышинский, "Лев Толстой и Лао-Цзы", *Общество и государство в Китае*, 45/1, 2015, 658.

32) А.Л. Мышинский, Указ. соч., 659.

스토이는 '도'를 '이성'으로 해석한다. 이 책 2월 14일에 노자의 경구가 있는데 내용은 다음과 같다. "이해할 수 있는 이성은 영원한 이성이 아니다. 이름 지을 수 있는 이름은 영원한 이름이 아니다 Разум, который можно уразуметь, не есть вечный разум. Имя, которое можно назвать, не есть вечное имя." (Т.40, 1956, 87). 이것은 도덕경의 1장 道可道非常道, 名可名非常名의 번역이다. 이렇게 1903년의 톨스토이는 도와 이성을 같은 뜻으로 받아들이고 있다. 이 시기 톨스토이의 도는 두 가지 의미를 가진다. 첫 번째는 모든 생물에 본질적인 불가해한 정신적인 원칙이고, 두 번째는 살아 있는 다양한 존재들에 여러 가지 모습으로 굴절되어 깃들어 있는 정신적 원칙의 법칙이다. 인간에게 이 법칙은 정신적이고 이타적인 것을 위해 개인적이고 육체적인 것을 거부하는 것이다. 이후 전개되는 톨스토이의 도의 해석에서도 이 두 가지 의미는 계속 유지된다.[33]

1904년 톨스토이는 「중국인들에게 보내는 편지」를 쓴다. 중국 작가 구훙밍이 톨스토이에게 자신의 책 2권을 보내자, 그 책을 읽고 나서 그에게 보내는 공개서신의 형식을 띠고 있는 논문이다. 톨스토이는 위대한 노자의 나라 중국이 서구 열강의 위협 아래 고통당하는 것에 누구보다 깊은 연민을 느꼈다. 「편지」는 제국주의와 식민주의에 대한 통렬한 비판으로 시작된다. 톨스토이는 이 야만적인 폭력에 종지부를 찍을 위대한 변혁의 시대가 왔음을 알리고, 이 변혁의 과정에서 중국은 동양 민중의 선두에 서서 최초의 역할을 수행할 사명을 지닌다.[34] 톨스토이의 시각에서 중국은 평화로운 지상의 삶을 살기 위해 필요한 진실되고 실제적인 민중적 지혜의 보루이다. 이러한 삶이 진실로 자유로운 삶이라고 톨스토이는 생각했다. 이때 톨스토이는 '도'를 '자유'로 해석한다.

---

33) А.Л. Мышинский , Указ. соч., 661.

34) 이문영, 『톨스토이와 평화』, 151,

동양 민족의 임무는 자유로 향하는 진실한 길을 보여주는 데 있다. 당신이 책에 쓰신 것처럼 그 길을 중국어로 표현하면 '도' 이외에는 다른 단어가 없다고 생각합니다. 그 길은 인간 삶의 기본적이고 영원한 법칙에 부합하는 행위를 이르는 것입니다. (Т.36, 1936, 92).

아마도 이 시기 톨스토이에게 도는 자유를 의미하고, 이 자유는 인간의 삶의 기본적인 법칙과 상응하는 행동들을 의미하는 것이었던 듯하다.35) 이후 1910년 「톨스토이가 선별한 중국 현자 노자의 잠언집」이 출간되었다. 이 책의 서문격인 「노자 가르침의 본질에 관하여」에서 톨스토이는 그동안의 고찰들을 종합하면서 자신의 노자에 대한 이해를 피력한다.

인간의 삶이 고통이 아니라 행복이 되려면 육을 위해서가 아니라 영을 위해서 사는 것을 배워야 한다. 이것을 노자는 가르친다. 그는 육의 삶에서 영의 삶으로 전이하는 것을 가르친다. 그는 자신의 가르침을 '길'이라 부른다. 왜냐하면 모든 가르침이 이 전이로 가는 길을 가리켜 주기 때문이다. 노자의 가르침에 따르면 이 길은 아무것도 하지 않거나 육이 원하는 것을 적게 하는데 있다. 영이 원하는 소리를 들으려면, 그리고 모든 것에 깃들어있는 하늘의 힘(노자는 이것을 신이라 부른다)이 인간의 영혼에 나타나는 가능성을 육의 일을 행함으로서 막지 않으려면 말이다. (…)

이 사상은 단지 비슷한 것이 아니라, 요한복음 1장에 표현된 것과 완벽히 일치하며, 기독교 가르침의 기본에 있는 것이다. 노자의 가르침에 따르면 인간이 신과 결합할 수 있는 유일한 길은 도이다. 도는 모든 개인적, 육적인 것을 억제함으로서 이를 수 있다. 요한복음 1장에 표현된 가르침도 똑같다. 요한의 가르침에 따르면 인간이 신과 결합할 수 있는 수단은 사랑이다. 사랑은 또한 도와 마찬가지로 모든 육적이고 개인적인 것을 억제함으로 이를 수 있다. 노자의 가르침에 따르면 도라는 말이 하늘과의 결합하는 길을 의미하고, 하늘 자체를 의미한다. 또한 요한의 가르침에 따르면 사랑이라는 말이 사랑과 신 자체를 의미한다 ("신이 사랑이다") (Т.40, 1956, 350–351).

---

35) А.Л. Мышинский, Указ. соч., 663.

톨스토이는 노자와 사도 요한의 가르침이 유사하다는 것을 보여주려고 한다. 도는 여기서 '사랑', '신'의 유사물이 된다. 신과 마찬가지로 사랑도 이 맥락에서는 독특한 의미를 가진다. 위에서 언급한 대로 신과 도는 톨스토이에게 이해되지 않는 영혼의 원리로 등장한다. 하지만 그 원리는 존재론적 의미가 아니라 윤리적 의미이다. 톨스토이의 신과 도는 이성적이고 윤리적 원칙이고, 그것을 통해 인간은 인간이 될 수 있는 것이다. 인간은 스스로 이성적이고 윤리적으로 행동할 수 있지만 이 원칙을 이해할 수는 없다. 여기서 톨스토이의 도의 해석을 다시 한 번 볼 수 있다. 이것은 영혼의 원리 그 자체이자, 그 원리에 연결되는 수단이다.

전체적으로 톨스토이의 도의 이해가 변화하고 진화하는 과정들을 살펴보았는데, 이러한 변화의 이유는 톨스토이가 노자의 사상에서 자신의 세계관과 조응하는 사상들을 찾으려 했기 때문일 것이다.[36] 그리고 볼로호바같은 연구자는 톨스토이가 이렇게 노자의 저작을 읽고 연구했던 이유를 복잡한 문제에 대해서 단순한 대답을 줄 수 있는 철학적, 종교적 가르침을 찾으려는 톨스토이의 노력에서 찾는다.[37] 쉬프만의 견해에 따르면 톨스토이에게 '도'란 기독교의 '사랑'과 같은 의미의 개념이다. 즉, 인간이 모든 세계와 가까워짐을 이루는 최상의 원칙이라는 것이다. 결국 톨스토이는 노자의 원래 개념과는 별개로 자신이 얻고자 하는 개념을 중국의 현자에게서 추출하려는 노력을 했다는 것을 알 수 있다. 다르게 말하면 그가 이해하는 신의 모습과 조응하는 모습들을 노자의 사상에서 발견하려 노력한 것이다.

---

36) Там же, 664-666.
37) Н.В. Волохова, Указ. соч., 173.

2) 노자의 무위와 톨스토이의 비폭력 무저항주의

1884년 톨스토이는 그를 매혹시켰던 노자의 가르침에 대한 글을 「무위Неделание」라는 제목으로 발표한다. 톨스토이의 노자 이해를 볼 수 있는 이 글에서 그는 노자의 가장 중요한 사상으로 '무위'를 꼽는다.

> 노자의 가르침에 따르면 인간의 모든 재난은 그들이 필요한 것을 행하지 않았다는 데에서 비롯되는 것이 아니라, 오히려 할 필요가 없는 것을 행함으로써 생긴다는 점이다. 그러므로 사람들이 만일 무위를 따랐다면 모든 개인적인 재난과 특히 이 중국의 철학자가 마음에 두고 있던 사회적 재난으로부터도 구제를 받을 수 있었을 것이다. 생각건대 그가 전적으로 옳다. (T.29, 1954, 185).

톨스토이는 "현자는 자연에 순응하며 행동하고, 자신의 행위를 우주의 힘과 질서에 역행하지 않는다"라는 사상이 노자의 가르침에서 가장 중요하다고 생각하였고, 이것을 인간과 주위 세계와의 관계를 규정하는 윤리적 규칙으로 해석하였다.[38]

이러한 무위사상에서 톨스토이의 '비폭력 무저항주의Непротивление злу насилием'가 기원하였다는 것이 여러 연구자들의 일반적 의견이다. 실제로 톨스토이의 '비폭력 무저항주의'는 노자의 철학과 가깝다. 『신의 나라는 네 안에 있다』(Царство Божие внутри вас) 라는 저작을 통해 톨스토이는 국가가 개인에게 가하는 다양한 폭력의 형태들을 분석한 후 '악과 죄로서의 폭력Насилие как зло и грех'이라는 공식을 제기한다. 그는 악에 악으로 맞서지 말 것을 호소한다. 톨스토이의 관점에

---

38) Лю Минь, "Л.Н. Толстой и китайская мудрость: Даосизм и конфуцианство", *Русский язык в межкультурной коммуникации материалы Международной научно-практической конференции, посвященной 30-летию кафедры практического русского языка ИвГУ*, 2012, 183-184.

서는 폭력으로서 악을 근원부터 제거하는 것은 불가능하다고 보기 때문이다. 그래서 악에 폭력으로 맞서지 말자는 그의 명제가 지켜진다면 세상은 행복해질 것이라고 그는 믿는다.

노자 가르침의 기본적인 방향 중의 하나는 행복을 얻기 위해서는 내적으로 자기완성을 꾀해야 하고, 외적으로는 '무위'를 행해야 한다는 것이다. 이런 방향은 톨스토이가 기지고 있던 도덕적 자기완성, 박애의 사상과 맞아 떨어지는 것이었다. 톨스토이는 민중을 압박하는 국가체제를 혐오하였지만, 동시에 혁명가들의 잔혹성에도 반대하였다. "통치자들과 도둑들의 폭력은 같은 것이다. 하지만 혁명가들의 폭력은 특별하다. 어떤 당이 승리하던지 간에, 그 당은 자신의 세력을 유지하기 위해 폭력적인 모든 수단을 쓸 뿐만 아니라 새로운 수단들을 고안해 낼 것이다."[39]

『도덕경』에서 우리는 톨스토이의 비폭력 무저항주의와 조응하는 사상의 일면들을 발견할 수 있다.

> 도는 언제나 자연스럽게 '무위'이지만 행하지 아니함이 없다. 만약 왕후가 도의 원칙에 따라 천하를 다스린다면 세상 만물은 스스로 생장한다.[40]

> 천하에서 가장 유약한 것이 천하에서 가장 굳센 것을 뚫을 수 있다. 형태가 없는 것이 틈이 없는 곳에 들어갈 수 있다. 나는 이로써 '무위'의 유익함을 알 수 있다.[41]

> 하늘의 도란 다투지 않고도 능히 이기는 데 능하고, 말을 하지 않지만 만물이 호응하며, 부르지 않아도 스스로 오고, 담담하게 천하대사를 도모한다.[42]

---

39) Лу Вэнья, "Толстовство и Даосизм", *Инновационные проекты и программы в образовании*, 4, 2013, 73-77.

40) 노자, 『도덕경』, 현대지성, 2019, 129.

41) 노자, 『도덕경』, 153.

도덕경의 핵심 사상 중 하나는 무위이다. 이 무위 개념은 다음의 경구들과 항상 동반된다. "아무것도 하지 마라. 모든 사물은 스스로 움직일 것이다." "도는 행하지 않는다. 하지만 그것이 하지 않는 것도 또한 아무것도 없다." 하지만 '무위'는 '아무 것도 하지 않는 것'을 의미하는 것이 아니라, '분별없이 행하지 말라'는 것이다. 조셉 니드햄 Joseph Needham의 언급대로 무위는 자연의 법칙에 반하는 행위를 금하는 것이다.[43] 그리고 소준섭이 말한 대로 '무위'는 '아무 일도 하지 않는 것'이 아니다. 그것은 오히려 사람들로 하여금 자연에 순응하게 하고 사물의 객관 규율을 준수하도록 돕는다.[44] 이러한 무위의 사상은 톨스토이의 무저항주의와 기본적인 사상에서 매우 흡사하다.

톨스토이가 무위를 받아들이는 과정은 다음의 예에서 다시 확인할 수 있다. 노자는 무위의 의미를 설명하기 위해 형태가 없는 물과 비교를 한다.

> 최고의 선, 가장 높은 덕성은 마치 물과 같다. 물은 만물을 이롭게 할 뿐 다투지 않는다. 사람이 싫어하는 낮은 곳에 처한다. 그러므로 도에 가깝다. 지고의 선은 자신이 처할 곳을 택함에 능하고, 그 마음은 깊이 헤아릴 수 없으며, 사람을 대함에 성실하여 사심이 없고, 말에는 신용이 있다. 위정할 때에는 다스림에 능해 치적이 있고, 일을 처리할 때에는 능력을 발휘하여, 행동할 때는 시기를 잘 포착한다. 물처럼 만물과 다투지 않으니 걱정할 것이 없다.[45]

1884년 3월 10일 톨스토이의 일기를 보면 이런 구절이 있다. "노자가 말하기를 물과 같아야 한다. 방해물이 없으면 물은 흐른다. 둑을 만나면 멈춘다. 둑이 무너지면 물은 다시 흐른다. 사각 용기에 들어가면

42) 노자, 『도덕경』, 237.
43) Лу Вэнья, Указ. соч., 75-76.
44) 노자, 『도덕경』, 27.
45) 노자, 『도덕경』, 43-44.

사각형이 되고, 둥근 용기에 들어가면 둥글게 된다. 이런 연유로 물은 어떤 것보다도 중요하고 어떤 것보다도 강하다"46) "천하에서 가장 유약한 것이 천하에서 가장 굳센 것을 뚫을 수 있다"는 노자의 가르침은 톨스토이에게서 '악을 폭력으로 저항하지 않는다'는 비폭력 무저항주의의 이념적 기원이 되고 있다.

아시아의 다른 나라와 달리 중국의 경우, 톨스토이가 중국에 미친 영향만큼이나 중국 고대철학이 톨스토이에 미친 영향이 결정적이었다. 특히 노자의 '무위無爲'사상은 참회 이후 형성된 톨스토이 평화주의의 핵심적 원칙, 즉 무저항이나 비폭력, 병역 거부, 납세 거부, 재판 거부 등 국가에 불복하는 '비행위非行爲'의 도덕적 근거가 되었다는 점에서 매우 중요하다.47) 하지만 톨스토이는 도덕경의 가장 중요한 덕목이 최고의 도덕적 가치를 확립하는 것에 있다고 이해했다. 그래서 그는 노자의 사상에서 윤리적 측면에 더욱 강조점을 두었고 추상적이고 형이상학적 원칙들은 거의 간과하는 식으로 노자를 받아들였다.48)

4. 맺음말

탈국가·탈민족을 외치던 근대의 이단아, 기성의 모든 제도화된 권력과 폭력에 맞서 싸운 톨스토이의 사상의 기반은 비폭력주의, 평화주의이다. 그리고 톨스토이의 평화론에는 매우 흥미로운 지점이 있다.

---

46) Лю Минь, Указ. соч., 184.
47) 이문영, 『톨스토이와 평화』, 140.
48) А.В. Седов, "Толстой и Лао-Цзы (по материалам "Круга чтиния")", *В.В. Верещагин и Восток: В предчувствии евразийства Материалы Международной научной конференции*. Издательство Череповецкого государственного университета, 2016, 164.

그것은 종교적 원리에 기반을 둔 신념 체계라는 것이다. 하지만 톨스토이가 몰두했던 종교를 통한 구원은 기존의 러시아정교와는 접근 방법이 다른 그만의 독특한 종교적 추구였다. 이를 위해 그는 러시아정교의 교리뿐만 아니라 동양의 사상까지 두루 섭렵하였고, 불교, 유교, 도교의 사상까지도 포괄하였다. 이덕형이 말하듯 당대 서구의 자본주의, 물질문화, 진보이론, 나아가 서구문화 전체를 부정하는 톨스토이의 '부정의 세계관'이 동양적 사유 방식에 영향을 받고, 서구문화에 대한 대안으로 작용했다면 이것은 동양이 톨스토이에게 '긍정의 세계'로 재현된다는 뜻이다.49)

톨스토이에게 이러한 동양의 사상을 대표하는 국가는 바로 중국이었다. 톨스토이는 도道가 참다운 자유에 이르는 길이라고 생각했다. 그리고 노자의 무위無爲 개념으로 자신의 비폭력 무저항주의 사상을 발전시켜 나간다. 톨스토이는 힘을 항상 악한 것이라고 생각했다. 그리고 노자를 자기 식으로 "강인한 것과 힘은 죽음의 길동무이며, 약한 것과 나약함은 생명의 길동무이다"라고 해석을 하면서 노자의 사상에서 자신의 비폭력 무저항 사상의 근거를 찾고 있다. 또한 그는 노자의 도 사상이 인류의 영원하고 근본적인 삶의 법칙일 뿐만 아니라, 기독교적 자유의 사상과도 유사함을 밝히고 있다. 하지만 톨스토이가 노자의 사상을 그 자체로 이해했느냐는 의문으로 남는다. 종교사상가로서의 톨스토이는 극단적인 합리주의적, 도덕적 복음주의를 대변한다.50) 그는 김려춘이 말하듯이 정신적 위기 이후 보편적 진리를 찾기 위한 고통스런 모색 과정에서 고대 동양의 정신적 유산으로 회귀하여 그에 의해 체험된 것과 비슷한 공명을 그 속에서 발견한다.51) 대안적 사상

---

49) 이덕형, 「똘스또이의 선에 반영된 동양사상의 현재적 맥락」, 113.

50) 안드레이 발리츠키, 『계몽사조에서 마르크스주의까지: 러시아사상사』, 500.

51) 김려춘, 『톨스토이와 동양』, 14.

으로서 톨스토이 아나키즘52)과 평화론이 20세기 초 동북아시아 각국에 영향을 미쳤지만, 그는 자신의 이상을 정립하기 위해 동양의 사상을 받아들인 것이다.

---

52) 톨스토이는 스스로를 아나키스트로 규정한 적은 없다. 하지만 그가 제기한 반전, 병역 거부, 국가공권력에 대한 불복종 등 탈근대적 담론들은 그를 아나키스트로 보는 것을 가능하게 한다.

참고문헌

김려춘, 『톨스토이와 동양』, 인디북, 2004
노자, 『도덕경』, 현대지성, 2009
레프 톨스토이, 『참회록』, 뿌쉬낀하우스, 2019
로맹 롤랑, 『톨스토이의 생애』, 범우사, 2008
미셸 오쿠튀리에, 『톨스토이: 러시아의 위대한 영혼』, 시공사, 2014
박노자, 『우리가 몰랐던 동아시아』, 한겨레출판, 2007
슈테판 츠바이크, 『츠바이크가 본 카사노바, 스탕달, 톨스토이』, 필맥, 2005
안드레이 발리츠키, 『계몽사조에서 마르크스주의까지: 러시아사상사』, 슬라브
    연구사, 1988
올랜도 파이지스, 『나타샤 댄스-러시아문화사』, 이카루스미디어, 2005
이문영, 『톨스토이와 평화』, 모시는 사람들, 2016

박혜경, 「톨스토이의 작품에 나타난 동양적 세계관」, 『인문학연구』 7, 한림대
    학교 인문학연구소, 2000
심성보, 「레프 똘스또이의 민화에 나타난 노자의 무위사상-바보 이반 이야기
    를 중심으로」, 『러시아어문학연구논집』 17, 한국러시아문학회, 2004
심성보, 「레프 톨스토이와 아나키즘」, 『러시아어문학연구논집』 28, 한국러시
    아문학회, 2008
심성보, 「레프 톨스토이의 작품에 나타난 부처의 형상」, 『러시아어문학연구
    논집』 26, 한국러시아문학회, 2007
엄순천, 「한국문학속의 러시아문학-한국근대문학으로의 러시아문학 수용 현
    황 및 양상」, 『인문학연구』 35/1, 충남대학교 인문과학연구소, 2008
이덕형, 「똘스또이의 선에 반영된 동양사상의 현재적 맥락」, 『비교문화연구』
    1, 경희대학교 비교문화연구소, 1994

Волохова Н.В. "Лев Толстой и его "путь" к синтетической рели
гии: влияние учения Лао−Цзы", *Известия Юго−Западног
о государственного университета. Серия: Экономика. Соци
ология. Менеджмент*, 8/1, 2018

Лу Вэнья. "Толстовство и Даосизм", *Инновационные проекты и
программы в образовании*, 4, 2013

Лю Минь. "Л.Н. Толстой и китай ская мудрость: Даосизм и кон
фуцианство", *Русский язык в межкультурной коммуник
ации материалы Международной научно−практической
конференции, посвященной 30−летию кафедры практиче
ского русского языка ИвГУ*. 2012

Мышинский А.Л. "Лев Толстой и Лао−Цзы", *Общество и госуд
арство в Китае*, 45/1, 2015

Опульская Л.Д. *Лев Николаевич Толстой. Материалы к биограф
ии с 1886 по 1892 года*. М., 1979

Рачин Е.И. *Философские искания Льва Толстого*, М.: Изд−во РУ
ДН, 1993

Седов А.В. "Толстой и Лао−Цзы (по материалам "Круга чтини
я")", *В.В. Верещагин и Восток: В предчувствии евразий ст
ва Материалы Международной научной конференции. Че
реповец: Издательство* Череповецкого государственного у
ниверситета, 2016

Суровцева М.Е. "Лев Толстой и философия Лао−цзы", *Вестник
Центра международного образования Московского государс
твенного университета. Филология. Культурология. Педа
гогика. Методика*, 1, 2010

Толстой Л.Н. *Полное собрание сочинений. Т.57*, М.: Художестве
нная литература, 1952

Толстой Л.Н. *Полное собрание сочинений. Т.29*, М.: Художестве
нная литература 1956

Толстой Л.Н. *Полное собрание сочинений*. *Т.40*, М.: Художестве
нная литература, 1956

Шифман, А.И. *Лев Толстой и Восток*, М.: Наука, 1971

[https://terms.naver.com/entry.nhn?docId=1122081&cid=40942&categoryId=31
491](검색일 2020. 1. 10.)

동아시아의 역사 화해와 평화를 위한 인식*

최종길
원광대학교 동북아시아인문사회연구소 HK연구교수

1. 서론

한·중·일 동아시아 3국의 관계를 미래지향적으로 설계하고 인류 보편적 가치에 기초하여 화해와 공존의 가능성을 넓히기 위해서는 19세기 이후 3국의 과거사를 재논의하고 정리할 필요가 있다. 물론 재논의와 정리의 기준은 인류 보편적 가치 구현을 통한 3국의 화해와 공존이어야 한다. 이러한 목적을 달성하기 위해서는 한국과 중국에 대한 일본의 식민지[1] 지배 책임 문제를 3국의 공통 이슈로 다룰 필요가 있다.

일본은 1965년에 체결된 한일협정에서 식민지 지배를 포함하여 한·일 간에 발생한 과거사 문제가 모두 청산되었다고 주장하고 있다.

---

* 이 글은 〈최종길, 「동아시아의 역사화해를 위한 시론: 식민지 지배책임론을 제기하며」, 『일본역사연구』 51, 일본사학회, 2020〉에 수록된 내용을 수정·보완한 것임.

1) 일본이 한국과 타이완을 완전한 식민지로 지배한 것은 역사적인 사실이나 중국에 대해서는 이렇게 단정할 수 없다. 대체적으로 중국에 대한 일본의 지배는 반식민지 혹은 전쟁 상황으로 정의할 수 있다. 특히 중국과 일본의 관계를 전쟁 상황으로 본다면 '전쟁책임'이라는 용어가 더 적절하다. 따라서 본문에서 사용하는 '식민지 지배'라는 표현은 중국의 당시 상황과는 어울리지 않는다. 본문에서 중국과 관련하여 사용된 '식민지 지배'란 표현은 19세기 동아시아 상황에 대한 문제제기와 이를 표현하는 용어로 사용하였다.

특히 일본은 식민지 지배가 당시의 실정법에 기초하여 실시된 합법적 조치로 전혀 위법적 상황이 없었던 만큼 자신들이 져야할 법적 책임도 없다는 논리를 전개하고 있다. 일본이 이러한 역사 인식에 서 있는 이상, 현재 동아시아 3국의 갈등을 유발하는 근원인 식민지 지배와 관련된 문제는 해결될 수 없다.

이러한 동아시아의 정치 상황을 근본적으로 변경하기 위해서는 식민지 지배 그 자체가 인류의 보편적 가치에 위배되는 것임을 제기하고, 여기서 발생하는 모든 문제에 대한 책임 여부를 묻는 담론 구조를 창출할 필요가 있다. 즉, 전쟁책임론에서 '식민지 지배책임론'으로의 전환이다. 이러한 담론 구조를 도식화하면 아래의 그림과 같다.

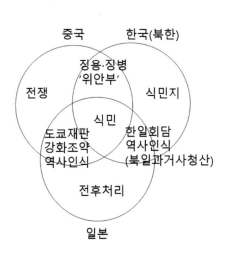

즉, 한·중·일의 관계에서 식민지 지배 책임을 3국의 공통분모로 하면, 한국과 일본 사이에서 일본의 전후 처리와 연동되어 진행된 한일회담은 본질적으로 식민지 지배 책임을 명확하게 논하지 않은 상태에서 진행되었기 때문에 한일회담 그 자체는 재론되어야 하며 북한과 일본 사이에는 여전히 과거사 청산이 미해결의 과제로 남아있다는 사실을 확인할 수 있다. 나아가 한국과 중국에게 인류 보편적 가치에 위배된 일본의 징용이나 징병과 관련된 행위 그리고 일본군 '위안부' 문제는 여전히 미해결의 현안으로 존재한다는 사실을 지적할 수 있다. 따라서 3국 사이의 역사인식 문제는 식민지 지배 책임을 논하는 키워드임을 확인할 수 있다.

이러한 문제 제기는 몇 가지 측면에서 유의미하다. 첫째, 일본의 우파들이 도쿄재판은 민주주의로 위장한 승리한 제국주의 국가들의 재판이라는 이유로 이를 부정한다고 하더라도 식민지 침략과 지배 과정에서 발생한 책임은 도쿄재판에서 논의되지 않은 만큼 도쿄재판 부정을 통해 노리는 목적을 완전하게 달성할 수 없다는 점을 명확히 할 수 있다. 즉, 도쿄재판은 1928년부터 45년 사이 특히 1931년 만주사변 이후부터 진행된 전쟁에 관련된 문제만을 취급한 만큼 일본의 우익들이 도쿄재판을 부정한다고 하더라도 일본은 식민지 침략과 지배 과정에서 발생한 책임에서 벗어날 수 없다는 것이다. 나아가 식민지 지배과정에서 발생한 문제는 한·일 간 또는 중·일 간에 존재하는 지엽적인 문제가 아니라 인류 보편적인 문제로 이는 세계사적 과제이며 지구상에 존재하는 모든 국가와 인간들의 공통적인 문제임을 제기하여 일본이 이를 진지하게 검토하지 않고서는 자신들의 미래 역시 불투명하다는 점을 강조할 수 있다.

둘째, 이렇게 시각을 변화시킨다면, 일본이 매번 주장하고 있는 1965년 한일회담으로 양국 간의 과거사 문제는 해결되었다고 하는 논리 역시 그 근거를 상실하게 된다. 즉, 한일회담이 포괄하지 못한 인류 보편적 가치와 관련된 문제를 다시금 논의해야 하는 과제가 재차 부상한다. 예를 들면 일본군 '위안부' 문제, 강제 동원 등 전쟁 과정에서 벌어진 문제뿐만 아니라 식민지 침략과 지배 과정에서 발생한 문화, 전통, 가치 의식의 파괴에 대한 책임 문제는 여전히 현재진행형으로 남아 있게 된다. 특히 식민지 침략의 연장선상에 있는 일본군의 동학농민 대량 학살과 1937~1938년 사이에 중국의 난징南京에서 일본군이 자행한 학살은 헤이그 육전규칙 등에도 위반되는 전쟁 범죄에 속하며, 3·1운동 진압 과정에서 발생한 제암리堤岩里 집단 사살은 제노사이드에 해당한다고 할 수 있다. 이것은 인도에 반하는 죄에 속한다.

이러한 문제 의식에 입각한 본 글은 현대사에 대한 통설을 재검토하고, 2차 세계대전의 전후처리 가운데 하나인 도쿄재판의 문제점을 점검한다. 이러한 작업을 통해 일본에서 진행된 전쟁책임론이 가지는 다양한 문제점을 지적하고 기존의 논의를 '식민지 지배책임론'으로 변경할 것을 제안한다. 물론 이러한 논의 변경은 제국주의 국가들이 행한 식민지 지배 그 자체를 부정하고 이들이 행한 식민지 지배가 인류 보편적 가치에 반하는 것임을 선언하는 작업이기도 하다. 이러한 작업은 일국사적인 한계를 넘어서서 인류 보편적 가치에 입각하여 동아시아의 역사 화해를 실현하기 위한 노력이기도 하다.

2. 현대사에 대한 재론

서양사의 시대구분 기준으로 본다면 현대사의 시작은 대체적으로 1차 세계대전 전후이다. 그러나 동아시아 3국의 역사적 기준으로 본다면 현대사의 시작은 대체로 1945년 8월 이후이다. 즉, 동아시아 역사에 있어 현대사의 시작은 근대 이후 지속되어 온 식민지 지배/피지배 관계의 파기에서 출발한다. 따라서 동아시아 3국의 관계를 미래지향적으로 재고하기 위해서 우리들은 현대사에 대한 재론을 필요로 한다. 이러한 목적으로 현대사를 재론하는 만큼 여기서 지칭하는 현대사는 동아시아 3국과 관련해서는 대체적으로 1945년 8월 이후 혹은 2차 세계대전까지도 포함하는 범위로 설정한다. 그러나 문맥에 따라서 서양의 상황을 논의할 경우 1차 세계대전까지도 포함하여 논의한다.

큰 틀에서 현대사에 대한 통설적 설명은 1차 세계대전이 제국주의 전쟁이었다고 기술하고 있으나, 2차 세계대전에 대한 서술 방식은 이와는 다르다. 즉, 2차 세계대전은 전쟁을 일으킨 파시즘의 이탈리아,

나치즘의 독일, 군국주의 일본이라는 반이성적이고 인류 보편적 가치에 위배되는 주축국과 민주주의를 지향하는 미국, 영국, 프랑스가 중심이 되어 인류 보편적 가치인 민주주의를 지키기 위하여 전쟁을 치른 것이라고 서술하는 것이 일반적이다. 2차 세계대전 종료 이후 민주주의를 지향한 미국 중심의 연합국에 의해 진행된 뉘른베르크재판과 도쿄재판은 이러한 보편적 가치가 승리했다는 점을 증명하는 것이라고 설명한다. 과연 2차 세계대전은 독재국가와 민주국가 사이의 전쟁이었던가. 이제 이러한 역사 인식이 사실에 부합하는지 재론할 시점에 들어섰다고 본다.

대체적으로 역사가들은 1차 세계대전은 제국주의 국가들이 영토 확장의 방법으로 식민지를 확대하기 위해 지구상의 여러 곳에서 경쟁을 격화시켜가는 과정에서 발생한 제1세계 국가들 간의 제국주의 전쟁, 즉 식민지 확대 쟁탈 전쟁이었다고 정의한다. 그리고 여기에 대하여 역사가들은 대체적으로 동의한다. 위르겐 오스터함멜은 이를 간결하게 '제국주의 시기'는 1914년에 종료되었다[2]고 표현하였다. 필자는 이 표현을 1차 세계대전을 전후하여 세계 각 지역에서 영토 분할이 거의 완성되었다는 것으로 이해한다. 왜냐하면, 1차 세계대전 발발의 원인과 참혹함이 제국주의 국가 간에 일어난 식민지 확대 때문이었다고 파악한 전승국은 독일의 모든 해외 식민지 포기와 1차 대전을 끝으로 더 이상 식민지 확대를 위한 행동을 금지하는 내용을 베르사유 조

---

[2] 위르겐 오스트함멜, 『식민주의』, 이유재·박은영 옮김, 역사비평사, 2006, 62. 그는 이 책에서 제국주의와 식민주의를 분리하여 고찰하는 문제의식과 방법론에 입각해 있다. 따라서 문제는 제국주의와 식민지와의 관계 설정을 어떻게 이해하고 재평가할 것인가이다. 그는 제국주의를 초식민지적 제국의 건설과 유지를 위한 모든 노력과 활동을 포괄하는 세계 정책이라 정의한다. 그리고 그는 식민화는 영토 점령의 한 과정으로, 식민지주의는 하나의 지배 관계를 지칭하는 것으로 정의한다.

약에 첨가하였기 때문이다.

위르겐은 같은 책에서 "식민지 세계의 확장은 세계사적으로 볼 때 1920년대에 정점에 이르렀다. 식민주의의 확장은 (…) 1차 대전 이후에도 계속되고 (…) 식민주의 체제의 종식이란 상상조차 할 수 없는 일이었다"[3]고 주장하였다. 그의 주장처럼 1차 세계대전이라는 미증유의 전쟁을 치른 강대국들은 중간 휴식기를 거치면서도 자국의 이해 관계를 관철시키기 위한 경쟁을 지속하고 있었다. 이러한 경쟁을 제국주의로 부를 것인지 아니면 식민주의로 부를 것인지에 대한 논의는 우선 접어둔다. 분명한 사실은 세계사의 통상적인 서술과는 달리 1차 세계대전 이후에도 여전히 제국주의 국가들의 식민지는 존재했으며 일본에 의한 새로운 식민지(만주, 동남아시아) 건설도 이루어졌다. 2차 세계대전의 과정에서 독일이 폴란드를 침공한 것 역시 새로운 지배 지역의 확대이다. 1937년 11월 5일 히틀러는 베를린에 있는 총통관저에서 군과 외교의 수뇌를 모아놓고 진행한 회의에서 "좁은 국토에 밀집된 8,500만 명의 독일인에게 그 생존과 발전을 위해 필요한 식료와 원료를 조달할 '생존권Lebensraum' 획득이 급선무임을 강조" 하고 영국과 프랑스가 방해하겠지만 "독일의 군사력이 우세를 점하고 있는 동안 이를 실행해야 한다고 하면서 그 시기를 1943년 ~ 45년 이전"[4]으로 정했다. 즉, 히틀러의 전쟁 목적은 "동방식민제국의 수립 구상과 이를 위한 일종의 예방전쟁"으로 "동유럽에서 소련에 이르는 광대한 지역을 독일 민족의 생존권을 위해 획득하는 것"[5]이었다. 이탈리아는 1936년에 에티오피아를 식민지로 삼았다. 1차 세계대전 이후에도 제국주의 국가들 간의 경쟁과 팽창은 계속되었으며 그 과정에서 갈등이 고조되고 충돌

---

3) 위르겐 오스트함멜, 『식민주의』, 이유재·박은영 옮김, 64.

4) 荒井信一, 『戦争責任論』, 岩波書店, 2005, 108.

5) 荒井信一, 『戦争責任論』, 109-110.

하여 세계전쟁으로 확대된 것이 2차 세계대전이라고 할 수 있다.

일본의 정치가 코노에 후미마로近衛文麿는 1차 세계대전이 끝나고 전
승국 중심의 국제 질서가 완성된 1918년에 잡지『일본 및 일본인日本及
日本人』에 발표한 논문「영미 본위의 평화주의를 비판한다英米本位の平和主
義を排す」에서 1차 세계대전 후의 국제정세를 다음과 같이 평가한다.

> 평화주의란 가진 나라인 영·미의 현상유지 희망에서 나온 것이며 정의 인도
> 人道와는 관계없다. 독일과 같이 가지지 못한 나라 일본이 영·미 본위의 평화
> 주의를 택하는 것은 오류이며 자기 생존의 필요상 현상 타파에 나서지 않으면
> 안 된다.6)

영국과 프랑스 등의 선진 제국주의 국가에 비하여 여러 가지 측면에
서 뒤처진 후발 제국주의 국가 일본은 1차 세계대전 이후 해군군축조
약에 의해 마련된 아시아의 현상 유지 정책인 워싱턴 체제에서 벗어나
려고 하였다. 결국 일본은 1920년대에 발생한 일련의 공황에서 벗어나
기 위하여 1927년 5월의 제1차 산둥山東출병에 이어 1928년 4월, 5월에
연이은 출병을 단행하였다. 이러한 행동은 28년 6월의 장쭤린張作霖 폭
살 사건으로 이어졌으며 이 사건은 결국 만주사변의 발단이 되었다.

즉, 일본이 아시아에서 자신들의 생존을 위해 1차 세계대전 이후의
국제협조체제였던 워싱턴 체제를 타파하고 만주사변을 일으켜 전쟁을
시작한 것이 중일전쟁, 태평양전쟁으로 확대되었다고 할 수 있다. 이
러한 성격을 가진 전쟁에서 승리한 미국은 문명의 이름으로 패전국을
재판하고 자신들의 정당성을 주장하기 위한 수사rhetoric가 필요했다.
이러한 연합국의 수사가 구체화된 뉘른베르크재판과 도쿄재판에 대한
미·영·중·소 4대국 공통의 전제조건을 아와야 겐타로粟屋憲太郎는 다음
과 같이 정리한다.

---

6) 粟屋憲太郎, 『東京裁判への道』, 講談社, 2013, 118-119에서 재인용.

국제군사재판의 기본목적은 연합국의 '정의'와 주축국의 '사악함'을 명확히 하고, 제2차 세계대전을 연합국의 '성전'으로 제시하는 것, 이를 위해 재판이 주축국의 선전의 장이 되도록 해서는 안 되며 그리고 여기서는 연합국의 나쁜 짓 所業이 문제가 되어서는 안 된다. 신속한 재판이 필요하며 그리고 재판의 이론적 기초는 국제법, 형법, 역사학의 비판에 견딜 수 있는 것이어야만 한다.[7]

연합국은 주축국의 '악행'에 대하여 '정의의 재판'을 행한다는 '전쟁에 대한 성격 규정'이 필요하였다.[8] 여기서 앞에서 살펴본 현대사의 통설이 등장한다. 역으로 말하면 2차 세계대전의 성격은 민주주의 대 독재의 전쟁은 아니라고 할 수 있다. 따라서 두 재판에 대해서는 이를 긍정하는 '문명의 재판론'과 이를 부정하는 '승자의 재판론'이 여전히 공존한다.

2차 세계대전이 민주주의 대 독재국가의 전쟁이 아니라면 이 역시 제국주의 국가 간의 전쟁이라고 할 수밖에 없다. 당시의 세계사적 상황에서 판단한다면, 제국주의 국가 상호간이 아니라면 그렇게 큰 규모의 세계적인 전쟁은 불가능하다. 따라서 두 번에 걸친 세계전쟁의 근본 원인은 제국주의 국가 간의 팽창 정책이 충돌한 것이라 보아야 마땅하다. 그렇다면 인류의 참혹한 희생을 가져 온 전쟁의 근본 원인은 제국주의 국가의 식민지 침략과 지배 정책이라고 할 수 있다. 따라서 이제 인류 보편적 가치의 구현을 통한 화해와 공존을 실현하기 위해서 제국주의 국가들이 자행한 식민지 지배에 관한 책임을 논할 필요가 있다.

1990년대 냉전구조의 해체, 냉전에 의해 유지하고 있던 세계 각 지역 독재정치의 종말로 과거사에 대한 관심이 높아져 3세계 국가들은 식민모국에게 식민지 지배에 대한 책임을 묻기 시작하였다. 예를 들면

7) 粟屋憲太郎, 『東京裁判論』, 大月書店, 1987, 34.
8) 日暮吉延, 『東京裁判』, 講談社, 2008, 30.

아이티가 옛 종주국인 프랑스에 요구한 반환과 보상 요구, 케냐가 마우마우 투사 학살에 대하여 영국에 보상청구 소송을 제기한 것, 나미비아가 독일에 사죄와 보상을 요구한 것 등 다양한 사례가 존재한다.[9] 물론 한국 측에서 제기한 일본군 '위안부' 문제 역시 이러한 것과 궤를 같이한다.

이러한 움직임은 1993년의 아부자Abuja 선언으로 나타났다. 즉, 이 선언은 과거의 "노예화, 식민지화, 신식민지화가 초래한 손해는 과거가 아닌 현재의 것"[10]이라고 정의하여 식민지 책임을 근현대 역사 전체의 문제로 취급하고자 하였다. 이러한 인식은 더반회의로 이어진다. 2001년 8월 31일부터 9월 8일까지 남아프리카 공화국의 더반Durban에서 국제연합 주체로 '인종주의, 인종 차별, 외국인 혐오 및 이와 관련한 불관용 철폐를 위한 세계회의'(일명 더반회의)가 개최되었다. 이 회의는 인종차별주의의 역사적 배경인 노예제, 노예 무역, 식민지주의를 인도에 반하는 죄로 강력하게 비판하면서 제국주의 국가의 식민지 지배책임을 강하게 추궁하였다. 이러한 주장은 2차 세계대전 이후에 성립한 세계 체제, 즉 식민지 지배에 대한 책임 추궁을 거치지 않은 채 성립한 지금의 세계 질서에 대한 문제 제기였다. 이러한 문제 제기에 대하여 미국을 비롯한 제국주의 국가들은 강력하게 반발하였다. 그 결과 제국주의 국가의 식민지 지배 그 자체에 대한 책임 인정은 이루어낼 수 없었지만, 노예제와 노예 무역은 인도에 반하는 죄임을 명기하고 이러한 구조를 낳은 식민지주의는 바람직한 것이 아니었다는 내용을 암묵적으로 기술하는 타협안이 마련되었다.[11] 이 회의는 3세계가

---

9) 여기에 대해서는 永原陽子編, 『植民地責任論』, 靑木書店. 2009를 볼 것.
10) 김경원 외 옮김, 『그들은 왜 일본군 '위안부'를 공격하는가』, 휴머니스트, 2014, 248-249.
11) 여기에 대해서는 「더반선언문 및 행동프로그램」, 국가인권위원회, 2009를 참고할 것.

1세계에 대해 식민지 지배 책임을 제기했다는 측면에서 상당한 의미를 가진다. 그러나 이후 2009년의 더반리뷰회의, 2011년의 더반Ⅲ으로 진행되었음에도 불구하고 더 이상의 진전은 없었다.

위에서 제기한 문제를 풀어가는 중요한 키워드가 최근 정치학을 시작으로 점차 타 학문 분야로 확대되고 있는 이행기 정의Transitional Justice 개념이다. 이 용어는 1980년대 후반 전 세계적인 민주화 현상 이후 독재정권 하에서 이루어진 비인도적 행위 청산을 위해 제기된 개념이다. 예를 들면, 법정에 선 독재가가 자신의 통치 행위가 비록 사악한 행위였음에도 불구하고 이것은 실정법에 근거한 통치 행위였던 만큼 합법적이며 법률 위반이 아니라는 항변에 대처하기 위한 사법 개념의 정립이 요청되었다. 특히 독재자를 처벌해야 한다는 의견에는 찬성하지만 그럼에도 불구하고 사후 입법을 통한 처벌에는 반대한다는 논자들을 설득할 수 있는 법철학이 요구되었다. 이러한 시대적 요구를 반영하면서 이행기 정의 개념은 특히 남미와 남아프리카 공화국의 민주화 과정에서 정교화 되고 현실 정치 속에 구현되었다. 이행기 정의 개념이 사회적인 국면과 결합하여 정교화된 과정을 보면, 곧바로 식민지 지배 책임을 추궁하는 논리로 사용하기는 어려울 수도 있으나 기본적으로는 인류 보편적 가치에 위배되는 인간의 행동을 법적인 개념에 기초하여 책임을 묻는다는 본질적 목적은 동일한 것이다. 따라서 필자는 이행기 정의 개념을 식민지 지배 책임 추궁에 적절하게 활용할 수 있다고 본다. 다만, 구체적으로 어떻게 활용하고 적용할 수 있을지는 향후의 과제이다.

이 개념은 국가기관이나 국가 권력에 의해 자행된 범죄를 인류 보편적 가치에 입각하여 처벌할 수 있다고 본다. 특히 국가 기관이나 권력자가 당시의 실정법에 기초하여 행한 통치 행위라 하더라도 이것이 법률보다 상위의 개념인 인류 보편적 가치에 반하는 행위라면 이후에도 처벌할 수 있다고 정의한다. 즉, 이행기 정의는 당시의 국내법이나 국제법의 논리와 다른 차원에서의 논의, 즉 실정법이 극도로 부정의(不正義)한 경우 법의 이름을 빌린 불법이라 규정하고 처벌 대상으로 삼고 있다.[12] 특히 이러한 사상이 구체적으로 발현된 최초의 국제 규정은 뉘른베르크 7원칙 중 특히 6원칙[13]이다. 2차 세계대전의 전후 처리 가운데 하나로 진행된 뉘른베르크재판은 나치가 자행한 유대인학살을 인도에 반하는 죄로 선언하고 이에 대한 처벌을 단행하였다. 이로써 지금까지 존재하지 않았던 새로운 개념 즉 평화에 반하는 죄와 인도에 반하는 죄라는 개념이 탄생하였다.[14] 이 개념은 그 이후 1948년 제노사이드 조약으로 결실을 맺기도 하였다. 그러나 이 개념이 활성화된 것은 1990년대에 들어와서이다.

---

12) 이재승, 「이행기 정의」, 『법과 사회』22, 2002, 56. 일명 라드브루흐 공식이라고도 한다.

13) 뉘른베르크 제6원칙은 다음과 같다. 평화에 반하는 죄는 '1) 침략전쟁 또는 국제조약, 협정 또는 서약에 위배되는 전쟁의 계획·준비·개시 또는 수행. 2) 위의 1)에서 언급된 행위의 어느 것이든 그것을 달성하기 위한 공동의 계획 또는 공동모의 참가'로, 인도에 반하는 죄는 '모든 민간인에 대한 살인·대량살인·노예화·강제적 이송 기타 비인도적 행위 또는 정치적·인종적·종교적 이유에 의한 박해로써 이와 같은 행위 또는 박해가 평화에 반하는 죄 또는 전쟁범죄의 수행으로써 또는 이에 관련하여 행하여졌을 때'로, 전쟁범죄는 '전쟁의 법규 또는 관례의 위반, 점령지에 있는 민간인의 살인·학대 또는 노예노동 기타 목적을 위한 강제적 이송, 포로 또는 공해상에서의 민간인의 살인 또는 학대, 인질의 살해, 공사(公私) 재산의 약탈, 도시와 농촌의 자의적인 파괴 또는 군사적 필요에 의해 정당화될 수 없는 황폐를 포함한다. 그러나 위에 열거한 범죄에만 국한되지는 않는다.'로 규정한다(다야 치카코, 『전쟁범죄와 법』, 이민효·김유성 옮김, 연경문화사, 2010, 220-221).

14) 김경원 외 옮김, 『그들은 왜 일본군 '위안부'를 공격하는가』, 246.

3. 도쿄재판 재검토

다음 장에서 상술하겠지만 일본에서 진행된 전쟁 책임론의 제3기에 해당하는 1965년부터 1988년까지는 수상의 야스쿠니 참배 등 일본의 국내 정치 상황과 중·일 국교 정상화를 배경으로 전쟁 책임론에 아시아 각국의 관점이 반영되던 시기였다. 오누마 야스아키大沼保昭는 이러한 상황 변화의 상징이 1983년이라고 판단한다. 그는 1983년에 개최된 "도쿄재판과 전쟁 책임의 문제를 의식적으로 아시아와의 관계에서 생각하는 관점을 제시한 도쿄재판 국제 심포지엄"과 "'아시아에 대한 전후 책임을 생각하는 모임'이 발족한" 때부터 "비로소 전후 책임이라는 관념이 공유되기 시작했다"15)고 회상한다. 오누마가 전쟁 책임과 도쿄재판에 대하여 생각하기 시작한 것은 1960년대 말부터이나 "70년대 시민운동의 성장"과 "72년의 중·일 국교 회복을 커다란 계기로 하여"16) 그는 다시 '전후 책임'을 생각하게 된다. 다음의 인용문을 보자.

> 일본이 아시아의 여러 민족 특히 중국인들에게 심대한 피해를 입히고, 스스로도 피해를 입은 1931년부터 45년의 '15년 전쟁' 그 최종 국면의 '대동아전쟁'을 우리들 일본국민은 어떻게 총괄해 왔는가. (…) 중국의 민중과 아시아 사람들에게 많은 희생을 강요한 1931년부터 45년까지의 전쟁에 대한 '전후 책임'을 다시 한 번 생각해야하지 않을까.17)

여기서 오누마가 말하는 전쟁 책임과 전후 책임은 일본의 내적인 자기성찰에서 유래한 것이라기보다는 오히려 외적인 충격인 도쿄재판과의 상관 관계 속에서 고찰되고 있다. 그 결과 전쟁 책임과 전후 책

---

15) 内海愛子 他, 『戰後責任』, 岩波書店, 2014, 118.

16) 内海愛子 他, 『戰後責任』, 岩波書店, 117.

17) 内海愛子 他, 『戰後責任』, 岩波書店, 4-5.

임의 범위는 1931년의 만주사변에서 45년 패전까지의 시기에 일어난 각종 사건에 한정되고 있다. 위 문장의 어디에도 일본이 전쟁 책임을 져야하는 근본적인 배경이 식민지 개척과 그 지배 과정의 '최종 국면'으로서 '대동아전쟁'이란 발상은 보이지 않는다. 따라서 오누마가 말하는 전쟁 책임은 1931년에서 45년까지의 것이며 전후 책임 역시 '15년 전쟁'이 낳은 결과에 대한 처리 책임이지 식민지 지배의 총체적 결과로서의 책임은 아니다.[18] 위와 같은 문제를 비판적으로 검토하기 위하여 우리는 도쿄재판과 관련된 다양한 내용을 점검하여 왜 일본에서 논의되는 전쟁 책임과 전후 책임이 1931년에서 45년 사이로 한정되는지 살펴봐야 한다.

도쿄재판에 관해서는 상당한 연구 성과들이 발간되었으며 논점들도 다양하다. 여기서는 본 글의 논지와 관련된 두 가지 사항만 논한다. 한 가지는 도쿄재판의 대상 시기에 대한 문제이고, 다른 한 가지는 인도에 반하는 죄가 최종적으로 검찰조서에서 삭제된 문제이다.

2차 세계대전의 막바지에 승리를 예감한 연합국은 1942년 2월에 런던에서 전쟁 종결 이후에 진행할 전쟁범죄에 관한 회의를 개최하여 전쟁범죄 처벌에 관한 선언을 발표하였다. 선언은 '조직된 재판 절차에 따라 범죄자의 처벌을 주요한 전쟁목적 속에 포함하여 이러한 재판, 판결의 집행을 배려한다'는 내용을 포함하였다. 즉, 연합국은 이 선언을 통해 전쟁범죄를 재판에 의해 처벌하겠다는 태도를 명확히 하

---

18) 이러한 오누마의 인식은 치모토의 연구서를 인용하는 과정에서 언급한 것처럼 오누마가 국제법적인 관점에 서있기 때문인지도 모르겠다. 전쟁책임론의 제2기에 이루어진 내적 성찰의 주요한 내용은 자유주의자들과 좌파진영의 전쟁협력과 민중들과 진보진영이 전쟁을 저지하지 못한 것에 대한 반성적인 자기비판이었지 메이지유신 이후 일본의 근대화 과정에서 발생한 식민지 개척을 위한 전쟁과 식민지 지배과정에서 발생한 인류 보편적 가치에 위배되는 행위에 대한 내적 성찰은 아니다.

였다. 이러한 선언이 구체화된 것이 1943년 11월 1일 미·영·소 3국 수뇌의 이름으로 발표된 '독일의 잔학 행위에 관한 선언'(모스크바 선언)과 동년 11월 27일 미·영·중 3국 수뇌의 이름으로 발표된 카이로 선언이다. 카이로 선언은 '일본의 침략을 저지하고 이를 벌하기 위하여 이후의 전쟁을 수행하는 것이다'고 하여 일본의 전쟁 책임을 처벌하겠다는 기본 원칙에 합의하였다.[19] 그러나 연합국 수뇌부는 이러한 기본 원칙에 합의하였음에도 불구하고 구체적인 세부 사항에 대해서는 좀처럼 합의하지 못하였다. 영국은 법적인 번거로움과 국제법적인 곤란함을 이유로 재판을 통한 처벌에 반대하였다. 그러나 소련과 미국은 문명의 방식을 통해서 자신들이 수행한 전쟁의 정당성을 관철시키기 위하여 주축국의 전쟁 지도자에 대한 즉결 처형에 반대하였다. 특히 재판을 통한 처벌은 시간이 걸릴 뿐만 아니라 구체적인 전쟁범죄 행위의 입증이 곤란하다는 비판에 대하여 미국은 재판에 필요한 증거와 절차상의 요건을 완화하기 위한 공동모의共同謀議 죄의 도입을 제안하였다. 즉 미국은 "침략전쟁을 비롯한 전쟁범죄에 대하여 '범죄 전체 과정에서 개별적인 범죄 행위에 대한 주관적 요건을 필요로 하지 않으며, 범죄 전체의 계획에 대한 관여가 있으면 그것만으로 범죄의 성립을 인정하는' 일망타진적인 성격을 갖는"[20] 공동모의죄 적용을 관철시켰다. 이러한 미국의 의도는 2차 세계대전 당시 자신들의 교전 상대국이 아닌 미국을 공격한 일본의 행위 그 자체를 전쟁범죄로 규정하여 벌하려는 것이었다. 일본의 전쟁범죄를 이렇게 규정하면 일본 전쟁 지도자의 개별적인 전쟁범죄 행위를 입증하지 않아도 되는 장점이 있다. 따라서 미국은 일본이 미국의 진주만을 공격하게 된 단초를 만주사변에 있다고 판단하고 만주사변의 시발점이 된 1928년의 장쬠린

---

19) 粟屋憲太郎, 『東京裁判への道』, 27-30.
20) 粟屋憲太郎, 『東京裁判論』, 33.

폭살사건부터 1945년 8월 패전까지를 도쿄재판의 대상 기간으로 설정하였다. 여기에는 일본이 1931년 이전에 자행한 식민지 확보를 위한 침략 전쟁에 대한 고려는 전혀 없다. 이러한 기준으로 본다면, 2차 세계대전의 전후 처리로 진행된 두 재판은 제국주의 국가 간의 전쟁 책임 문제를 다룬 것이며 전쟁의 근본적인 원인이었던 식민지 침략의 과정과 지배로 인해 발생한 문제를 취급하지 않았다. 이러한 측면에서 두 재판은 온전한 '문명의 재판'이 되기에는 함량 미달이라고 할 수밖에 없다.

다음으로 도쿄재판의 기획 단계에서 제기된 식민지 문제를 본 재판에서 제외하여 인도에 반하는 죄가 기소 항목에서 빠지게 된 내용에 대하여 검토하자. 1945년 6월부터 런던에서 개최된 회의에서 통상의 전쟁범죄에 더하여 평화에 반하는 죄와 인도에 반하는 죄가 전후 처리의 중요한 내용으로 채택되었다. 이어서 45년 7월 26일 일본에 대한 전후 처리 특히 전쟁 책임의 기본 원칙을 내용으로 하는 포츠담 선언이 공표되었다. 선언은 제6항에서 '세계정복의 행동에 나선 과오를 범한 권력과 세력을 영구히 제거하지 않으면 안 된다'고 하였으며, 제10항에서는 '우리들의 포로를 학대한 것을 포함하여 모든 전쟁범죄에 대하여 엄중한 처벌이 가해질 것'이라고 하여 전쟁범죄 처벌에 관한 원칙을 명시하였다.[21] 제6항에는 '세계정복의 행동에 나선 과오를 범한 권력'에 천황을 포함할지 말지에 대한 중대한 문제가 담겨 있다. 그러나 결과적으로 천황에 대한 소추는 미국의 반대로 이루어지지 않았다.[22] 이러한 과정을 거쳐 1946년 5월 3일 도쿄재판은 시작되었다.

---

21) 粟屋憲太郎, 『東京裁判への道』, 32.

22) 1차 세계대전의 전후 처리과정에서 독일황제에 대한 처벌 문제가 제기되었을 때 미국과 일본은 죄형 법정주의에 입각한 소급입법 금지와 원수무답책론元首無答責論 그 기원은 군주무답책론이다. 즉, 군주는 그의 행위에 대하여 누구에 대해서도 정치상·법률상 책임을 지지 않는다는 원칙)을 이유로 처벌에 반대하였다.

미국 주도로 운영된 도쿄재판의 기소장 역시 미국 주도로 작성되었다. 미국의 검찰진이 작성한 제1차 기소장의 내용은 대체적으로 뉘른베르크재판의 기소장을 원용한 것으로 재판에 회부한 죄목은 전쟁을 수행하는 과정에서 자행한 일반적 전쟁범죄, 인도에 반한 죄, 평화에 반한 죄, 공동모의죄였다. 이 가운데서도 가장 큰 의미를 가진 것은 평화에 반한 죄와 인도에 반한 죄였다. 도쿄재판을 기획하던 초기 단계에서 조선에서 일어난 일반적 전쟁 범죄와 인도에 반한 죄도 포함되어 있었다. 그러나 일본의 완전한 식민지였던 조선에서 일어난 두 항목에 대한 죄는 최종적으로 재판 대상에 포함되지 않았다.23) 그 결과 도쿄재판에서 인도에 반한 죄로 유죄 판결을 받은 사례는 없었다. 도쿄재판에서 난징학살의 책임자로 교수형을 받은 마츠이 이와네松井石根는

그러나 영국은 좁은 법률적 논의보다는 도덕과 정의에 대한 배려가 우선되어야 한다고 주장하면서 국제범죄의 처벌을 주장하였다. 결국 미국과 일본이 영국의 의견에 동의하여 독일황제를 재판에 회부하기로 결정하였다. 이러한 사실에 대하여 아라이 신이치荒井信一는 "법질서의 확립은 동시에 대담한 법의 변혁을 동반할 수밖에 없으며 그 변혁 방향은 평화와 인권을 강력하게 지향하는 것이 되어야만 한다"고 평가한다(荒井信一, 『戰爭責任論』, 岩波書店, 2005, 73). 일본이 원수무답책론을 무시하고 영국의 의견에 찬성한 것을 보면, 2차 세계대전 이후 일본에 대한 전쟁 책임이 문제가 되었을 때 천황무답책론을 내세워 천황에 대한 전쟁 책임을 물을 수 없다고 한 일본의 태도는 이중적이라고 할 수밖에 없다.

23) 粟屋憲太郎, 『東京裁判への道』, 301-302. 잘 알려진 바와 같이 한국이 미국과 일본의 샌프란시스코 강화조약 회의에 참가할 수 없었던 이유는 강화를 둘러싼 냉전의 진행, 2차 세계대전 중 한국과 일본이 교전 상태에 있었다는 주장에 대한 실증적인 근거의 미약, 식민지는 강화조약의 대상자가 될 수 없다고 하면서 한국의 참가를 강력하게 반대한 일본의 입장 등이다. 특히 이러한 일본의 입장을 지지한 제국주의 국가들은 직접적인 식민지 지배든 아니면 간접적인 정치, 경제, 문화적 지배든 기존의 식민지 체제를 유지하여 지속적으로 자신들의 이익을 관철시키려고 하는 국제정치적인 이해 관계를 고려하고 있었다. 본문에서도 언급한 것처럼 이러한 제국주의 국가의 의지가 도쿄재판에서 식민지 지배와 관련된 사항이 전혀 포함되지 않는 배경을 이룬다.

인도에 반하는 죄가 아니라 중지나中支那 방면 군사령관으로서 전쟁법규 위반의 방지 책임을 게을리하였다는 통상의 전쟁범죄로 유죄판결을 받았다. 최종적으로 식민지와 관련된 사항이 재판에서 제외되면서 좌·우파를 막론하고 일본에서 진행된 전쟁 책임론은 일본이 식민지를 획득하고 경영하는 과정에서 발생한 다양한 문제를 사상시켜 버린다.

시미즈 마사요시清水正義, 시바노 요시카즈芝野由和, 마츠모토 아키라松本彰 세 사람은 공동으로 집필한 논문「서독에서 나치즘의 정치와 역사인식西ドイツにおける'ナチズム'の政治と歷史意識」에서 서독과 일본의 전쟁 책임 비교를 통해 인도에 반하는 죄가 뉘른베르크재판과 도쿄재판에서 어떻게 다르게 취급되었는지에 대하여 분석하였다. 이들은 "일본에서의 '전쟁 책임'론의 특징"이 "'전쟁'에 집착하는 것에 있다면" 독일의 경우는 전쟁이라기보다는 "나치즘 범죄"[24]를 중요시한다고 판단한다. 즉, "죄 혹은 책임의 대상이 되는 악의 존재가 일본에서는 '전쟁'에 있으며 독일에서는 '나치즘'에 있다"[25]는 것이다. 이들은 이러한 양국의 차이는 인도에 관한 죄와 관련된 뉘른베르크재판과 도쿄재판의 차이에서 유래한다고 유추한다.[26] 이들은 뉘른베르크재판에 비하여 도쿄재판에서 인도에 반한 죄가 중시되지 않은 이유로 "첫째는 아우슈비츠로 상징되는 절대 악의 존재가 일본에는 없었으"며, "둘째로 여러 피해국의 국제적인 차이 즉 나치즘의 가장 직접적인 피해국인 소련, 폴란드, 동유럽 여러 나라가 (…) '전쟁 책임' 추궁에 적극적으로 관여한 것에 반해 일본에서는 '전쟁 책임' 추궁의 주체인 미·영·프·소

---

24) 淸水正義·芝野由和·松本彰,「西ドイツにおける'ナチズム'の政治と歷史意識」, 藤原彰·荒井信一編『現代史における戰爭責任』, 靑木書店, 1990, 57.

25) 淸水正義·芝野由和·松本彰,「西ドイツにおける'ナチズム'の政治と歷史意識」, 57.

26) 淸水正義·芝野由和·松本彰,「西ドイツにおける'ナチズム'の政治と歷史意識」, 58.

의 전승국은 대전 상대국이기는 하지만 일본군에 의한 '인도에 반한 죄'에 대한 직접적인 피해국이 아니었"던 점, "셋째로 유럽인의 아시아 멸시"[27]를 들고 있다. 문제는 이들의 논의에서도 제국주의 국가의 식민지 지배 책임에 대한 의식이 없으며 전쟁과 관련된 죄만을 논한다는 점이다.

일본의 우파들은 도쿄재판을 승자인 미국에 의한 일방적인 재판이라고 주장하면서 자신들의 전쟁 책임은 재론되어야 한다고 강조한다. 이러한 주장을 통해 일본의 우파가 노리는 것은 자신들에 대한 전쟁 책임론을 부정하는 데 그치지 않고 2차 세계대전의 성격 그 자체에 대한 변경이다. 즉, 2차 세계대전은 민주주의 대 파시즘의 전쟁이 아니라 단지 당시의 강국들 사이에서 일어난 정치적 긴장 관계의 일부라는 것이다. 이러한 의도에는 식민지 지배에 대한 당위성의 주장과 더불어 패자였기 때문에 자신들에게 지워진 책임을 부정하고자 하는 목적이 있다. 즉, 부당한 전쟁을 하지 않은 자신들은 당연히 스스로를 지키기 위하여 재무장할 권한을 가지고 있다고 주장하는 것이다. 여기에는 일본이 대외적으로 군사력을 행사할 수 있는, 이른바 '보통국가'로서의 변신을 꾀하고 이를 통해 동아시아의 강자로 재도약하려는 의도가 바탕에 깔려 있다. 그러면서 일본은(물론 일본뿐만 아니라 당시 식민지를 소유했던 제국주의 국가 모두가 동일하지만) 자신들의 식민지 지배는 당시에 행해진 세계적 현상으로 일본이 조선을 식민지로 지배한 것 역시 이러한 연장선상에 있다고 주장하면서 식민지 지배 자체를 당연시 하고 있다.

분명 도쿄재판에는 승자의 재판이라고 해도 반론하기 어려운 부분이 있다. 특히 미국은 너무도 명백한 731부대의 인도에 반한 죄를 재

---

27) 清水正義·芝野由和·松本彰, 「西ドイツにおける'ナチズム'の政治と歴史意識」, 62-64.

판 대상에서 제외하였으며 전쟁의 총괄 책임자인 천황을 기소하지 않았다.[28] 이러한 측면에서 도쿄재판은 '문명의 재판'이 되지 못하고 '승자의 재판'이 되어버릴 수밖에 없는 요소를 포함하게 되었다. 따라서 히쿠라시 요시노부日暮吉延는 도쿄재판을 문명의 재판과 승자의 재판 양 측면을 동시에 가지는 국제정치라고 정의한다.[29] 이제 다시 도쿄재판을 재론하면서 평화에 반한 죄로 천황의 전쟁 책임을, 인도에 반한 죄로 731부대의 만행, 중국전선에서 사용한 독가스와 세균무기, 민간인에 대한 강제 수용, 일본군 '위안부'문제 등을 언급해야 한다. 나아가 식민지 지배로 인해 발생한 다양한 형태의 인도에 반한 죄 역시 다시금 논의해야 한다.

4. 일본의 전쟁 책임론이 가지는 문제점

아카자와 시로赤澤史朗는 1996년에 이시다 타케시石田雄가 집필한 『전쟁책임론 50년의 변천과 오늘날의 과제戦争責任論50年の変遷と今日的課題』에 대한 비판의 형태로 1990년대 중반까지 일본에서 진행된 전쟁 책임론의 동향을 4개의 시기로 구분하여 정리하였다. 제1기는 전쟁 책임론이 제기되는 1945년부터 1954년까지, 제2기는 주체적인 전쟁 책임론을 전개하는 1955년부터 1964년까지, 제3기는 천황과 국민의 전쟁 책임을 논한 1965년부터 1988년까지, 제4기는 외부의 충격과 '전후

---

28) 아라이 신이치荒井信一는 "샌프란시스코 강화조약은 어떠한 형태로도 천황에 대하여 언급하지 않았으며, 도쿄재판도 검찰관이(⋯)정치적인 이유로 천황을 피고로 소추하지 않았기 때문에 천황은 재판받지 않았을 뿐이다. 바꾸어 말하면 천황의 전쟁 책임 문제는 법적으로 현재에 이르기까지 미해결인 채로 남아 있다"고 주장한다(荒井信一, 『戦争責任論』, 岩波書店, 2005, 178).

29) 日暮吉延, 『東京裁判』, 33.

보상'론이 등장하는 1989년 이후로 구분한다.

그에 의하면, 제1기에 전쟁 책임이라는 용어가 등장하게 된 배경에는 연합국에 의한 "도쿄재판·BC급 전범재판·공직추방 실시라는 형태로 법적·정치적·행정적으로 일본인의 전쟁 책임을 묻는 움직임"과 다른 한편으로 "국내에서도 대중운동에 의해 전시중의 부정이나 인권무시 행위, 전쟁협력 발언이 폭로되어 정치적·사상적으로 그 책임을 추궁"30)하게 된 사실이 있다고 한다. 따라서 이 시기의 전쟁 책임이라는 용어에는 '연합국이 가해자인 일본과 일본인에게 전쟁범죄를 추궁하는 의미'와 일본 국민이 자신들에게 '피해를 입힌 국가와 국가 지도자에게 책임'을 묻는 의미가 포함된다.31) 제1기 전쟁 책임론의 특징은 첫째, 전전에 일본에서 유일하게 전쟁에 반대하였다는 '논리'로 전쟁 책임에서 '자유롭다'고 생각한 일본 공산당을 중심으로 한 진보진영의 법적·정치적 책임론이었다. 둘째, 본인들의 전쟁 협력에 대한 자각이 부족한 가운데 도쿄재판으로 대표되는 점령군의 전쟁 책임 추궁이 보편적 이념에 입각한 것으로 판단한 자유주의자들이 일본인의 내면적이고 윤리적인 책임을 논한 점이다. 그러나 이후에 도쿄재판 과정에서 나타난 다양한 문제점으로 인하여 도쿄재판은 일본인들에게 "전쟁에 대한 반성"의 "계기가 되지는 못하"32)였다.

제2기 전쟁 책임론의 배경이 된 것은 소련 공산당을 비롯하여 각국 공산당이 안고 있는 다양한 문제를 폭로한 스탈린 비판과 전후에 비로소 맑스주의와 자유주의를 접하면서 자신들의 전쟁 체험에 강하게 집착하는 전중파의 등장이다. 이러한 시대적 배경으로 인하여 이 시기 전쟁 책임론의 특징은 '내면적이고 윤리적인 책임론이 우위를 점'하

---

30) 赤澤史朗, 「戰後日本の戰爭責任論の動向」, 『立命館法学』 274号, 2000년 6월, 140.

31) 赤澤史朗, 「戰後日本の戰爭責任論の動向」, 140.

32) 赤澤史朗, 「戰後日本の戰爭責任論の動向」, 143.

면서 '전쟁 책임에 대한 일본인들의 자각을 심화시키고 이를 주체적으로 수용할 수 있는 길'을 찾는 것, 즉 '전쟁 책임 문제에 대한 시각이 논의의 중심'으로 부상한 점이다.[33)

제3기 전쟁 책임론의 특징은 제2기에 진행된 논의를 사료에 입각하여 천황과 일본 국민들의 전쟁 책임을 구체적이고 실증적으로 논한 점이다. 즉 제3기는 "취급하는 범위가 넓어지고 확대된 문제의식에 기초하여" 전쟁 책임 문제와 관련한 "과거의 사실을 발굴하는"[34) 시기였다. 이러한 과정을 통해 이 시기에는 민중들의 전쟁 책임 문제가 본격적으로 대두한다. 특히 이 시기에는 1940년대에 소학교에 다니던 이른바 전후파들이 "전쟁 중에는 아이들에게 전쟁 협력을 강요하면서 패전 후 재빠르게 민주주의 시대에 적응한" 교육자와 아동 문학자 등의 전쟁책임을 추궁한 "어른 세대에 대한 강한 불신감"[35)이 존재한다. 이러한 가운데 1982년에 문부성의 역사교과서 검정 문제가 표면화되면서 한국과 중국은 일본에게 공식적으로 과거사 문제에 대한 이의제기를 한다. 나아가 1985년 전후 처음으로 나카소네 야스히로中曽根康弘 수상이 수상의 자격으로 야스쿠니 신사를 공식적으로 참배하자 여기에 대한 동아시아 각국의 비판이 높아졌다. 이러한 과정에서 아시아의 관점에서 본 전쟁 책임론이 등장하기 시작한다. 이러한 관점은 "전쟁 책임에 대한 처리를 게을리 한 책임이라는 의미의 '전후 책임'이란 단어"[36)를 확산시켰다.

제4기에는 1989년을 계기로 하는 세계적인 냉전 체제의 붕괴와 더불어 세계 각 지역에서 이전의 식민모국에 대한 책임 추궁이 시작되

---

33) 赤澤史朗, 「戰後日本の戰爭責任論の動向」, 147.

34) 赤澤史朗, 「戰後日本の戰爭責任論の動向」, 148.

35) 赤澤史朗, 「戰後日本の戰爭責任論の動向」, 150.

36) 赤澤史朗, 「戰後日本の戰爭責任論の動向」, 148.

었다. 이러한 책임 추궁은 식민지 개척과 지배 과정에서 발생한 반인 권적인 범죄 행위에 대한 배·보상의 국제적인 재판으로 나타났다.[37] 특히 1992년 8월 한국의 김복동 할머니가 자신의 일본군 '위안부' 피해에 대하여 증언하고 일본의 사법부에 재판을 신청하였다. 이것은 일본의 외부에서 전달된 전쟁 피해자의 목소리이며 세계적인 냉전 종결과 더불어 제기된 인권 침해에 대한 구제란 시각을 강하게 띤 것으로 배·보상이라는 소송으로 구체화되었다. 따라서 이 시기의 전쟁 책임론에는 "전쟁피해자의 개인보상요구를 의미하는 '전후 보상'"[38]이라는 용어와 법률가들이 대거 등장한다. 따라서 제4기에는 "전쟁 책임이라는 개념이 보다 확대되어 식민지 지배·점령지 지배에 대한 책임의 문제가 보다 중시"[39]된다.

위에서 살펴본 것처럼 일본에서 통상적으로 논의되는 전쟁 책임론에는 식민지 지배 책임까지를 포함하지는 않으며 주로 15년 전쟁 동안에 일어난 강제 동원, 징집 등의 문제에 한정하여 논하는 경향이 강

---

37) 아카자와는 제4기의 특징을 논하면서 "세계적으로 전쟁책임·전후 보상 문제에 대한 대처(取り組み)가 진전되었다"(156쪽)고 표현하고 있다. 필자는 이러한 용어법은 적절하지 않다고 판단한다. 즉, 1990년대에 들어서면서 과거의 피식민국가가 식민모국에 대하여 제기한 다양한 형태의 소송은 전쟁(특히 2차 세계대전)에 관련된 것이라기보다는 식민지 개척과 지배 과정에서 일어난 대량학살이나 인권 침해 등 인류 보편적 가치에 위배되는 것으로 뉘른베르크재판에서 중요하게 취급된 인도에 반하는 죄에 해당하는 내용들이 주를 이룬다. 따라서 이러한 문제를 언급할 때는 '식민지 지배 책임'이라는 용어를 사용하는 것이 내용적으로 타당하다고 필자는 생각한다. 이러한 내용은 본 논문의 주요한 논지이기도 하다. 아카자와 역시 "전쟁책임이라는 개념이 보다 확대되어 식민지 지배·점령지 지배에 대한 책임의 문제가 보다 중시"(赤澤史朗,「戰後日本の戰爭責任論の動向」,『立命館法學』274, 2000년 6월, 158)된다고 밝히고 있으나 그의 논문에서는 식민지 지배책임이란 용어보다는 전쟁 책임이라는 용어가 중심을 이루고 있다.

38) 赤澤史朗,「戰後日本の戰爭責任論の動向」, 157-158.

39) 赤澤史朗,「戰後日本の戰爭責任論の動向」, 158.

하다.[40] 전후의 비판적 지식인으로 분류되는 다케우치 요시미竹内好조차도 1960년 2월 10일에 발행된『현대의 발견現代の発見』제3권에 발표한 「전쟁책임에 대하여戰爭責任について」에서 "일본이 행한 전쟁의 성격을 침략전쟁임과 동시에 제국주의 대 제국주의의 전쟁"이라고 규정하면서 "침략전쟁의 측면에 관해서는 일본인에게 책임이 있으나 대(對)제국주의 전쟁의 측면에 관해서는 일본인에게만 일방적으로 책임을 지울 수는 없다"[41]고 주장하였다.

오누마 야스아키大沼保昭는 2014년에 발간한 대담집『전후책임戰後責任』에서 "이 책에서 다루는 '위안부'와 강제 연행 노동자 문제를 한·일 양국이 해결했다고 하는 것은 1965년의 한일청구권협정, 중·일 간에는 1972년 중일공동성명"[42]이라고 판단한다. 한·중·일 3국간의 이러한 식민지 지배 문제 해결에 따라 일본은 한국에게 거액의 배상을 했으며, 중국에게는 장기간에 걸쳐 막대한 경제 협력을 했다고 오누마는

---

40) 여기에는 류큐 합병이나 홋카이도 편입 나아가 타이완과 조선의 식민지화 과정에서 발생한 다양한 문제는 포함되지 않는 경우가 일반적이다. 물론 그렇다고 해서 일본의 진보적 인사들이 1931년 이전에 발생한 문제에 대하여 침묵한다고 주장하는 것은 아니다. 주장하고 싶은 것은 일본에서 좌파든 우파든 '전쟁 책임'이라고 했을 때 이 용어가 포괄하고 있는 범주는 대체적으로 1931년에서 1945년 사이의 매우 한정적이라는 점이다. 그리고 청일전쟁이나 러일전쟁까지 포함하여 일본의 전쟁 책임을 논하는 경우도 있으나 이 경우는 본문에서 논한 '전쟁 책임'론이라기보다는 근대사의 과정에서 발생한 제국주의적 침략으로서의 '전쟁'이라는 측면이 강하다.

41) 竹内好, 「戰爭責任について」(1960년), 竹内好全集8, 筑摩書房, 1980, 216. 아라이 신이치는 위의 문장을 "다케우치는 제국주의 대 제국주의의 전쟁을 버리고 대 아시아 특히 중국에 대한 침략 사실을 전쟁 책임론의 입구로 가져옴으로써 전쟁 책임의 문제를 '오늘의 건설 과제'로 위치지우고 있다"(荒井信一, 『戰爭責任論』, 岩波書店, 2005, 235)고 긍정적으로 해석한다. 필자는 아라이와는 다른 입장을 취하고 있다. 여기에 대해서는 최종길, 「대동아전쟁과 다케우치 요시미의 전쟁책임론」, 『사림』64, 2018을 참고할 것.

42) 荒井信一, 『戰爭責任論』, 「はしがき」, vi.

판단한다. 일본의 이러한 노력에도 불구하고 오누마는 "한국의 너무 완강한 자세, 일본 측의 노력에 대한 몰이해에 실망"하여 "그만 좀 했으면 한다いい加減にして欲しい"[43]는 다수 일본 국민의 감정에 동감한다. 그러면서도 그는 피해자와 유족들의 강한 반감에도 공감을 표한다. 오누마의 이러한 감정은 과거사에 대한 진지한 반성을 실천해온 다수 일본인들의 솔직한 심정이라고 필자는 생각한다. 언론이나 운동가들 사이에서 흔히 하는 말로 표현한다면, 한·일 간의 과거사 문제에 대한 '피로감'이라고 할 수 있다. 그렇다고 한·일 양국의 과거사 문제 해결을 위한 노력을 여기서 포기할 수도 없는 오누마는 이와 같은 한계 상황을 넘어서기 위하여 1980년대 중반에 등장한 '전후 책임'이라는 개념을 다시금 논한다.

오누마가 말하는 '전후 책임'이란 "일본국민이 1931년부터 45년까지의 전쟁과 과거의 식민지 지배라는 역사를 어떻게 총괄하고 미래에 대한 교훈으로 삼을 것인가라는 일본 국민의 자기 정체성의 존재 방식과 깊이 관련된 문제"[44]라고 정의한다. 이 문장에 의하면, 오누마의 '전후 책임'에는 두 가지 범주가 존재한다. 하나는 1931년의 만주사변부터 45년까지의 전쟁이며 다른 하나는 식민지 지배의 역사이다. 짧은 문장 속에 두 가지 요소를 나열하고 있어 보다 명확하게 이 두 가지를 어떻게 관계 지워서 생각해야 할지 애매하다. 시간적인 순서와 그에 따른 인과관계로 보면, 후자가 더 빠른 것이고 원인에 해당하며 전자는 후자의 극한적 상황 속에서 발현된 결과이다. 따라서 전자와 후자는 분리해서는 안 되며 인과관계로 결합된 하나의 사건으로 봐야 한다. 그렇다면 이 두 가지는 하나의 개념으로 파악하여 두 요소를 총칭하는 다른 용어, 즉 '식민지 지배 책임'이라 표현하는 것이 보다 바람

---

43) 荒井信一, 『戦争責任論』, viii.
44) 荒井信一, 『戦争責任論』, x.

직하다.

이 용어에 대한 상세한 논의는 잠시 미루고 오누마가 이야기한 한국 측의 '몰이해'에 대한 대표적인 사례부터 살펴보자. 오누마가 말한 한국 측의 '몰이해'에는 크고 작은 다양한 사례가 존재할 수 있으나 가장 대표적인 것이 2018년 10월 한국 대법원 판결[45]일 것이다. 물론 이 판결은『전후책임』이 출판되고 난 이후의 사례인 만큼 적절하지 않을 수도 있으나 오누마가 이야기한 크고 작은 다양한 '몰이해'의 집적集積이 구체적으로 발현된 사례라는 점에서는 한·일 양국에서 모두 공감하리라 생각한다. 이 대법원 판결의 요지는 두 가지로 요약할 수 있다. 하나는 1965년의 한일협정은 식민지 지배와 관련하여 한·일 간에 배·보상 문제를 논의한 것이 아님을 확인한 점이며, 다른 하나는 불법행위에 의해 발생한 문제는 청구권 협정의 대상이 아님을 확인한 점이다. 첫 번째 요지와 관련하여 판결문은 다음과 같이 판단한다.

"청구권협정은 일본의 불법적 식민지 지배에 대한 배상을 청구하기 위한 협상이 아니라 기본적으로 샌프란시스코 조약 제4조에 근거하여 한·일 양국 간의 재정적·민사적 채권·채무관계를 정치적 합의에 의하여 해결하기 위한 것"(판결문, 13쪽)

"일본 측의 입장도 청구권협정 제1조의 돈이 기본적으로 경제협력의 성격이라는 것"(판결문, 15쪽)

두 번째 요지와 관련하여 판결문은 다음과 같이 판단한다.

45) 이 대법원 판결은 징용에 의한 강제노동 피해자인 원고가 신일철주금新日鐵住金을 상대로 낸 손해배상청구소송이며 사건번호는 2013다61381이다. 일본은 이 판결을 한국 측의 '몰이해'와 한일협정 위반이라고 하며 한국은 받아들여야 할 대법원 판결이라고 주장한다. 이 판결로 인해 발생한 한·일 간의 갈등은 현재 매우 심각한 수준으로 진행되고 있다. 이 판결을 한·일 관계에서가 아니라 피식민국가가 식민모국에 대하여 내놓은 문제 제기라고 볼 필요가 있다.

"청구권협정문이나 그 부속서 어디에도 일본 식민지배의 불법성을 언급하는 내용은 전혀 없다. (…) 식민지배의 불법성이 전혀 언급되어 있지 않은 이상 (…) 식민지배의 불법성과 직결되는 청구권까지도 위 대상에 포함된다고 보기는 어렵다."(판결문, 14쪽)

　　"청구권협정의 협상과정에서 일본 정부는 식민지배의 불법성을 인정하지 않은 채, 강제동원 피해의 법적 배상을 원천적으로 부인하였고 (…) 이러한 상황에서 강제동원 위자료청구권이 청구권협정의 적용대상에 포함되었다고 보기는 어렵다."(판결문, 15-16쪽)

　　첫 번째 요지와 관련한 판결문의 논리는 한일협정은 '식민지 지배에 대한 배상을 청구하기 위한 협상이 아니라' 일본이 한국의 '경제협력'을 위해 제공하는 개발 기금이라는 것이다. 그러나 실질적으로 한일협정의 협상 과정에서 식민지 지배 시기에 일어난 다양한 내용에 대하여 서로 논의하고 있으므로 식민지 지배에 대한 '처리'를 포함하고 있으나 이를 분명하게 명기하지 않았다는 사실을 어떻게 판단할 것인지가 과제로 대두한다. 두 번째 요지와 관련해서는 '불법성'에 대한 정의와 증명이 논쟁거리로 대두할 수 있다. 두 번째 논쟁은 논리적으로 식민지 지배 그 자체가 불법인지 아닌지에 대한 논쟁과 식민지 지배 그 자체가 불법인지 아닌지를 유보한 채 '강제 동원'이 당시의 실정법과 보편적 인권이라는 인류 보편적 가치에 위배되는지 아닌지를 논하는 문제로 대별할 수 있다. 그러나 식민지 지배 그 자체가 불법이라면, 불법적인 지배 하에서 이루어진 모든 행위는 불법일 수밖에 없으므로 결국 논쟁은 식민지 지배 그 자체의 불법성 여부로 귀결될 것이다. 이러한 측면에서도 전쟁 책임과 전후 책임의 개념을 모두 포괄하는 '식민지 지배 책임'이라는 용어를 사용하여 한·일 간의 과거사를 논해야 하는 단계에 들어섰다고 하지 않을 수 없다. 일본군 '위안부' 문제에 관한 국제법률가위원회(ICJ) 조사보고서인 『국제법에서 본

'종군위안부' 문제國際法からみる『從軍慰安婦』問題』(1995)는 한일 "회담의 합의 의사록 또는 협정의 어떠한 부속 문서에서도 '청구권'이라는 단어는 정의되지 않았다는 것을 지적"하고 "조약의 배후에 있는 목적의 하나가 양국 간의 미래 경제협력의 기초를 세우는 것에 있다는 점을 유의한다면, 이것이 조약의 주요한 목적이었음은 이상하지 않다. 이 조약의 문맥에서 '청구권'이라는 용어에는 일본이 주장하는 것과 같은 넓은 의미를 부여할 수는 없다. 따라서 일본은 한국 위안부들의 청구를 저지하기 위하여 1965년 협정을 원용할 수 없다는 것이 우리들의 결론이다"[46]라고 적고 있다.

다시 전후 책임과 식민지 지배 책임을 논한 부분으로 돌아가서 전쟁 책임, 전후 책임, 식민지 지배 책임을 서로의 관련성 속에서 살펴보자. 먼저 이론異論이 별로 없을 것으로 생각되는 전쟁 책임에 대하여 살펴보자. 일본에서는 좌·우파 모두 앞서 오누마가 '전후 책임'의 정의에서 언급한 '1931년부터 45년까지의 전쟁과' 관련한 일본국민의 책임을 전쟁 책임이라는 개념으로 사용하고 있다. 물론 전쟁 책임을 상세하게 나누면, 패전 책임인지, 개전 책임인지, 전쟁을 저지하지 못한 일본 공산당과 일본 민중들의 책임인지, 자신들의 가치관에 반하여 전쟁에 협력한 특히 좌파 지식인과 운동가들의 책임인지, 논자에 따라서 다양하게 사용하고 있으나 이들 대부분의 전쟁 책임 논의에 공통되는 범위는 1931년부터 45년까지의 전쟁에 한정된다. 따라서 일본에서 전쟁 책임을 논할 때 식민지 지배 전반을 상정하고 논하는 경우는 거의 없다고 할 수 있다.

다음으로 전후 책임에 대하여 살펴보자. 천황제의 전후 책임을 논한 치모토 히데키千本秀樹는 『천황제의 침략 책임과 전후 책임』에서 전후 책임에 대한 다양한 논의를 분석하고 있다. 그는 츠보이 시게지壺井

---

46) 荒井信一, 『戰爭責任論』, 247.

繁治가 전전에 자신의 전쟁 협력에 대한 문제를 회피하고 전후 활동을 시작한 것에 대한 타케이 테루오武井昭夫의 비판과 문학자의 전쟁 책임을 논한 요시모토 다카아키吉本隆明의 논의를 분석하면서 이들이 말한 전후 책임이란 이전에 어떠한 형태로든 전쟁에 협력한 자들이 전후에 져야 하는 전쟁 책임이라는 의미로 이해한다.47) 나아가 그는 국제법의 관점에서 전후 책임이라는 용어를 사용한 오누마 야스아키의 문장을 인용하면서 결국 오누마의 주장은 "'대동아전쟁'을 일으킨 일본의 사회 심리적 기반이 전후에도 변하지 않았으며, 전후 아시아 여러 민족에게 대동아공영권의 경제 구상이 이제 반 정도는 현실이 되어버"린 상황에서 전전을 계승한 전후 일본의 성과를 향유하고는 있지만 "15년 전쟁에 대한 직접적인 책임이 없는 전후파·전무파戰無派에게도 전후 책임이 존재한다는 사실을 지적하기 위한 것"48)이라고 분석한다. 이렇게 본다면, 어쨌든 전후 책임이란 전쟁과 이어진 상황에서 발생한 전후의 책임이며 이것은 개인적인 것일 수도 있으며, 앞에서 본 아카자와의 주장처럼 아시아 여러 나라의 피해자에 대한 처리를 게을리한 일본 정부의 책임일 수도 있다. 나아가 일본 정부가 져야 할 책임을 적극적으로 수행하도록 추동하지 못한 일본 '시민'49)의 자각적 책

---

47) 치모토 히데키, 『천황제의 침략책임과 전후책임』, 최종길 옮김, 경북대학교출판부, 2017, 21.

48) 치모토 히데키, 『천황제의 침략책임과 전후책임』, 23.

49) 여기서 굳이 '시민'이라는 용어를 사용한 것은 본문에서 인용한 『전후책임』에서 오누마를 포함한 대담자들은 일본이 져야할 전후 책임의 주체로서 '시민'을 언급하고 있기 때문이다. 이 경우 자신이 속한 국가의 문제를 주체적이고 자각적으로 담당하려는 '시민'은 국가이익우선주의에서 벗어나기 어려운 정부늑국가 혹은 국민을 대신할 수 있는 적극적인 의미가 있다. 그러나 다른 한편으로 국가의 이름으로 행해진 문제에 대한 책임은 역시 국가의 이름으로 해결해야 마땅하다는 측면에서 본다면, 이들의 역할은 국가가 문제 해결에 적극적으로 나설 수밖에 없도록 강제하는 제한적인 범위에 한정될 수밖에 없다. 이러한 측면에서 본다면 일본군 '위안부' 문제를 해결하기 위해 일본의 진보적 인사들이

임일 수도 있다.

2차 세계대전 이후 제국주의 국가 간의 힘의 균형이 파괴되면서 패전국 일본, 독일, 이탈리아의 식민지로 있던 한국, 폴란드50), 에티오피아는 식민지 상황에서 벗어났다. 그러나 승리한 제국주의 국가의 식민지였던 지역과 국가는 여전히 식민지인 상태로 남아 있었다. 이후 1950년대에 들어서면서 식민지로 남아 있던 국가와 지역에서 독립운동이 지속적으로 전개되어 대부분의 식민지가 신생 독립국으로 바뀌었다. 이러한 세계사의 움직임 뒤에는 영국, 프랑스, 미국을 중심으로 하는 식민지 영유 국가의 강한 현상 유지 욕망이 존재하고 있었다. 전

대거 결합하고 활동한 '여성을 위한 아시아 평화 국민기금'은 많은 한계를 가질 수밖에 없었다. 이러한 측면에서 오누마가 이야기하는 '일본'과 '일본 시민'들의 노력을 몰라주는 그들의 섭섭한 감정은 충분히 이해하면서도 여기에는 논의해야 할 많은 문제가 있다고 생각한다. 즉, 한·일 간의 과거사 문제와 관련하여 일본의 진보적 인사들이 해야 할 '전후 책임'의 중요한 방향은 국가의 이름으로 자행된 과거사는 국가의 이름으로 해결해야 한다고 정부에 압력을 가하여 국가의 이름으로 해결할 수밖에 없도록 강제하는 것이다. 따라서 원칙론적으로 본다면, 과거사의 해결을 위해 그들이 선택한 아시아여성기금이라는 방향은 올바른 것은 아니다. 물론 해결을 위해 나설 의사가 없는 국가를 대신하여 '시민'의 이름으로 해결하려고 한 선택은 평가받아 마땅하다. 그러나 이러한 '시민'들의 선택은 정부의 미온적 태도를 더 이상 두고 볼 수 없는 궁여지책 속에서 나온 것인 만큼 이러한 상황에서 발생할 한계(예를 들면 한국의 몰이해)와 성과를 모두 안고 갈 수밖에 없다. 일본 시민들의 진정성 있는 노력이라 하더라도 그것이 피해자들이 원하는 것과는 다른 것이라면 그 노력을 몰라주는 행위에 대하여 섭섭해 할 수는 없다.

50) 1차 세계대전 이후 독립한 폴란드는 2차 세계대전 기간 중인 1939년 9월 독일과 소련의 침공에 의해 폴란드 서부는 독일에게 동부는 소련에 분할 점령되었다. 독일이 점령한 서부 지역에서는 나치 독일에 의한 잔악한 학살이 진행되었으며, 소련이 점령한 동부 지역에서는 폴란드에 의해 건설된 시스템이 해체되고 사회주의화가 진척되었다. 이후 2차 세계대전의 결과 새롭게 통일 정부가 성립되었다. 1939년부터 45년까지의 폴란드의 상황을 식민지로 볼 것인지 아니면 점령 시기로 볼 것인지 필자는 답하기 어려우나 이 글에서 다루는 '식민지 지배 책임'이라는 문제와 관련하여 본문에서 '식민지 상황에서 벗어났다'고 표기한다.

승국의 이러한 욕망으로 인하여 2차 세계대전 이후 국제사회는 "식민지주의의 책임추궁을 회피하는 방식으로 성립"[51]하였다.

2차 세계대전의 종결과 더불어 시작된 냉전이라는 국제질서 속에서 새롭게 독립한 국가들은 구식민지 종주국에 대하여 식민지 지배기간에 일어난 각종의 범죄행위에 대한 배상이나 보상의 요구를 할수가 없었다. 냉전이라는 국제질서 속에서 신생국은 인도에 반하는 죄를 단죄하여 인류 보편적인 인권을 강화하기보다는 막 독립한 국가의정치적인 안정을 위해 경제 개발과 사회적 안정을 우선시하였다. 그리고 신생국의 배후에 있는 강대국은 자신들의 이데올로기에 친화적인정치권력을 안정적으로 유지하려고 하였다. 그러나 1990년에 들어서면서 세계적인 냉전 질서가 무너지면서 잠재하고 있던 과거사 문제는세계적인 형태로 분출하기 시작하였다. 이러한 세계사적인 변화를 반영하여 "식민지주의와 노예 무역·노예제의 '죄'와 '책임'을 묻는 움직임과 이를 둘러싼 연구를 '식민지 책임'"[52]이라는 키워드로 총괄한 도쿄외국어대학 아시아·아프리카 언어문화연구소의 연구 책임자 나가하라 요코永原陽子는 1931년부터 45년 사이의 전쟁에서 일본이 져야 할다양한 책임을 '전쟁 책임론' 속에서 논해 왔지만 "일본의 전쟁범죄가식민지 지배 위에서 존재하는 이상" "'전쟁 책임'론에는 '식민지 책임'

---

51) 永原陽子, 「'植民地責任'論とは何か」, 永原陽子 編, 『植民地責任論』, 靑木書店, 2009, 10.

52) 永原陽子, 「'植民地責任'論とは何か」, 11. 나가하라는 여기서 '식민지 책임'이라는 용어를 사용하면서도 다른 의견으로 '식민지 지배 책임'이라는 용어 사용을 주장하는 측의 의견도 검토하고 있다. 어느 쪽이 더 적절한지는 독자들의판단에 맡긴다. 관련된 논의는 『植民地責任論』의 27-29쪽을 참조하기 바란다.참고로 필자는 '식민지 지배 책임'이라는 용어가 더 적절하다고 판단한다. 본글에서는 단행본 『植民地責任論』과 관련된 문맥에서 '식민지 책임'이란 용어를 사용하나 이는 필자가 사용하는 '식민지 지배 책임'과 동일한 의미로 사용하였음을 밝혀 둔다.

론의 요소가 내재하"고 있음에도 불구하고 "일본의 전쟁 책임론에는 처음부터 식민지 지배 책임에 대한 관점이 빠져 있었다"[53]고 지적한다. 이러한 논의는 기존의 전쟁 책임론에서 한 발 더 진전된 것이기는 하나 여전히 문제도 존재한다.

나가하라는 식민지 지배 과정에서 발생할 수 있는 범죄를 첫째 '인도에 반하는 죄'나 '제노사이드', 둘째 식민지 전쟁에서 발생한 대량학살이나 포로 학대, 셋째 식민지에서의 강제 이주나 강제 노동으로 구분한다. 이어서 나가하라는 이러한 식민지 범죄의 "대상은 당연히 근거로 해야 할 법이 성립한 시기 이후의 사상事象에 한정된다"[54]고 한다. 구체적으로 나가하라는 "'인도에 반하는 죄'나 '제노사이드'를 기준으로 한다면 제2차 세계대전 이후"이며, 식민지 전쟁에서 발생한 대량 학살이나 포로 학대는 "19세기 후반부터 본격적으로 정비"된 전쟁 법규, 예를 들면 "1899년과 1907년 헤이그 육전규칙" 등을 적용할 수 있으며, 식민지에서의 강제 이주와 강제 노동 등에 대한 것은 "1884~85년의 베를린회의 일반의정서의 '원주민보호'규정이나 1890년의 브뤼셀조약의 노예 무역 단속에 관한 결정 등을 채용하여" "동시대의 법 기준에 따라서 '식민지 범죄'를 논할 수"[55] 있다고 한다. 그녀의 기준에 다르면, 첫 번째의 식민지 범죄는 2차 세계대전이 발생하고 난 이후의 사건에 한정되며, 두 번째와 세 번째의 식민지 범죄는 "서구 식민지주의의 기나긴 역사 속의 겨우 마지막 1세기 정도에 한정"[56]될 수밖에 없다. 나가하라는 많은 법률가들이 말하는 소급입법금지 원칙을 적용하여 식민지 범죄를 논해야 한다고 주장한 것이다.[57]

---

53) 永原陽子, 「'植民地責任'論とは何か」, 11. 이것과 유사한 주장으로는 荒井信一, 『戦争責任論』, 岩波書店, 1995가 있다. 특히 227-231쪽을 볼 것.

54) 永原陽子, 「'植民地責任'論とは何か」, 24.

55) 永原陽子, 「'植民地責任'論とは何か」, 24-25.

56) 永原陽子, 「'植民地責任'論とは何か」, 25.

뉘른베르크재판 과정을 좀 더 정확히 검토해 보면 이 재판에서 처음으로 인도에 반하는 죄와 평화에 반하는 죄라는 개념이 제시되었으며 재판 당시에도 이러한 법적용은 소급입법금지 원칙에 위배된다는 주장이 존재했었다. 한국에 잘 알려진 사례를 소개하면, 도쿄재판 과정에서 인도인 판사 라다비노드 팔Radhabinod Pal은 죄형법정주의에 기초하여 재판을 진행해야 한다는 대원칙에 입각하여 '평화에 반하는 죄'와 '인도에 반하는 죄'는 사후법인만큼 이를 근거로 피고인들을 유죄로 판단할 수는 없다고 하였다. 그러나 팔 판사의 견해와는 별도로 인류 사회가 노예 무역이나 식민지 개척이라는 욕망을 실현하는 과정에서 드러낸 전쟁의 야만성과 잔인성을 인류의 보편적 가치란 '문명화'의 당위성으로 처리하기 위하여 제정한 1856년의 파리선언, 1868년의 제네바 협정, 1899년과 1907년의 헤이그 육전규칙, 1919년 베르사

---

57) 1963년 12월 도쿄지방재판소는 미국이 히로시마와 나가사키에 원폭을 투하한 행위를 국제법상 위법이라고 판결하면서 그 이유를 다음과 같이 논한다. "국제법상의 관습법에 의하면, 무방위 도시, 무방위 지역에서는 비전투인 및 비전투 시설에 대한 포격이 허용되지 않는다. 그리고 독, 독가스, 세균을 전쟁에 사용하는 것도 육전규칙과 그 외에서 금지하고 있다. 원폭투하에 대해서는 특별한 조약은 없으나 원폭이 가진 파괴력을 생각하면 이것은 동일하게 해석해야만 하는 것으로 히로시마·나가사키에 원폭의 무차별 투하는 국제법에 위반된다."(『判例時報』255号, 荒井信一, 『戦争責任論』, 岩波書店, 2005, 252에서 재인용). 이 판결에 따르면, 일본 731부대의 행위와 일본군이 중국전선에서 독가스를 사용한 것은 명확한 국제법 위반이다. 그리고 판결문은 기존의 국제조약에 원자폭탄에 관한 구체적인 언급이 없었던 만큼 '원폭 투하에 대해서는 특별한 조약은 없으나'라고 한정하고 있지만 결국 전쟁에 관한 국제법이나 규정이 제정된 기본적인 법철학을 고려하면 원자폭탄 역시 '독, 독가스, 세균'을 전쟁에서 사용해서는 안 되는 이유와 '동일하게 해석해야 하는 것으로' 판단하였다. 이러한 내용을 사후입법을 금지한 죄형법정주의 원칙에 의거하여 판단한다면, 원폭 투하에 대한 행위를 '당시의 국제법'에 비추어 위법이라고 판시할 수는 없다. 따라서 도쿄재판에서 팔 판사의 주장을 지지하는 일본인들은 위의 도쿄지방재판소 판결을 부정해야 마땅하다. 우리는 인류에게 심대한 악영향을 미친 인간의 행위를 '이행기 정의'라는 법철학에 입각하여 판단할 필요가 있다.

유 강화조약의 전쟁책임 조항, 1925년의 제네바 의정서, 1948년의 제네바 적십자 4조약 등은 역시 사후 입법이었다. 이러한 사후 입법을 인류의 보편적 가치를 실현하기 위하여 정치적인 형태로 합의하고 적용한 것이 뉘른베르크재판과 도쿄재판이다.58) 물론 여기에는 승전국의 이해관계가 다양한 형태로 반영된 사실도 인정할 수밖에 없다. 양재판 역시 이러한 범주를 벗어나지 않는다. 이러한 경과에 더하여 필자는 이행기 정의와 관련한 법 논리를 논하는 과정에서 밝힌 내용에 의거하여 나가하라의 주장에는 동의할 수 없다.

1946년 5월부터 48년 11월까지 진행된 도쿄재판은 1931년 만주사변의 원인이 되었다고 하는 1928년의 장쭤린 폭살사건부터 1945년까지 발생한 전쟁범죄를 다루었다. 도쿄재판이 적용한 일본의 전쟁범죄 기간과 나가하라의 논거에 의하면, 결국 일본의 '식민지 범죄'에 관한 책임은 길게 잡아야 1928년부터 45년 사이이며 대체적으로는 1931년부터 45년 사이로 한정된다. 대상 시기를 이렇게 좁힌다면, 식민지 지

---

58) 도쿄재판의 판사였던 네덜란드의 벌터 롤링Bernard Victor Aloysius Röling은 "침략전쟁은 전쟁이 개시되었던 시점에서는 국제법상의 범죄가 아니었다. 이것은 뉘른베르크, 도쿄 양 재판이 도입한 것이었다. 국제법이 패한 자에게 적용됨으로써 보다 발전할 수 있도록 된 좋은 예이다. 이처럼 패전국에게 부과된 새로운 원칙이 그 자신의 생명을 얻고 최종적으로 보편적인 원칙으로 채용되기에 이른 것은 종종 일어나는 일이다"(B.V.A. Röling and A. Cassese, *The Tokyo Trial and Beyond*, 1993; 荒井信一, 『戰爭責任論』, 岩波書店, 2005, 280에서 재인용)고 하여 뉘른베르크재판과 도쿄재판에서 적용된 인도에 반하는 죄와 평화에 반하는 죄가 죄형법정주의에는 어긋나지만 인류의 보편적 법철학 발전에 기여하였음을 인정하였다. 한편 서독의 헌법재판소는 나치 범죄와 같은 인도에 반하는 죄의 시효적용 여부에 관한 헌법소원에 대하여 시효를 부정하는 것은 "법률소급금지 원칙은 형사소추와 같은 절차법에는 적용되지 않으며 법 앞의 평등이라는 원칙에도 반하지 않는다는 이유로 합헌 판단을 내렸다"(荒井信一, 『戰爭責任論』, 岩波書店, 2005, 288). 이와 유사하게 70년대 후반부터 서구 각국에서는 나치 범죄와 관련된 처벌에 관한 법 개정 과정에서 소급입법 금지 원칙보다는 인류 보편적 가치 추구가 보다 중요하다고 판단한 사례는 많이 있다.

배 과정에서 발생한 범죄는 거의 다룰 수 없으며 오히려 나가하라가 제시한 '식민지 책임'이라는 용어보다는 기존의 전쟁 책임이라는 용어가 더 적절하다. 앞에서도 언급한 것처럼 한반도에서 발생한 청일전쟁을 전후한 과정에서 일본군이 자행한 동학농민운동 참가자들에 대한 대량 학살, 일본의 군과 경찰이 3·1운동을 진압하는 과정에서 자행한 대량 학살 특히 제암리 학살 사건 등은 식민지를 개척하고 지배하는 과정에서 발생한 명확한 식민지 범죄이며 인류의 보편적인 가치에 반하는 죄이다.[59] 과거의 식민지 범죄를 적극적으로 다루기 위해서는 실정법주의, 죄형법정주의, 소급입법금지 원칙도 중요하지만 그보다는 이행기 정의에서 제기된 법 논리와 법철학을 보다 적극적으로 검토할 필요가 있다.

마지막으로 식민지 지배 책임에 대한 정의와 의미에 대하여 검토하자. 시미즈 마사요시淸水正義는 '식민지 책임'과 식민지 범죄를 구별하여 사용할 것을 주장하면서 '식민지 책임'이란 "타국·타지역의 영토·영역을 침범하여 자국영토화 하거나 혹은 자국의 권익 하에 두거나 또는 자국의 경제적 세력권 하에 편입하여 식민지 지역 주민에게 심대한 피해와 손해를 준 것에 대한 책임", 즉 "식민지 지배를 행한 것 자체의 책임"을 말하며, 식민지 범죄란 "식민지 지배의 과정에서 행해진 주민에 대한 폭력, 학살, 약탈, 모욕侮辱행위, 강제 노동 징용, 노예화 등", 즉 식민지 지배 "가운데서 행한 식민지 주민에 대한 범죄 행위 그 자체"[60]라고 정리한다. 따라서 그의 정리에 의하면, 식민지

---

59) 노무현 정부에서 집중적으로 제정된 한·일 간의 과거사 문제에 관한 여러 가지 법률은 식민지 문제의 시작을 대체적으로 러일전쟁을 전후한 시기부터 적용하고 있다. 그 이후에 제정되거나 발의된 한·일 간의 과거사를 다룬 법률 역시 거의 동일하다. 따라서 동학농민운동 참가자에 대한 대량학살은 한국 정부의 논리 구조 속에서는 한·일 간의 과거사 문제 밖에 있다.

60) 淸水正義,「戦争責任と植民地責任もしくわ戦争犯罪と植民地犯罪」, 永原陽子編,

책임에는 "식민지 지배 중의 다양한 부정적인 행위를 포함하지만 그러한 잔학 행위 자체를 의미하지는 않는"[61]다. 우선 시미즈는 '식민지 지배 중의 다양한 부정적 행위'라고 표현했는데 그렇다면 '식민지 지배 중의 다양한 긍정적 행위'도 존재한다는 의미를 포함하고 있는지 의문이다. 시미즈가 식민지 근대화론자의 입장이라면 이렇게 표현할 수도 있겠지만, 그보다 식민모국의 사람으로 은연중에 가지게 된 의식이 아닌가 한다. 어떠한 의미인지 자료에 근거하여 분석할 수 없는 상황에서 이 문제는 지적하는 정도로 그친다. 그는 이 논문에서 '식민지 책임'과 식민지 범죄의 관계를 논하기에 앞서 전쟁 책임과 전쟁범죄를 논하는데 이에 의하면, "전쟁 책임이란 침략전쟁을 개시한 것 그 자체의 책임"을 지칭하는 것으로 이것이야말로 "전쟁범죄를 준비하고 일으킨 제1의 원인으로"[62] 이는 '평화에 대한 죄'에 해당한다고 분석한다. 한편, "전쟁범죄란 전쟁 중에 일어난 적병, 적국 주민, 점령지 주민에 대한 폭력, 학살, 살육, 약탈, 모욕행위 등을 의미"[63]하는 것으로 이는 '인도에 반하는 죄'에 해당한다고 분석한다. 이를 종합하면, 전쟁 책임은 평화에 반하는 죄에, 전쟁범죄와 식민지 범죄는 인도에 반하는 죄에 해당한다, 그렇다면 식민지 지배 책임은 어떠한 죄에 해당하는가. 시미즈의 정의에 의하면, 식민지 재배 책임은 양쪽의 어느 죄에도 해당하지 않으며, 식민지 범죄와 식민지 지배 책임은 밀접한 상관 관계를 가지고 있지만 범주가 다른 것인 만큼 수많은 식민지 범죄의 집적集積에 의해서도 식민지 지배 책임은 범죄로서는 성립하지 않는다. 따라서 시미즈는 식민지 지배 책임을 "도의적 혹은 정치적 문맥에서 또는 역사적 평가의 문제로 논할 수는 있지만 그것을 법적인 의미로

『植民地責任論』, 青木書店, 2009, 54.

61) 清水正義, 「戦争責任と植民責任もしくわ戦争犯罪と植民地犯罪」, 54.
62) 清水正義, 「戦争責任と植民責任もしくわ戦争犯罪と植民地犯罪」, 52.
63) 清水正義, 「戦争責任と植民責任もしくわ戦争犯罪と植民地犯罪」, 51-52.

인정하고 그리고 그기에 기초하여 변상 등의 구체적인 조치를 취할 수는 없"[64])는 것이라고 정의한다. 여기에도 나가하라의 논리에 적용된 것과 유사한 법 개념이 바탕에 깔려 있는 듯한 느낌을 강하게 받는다. 그리고 전형적인 식민모국의 논리를 대변하고 있다는 생각을 지울 수가 없다.

시미즈의 논리에 의하면, 식민지 지배 책임을 논하는 것은 완전히 역사에 속하는 것으로 과거의 식민지 범죄를 역사적인 실증에 의해 재구성하고 좁은 의미의 정치적인 평가와 넓은 의미의 역사적인 평가를 부여하는 정도로 그친다. 배상이나 보상은 하지 않아도 그만이며, 피해에 대한 원상 복구의 필요성도 없고, 식민지 범죄자에 대한 처벌의 필요성도 없다. 그렇다면 그는 왜 인도에 반한 죄란 개념을 활용하여 논리를 전개하는지 필자는 납득할 수 없다. 이러한 논리라면, 수천 년 전의 과거에 로마제국이 저지른 식민지 범죄에 대하여 지금 누구도 배·보상, 피해에 대한 원상 복구, 당사자에 대한 처벌을 요구하지 않는 것처럼 불과 몇 수 십 년 전에 일어난 사건에 대해서도 비록 피해 당사자가 생존해 있다고는 하지만 모두 역사의 문제라고 치부해 버리고 단지 할 수 있는 것이란 역사적인 실체 규명이라고 주장하면 그만이다. 이러한 사고법은 인류가 그동안 진척시켜 온 인류의 보편적 가치를 지키기 위한 노력을 야만 상태로 되돌리는 것이다. 이렇게 본다면, 일본과 일본인들이 그동안 한·일 간의 과거사 문제를 해결하기 위하여 해온 다양한 노력들은 하지 않아도 되는 일이 되어 버린다. 그리고 여기에는 평화에 반한 죄, 인도에 반한 죄란 개념은 필요하지 않다. 이러한 주장에 의하면 『식민지 책임론』의 필자들이 염두에 둔 '탈식민화'는 요원하다고 할 수밖에 없다. 따라서 '탈식민화'의 중심적인 주체는 역시 식민모국의 '사람'들에 의해서가 아니라 식민지 출신의

64) 淸水正義, 「戰爭責任と植民地責任もしくわ戰爭犯罪と植民地犯罪」, 55.

'사람'들에 의해서 이루어질 수밖에 없다.

필자는 '식민지 지배 책임'을 서양의 근대화 과정에서 발생한 제국주의 국가의 식민지 건설과 운영에 관련된 일체의 행위에 대한 책임으로 정의한다. 따라서 일본의 '식민지 지배 책임'이란 일본이 근대화 과정에서 타이완과 조선을 식민지, 중국을 반식민지로 만들고 이를 경영하는 과정에서 일으킨 일체의 문제에 대한 책임을 말한다. 필자는 식민지 지배 그 자체를 일류 보편적인 가치에 위배되는 행위로 정의하고 이러한 행위에 대한 비판을 통해 근대화 과정에서 진행된 식민주의를 극복하는 것을 목표로 한다.

5. 결론

한·중·일 동아시아 3국의 관계를 미래지향적으로 설계하고 인류 보편적 가치에 기초하여 화해와 공존의 가능성을 넓히기 위해서는 19세기 이후 3국의 과거사를 재논의하고 정리할 필요가 있다. 이를 위해서는 일본이 행한 한국과 중국에 대한 식민지 지배에 대한 책임 문제를 3국의 공통 이슈로 다룰 필요가 있다. 이러한 문제 의식에 입각하여 현대사에 대한 통설을 재검토하고 도쿄재판의 문제점을 점검하였다. 이러한 작업을 통해 일본에서 진행된 전쟁 책임론이 가지는 다양한 문제점을 지적하고 기존의 논의를 식민지 지배 책임론으로 변경할 것을 제안하였다.

인류의 참혹한 희생을 가져온 두 번에 걸친 세계전쟁의 근본 원인은 제국주의 국가 간의 팽창 정책, 즉 제국주의 국가 서로간의 식민지 침략과 지배 정책이 충돌한 것이라고 할 수 있다. 이러한 성격을 가진 전쟁에서 승리한 미국은 문명의 이름으로 패전국을 재판하고 자신들의 정당성을 주장하기 위한 수사rhetoric가 필요했다. 이러한 연합국의 수사가 구체화된 것이 뉘른베르크재판과 도쿄재판이다. 이러한 성격을 갖는 도쿄재판은 그 대상 시기를 1931년 만주사변의 계기가 된 1928년 장쭤린 폭살사건에서 45년 패전까지로 한정하였으며, 식민지 확보와 지배과정에서 일어난 다양한 형태의 범죄에 대해서는 취급하지 않았다. 여기에는 제국주의 국가들이 자신의 식민지 지배에 대한 반성적 인식이 전혀 없었으며 오히려 직·간접적으로 정치, 경제, 문화적 영역에서 기존의 식민지 체제를 유지하여 지속적으로 자신들의 이익을 관철시키려고 하는 국제정치적인 이해 관계가 깔려 있었기 때문이다.

도쿄재판의 대상 시기와 연동하여 일본에서 통상적으로 논의되는 전쟁 책임론에는 식민지 지배 책임까지를 포함하지는 않는다. 즉, 일본에서 말하는 전쟁 책임론에는 좌·우파를 막론하고 1931년 만주사변을 시작으로 하는 15년 전쟁 동안에 일어난 강제동원, 징집 등의 문제에 한정하여 논하는 경향이 강하다. 따라서 이제 '전쟁 책임론'에서 '식민지 지배 책임론'으로 논의 구조를 변경할 필요가 있다. 물론 이러한 논의 변경은 제국주의 국가들이 행한 식민지 지배 그 자체를 부정하고 이들이 행한 식민지 지배는 인류 보편적 가치에 반하는 것임을 선언하는 작업이기도 하다.

필자가 제시한 '식민지 지배 책임'이란 서양의 근대화 과정에서 발생한 제국주의 국가의 식민지 건설과 운영에 관련된 일체의 행위에 대한 책임을 지칭한다. 따라서 일본의 '식민지 지배 책임'이란 일본이 근대화 과정에서 타이완과 조선을 식민지, 중국을 반식민지로 만들고 이를 경영하는 과정에서 일으킨 일체의 문제에 대한 책임을 말한다. 이제 65년의 한일회담과 그 결과인 한일협정과는 별도로 식민지 지배 책임에 입각한 새로운 한·일 관계를 정립할 필요가 있다.

참고문헌

김경원 외 옮김,『그들은 왜 일본군 '위안부'를 공격하는가』, 휴머니스트, 2014
다야 치카코,『전쟁범죄와 법』, 이민효·김유성 옮김, 연경문화사, 2010
위르겐 오스트함멜,『식민주의』, 역사비평사, 2006
이재승,「이행기 정의」,『법과 사회』22, 2002
최종길,「대동아전쟁과 다케우치 요시미의 전쟁책임론」,『사림』64, 2018
치모토 히데키,『천황제의 침략책임과 전후책임』, 최종길 옮김, 경북대학교출판부, 2017

赤澤史朗,「戰後日本の戰爭責任論の動向」,『立命館法学』274, 2000. 6.
荒井信一,『戰爭責任論』, 岩波書店, 2005
粟屋憲太郎,『東京裁判への道』, 講談社, 2013
粟屋憲太郎,『東京裁判論』, 大月書店, 1987
内海愛子 他,『戰後責任』, 岩波書店, 2014
竹内好,「戰爭責任について」(1960年),『全集』第八卷, 筑摩書房, 1980
永原陽子編,『植民地責任論』, 青木書店. 2009
日暮吉延,『東京裁判』, 講談社, 2008
藤原彰·荒井信一編,『現代史における戰爭責任』, 青木書店, 1990

「대법원 판결, 사건번호 2013다61381(징용에 의한 강제노동 피해자인 원고가
    신일철주금을 상대로 낸 손해배상청구소송)」, 2018. 10.
「더반선언문 및 행동프로그램」, 국가인권위원회, 2009

동북아다이멘션 연구총서 5

20세기 동북아시아의 정신문화와 평화 사상

초판 인쇄 | 2021년 3월 16일
초판 발행 | 2021년 3월 26일

엮 은 이 원광대학교 한중관계연구원 동북아시아인문사회연구소
발 행 인 한정희
발 행 처 경인문화사
감   수 김정현 유지아 한승훈 박성호
교   정 손유나
편   집 박지현
출판번호 406-1973-000003호
주   소 파주시 회동길 445-1 경인빌딩 B동 4층
전   화 031-955-9300 팩 스 031-955-9310
홈페이지 www.kyunginp.co.kr
이 메 일 kyungin@kyunginp.co.kr

ISBN 978-89-499-4956-7 94910
ISBN 978-89-499-4821-8 (세트)
값 23,000원